자크 라캉의 **자연과 인간**

자크 라캉의 **자연과 인간**

권택영 지음

한국문화사

자크 라캉의 **자연과 인간**

1판 1쇄 2010년 12월 20일
1판 2쇄 2011년 6월 1일

지은이 권택영
펴낸이 김진수
펴낸곳 **한국문화사**
등 록 1991년 11월 9일 제2-1276호
주 소 서울특별시 성동구 구의로 3 두앤캠B/D 502
전 화 (02)464-7708 / 3409-4488
전 송 (02)499-0846
이메일 hkm77@korea.com
홈페이지 www.hankookmunhwasa.co.kr

책값은 뒤표지에 있습니다.

잘못된 책은 바꾸어 드립니다.
이 책의 내용은 저작권법에 따라 보호받고 있습니다.

ISBN 978-89-5726-830-8 93800

이 도서의 국립중앙도서관 출판시도서목록(CIP)은 e-CIP 홈페이지
(http://www.nl.go.kr/cip.php)에서 이용하실 수 있습니다.
(CIP제어번호: CIP2010004368)

| 글 머리에 |

1. 자연철학으로서 정신분석

 인간의 정신을 분석하는 담론이 어떻게 자연에도 해당될 수 있는가. 정신분석은 용어 자체가 암시하듯이 인간의 정신과 심리를 분석하는 인문학으로 알려져 왔다. 인문학의 영역은 인간의 사유를 중심으로 삼는다. 인간의 심리를 비롯하여 철학, 문학, 예술 등 인류의 문화적 산물을 다루는 인문학이 자연에 관한 담론도 될 수 있는가? 프로이트는 원래 뇌 과학자였다. 그리고 그는 다윈의 진화론과 괴테의 자연철학에 큰 영향을 받은 생물학자요 자연 과학자였다. 지난 한 세기 동안 프로이트가 해체론과 문화 연구 등 인문학의 패러다임을 구성하는 바탕이 되어왔기에 그가 생물학자요, 자연 과학자였다는 사실은 깜빡 잊혀지기 쉽다. 최근에 이르러서야 다시 프로이트 연구의 방향이 자연과학자로서, 뇌 과학자로서 조명 받기 시작한 것은 프로이트가 근대 계몽주의의 인간중심 패러다임 영향 아래 담론을 구성해왔기 때문이다. 그의 연구자들 역시 인간중심의 사유에 머물러서 그를 심리학자로서 인문학자로서 계승해왔다. 물론 프로이트 자신도 환자의 기억을 통해 신경증을 치료하는 분석의로서 생업을 지속했다.
 이런 배경에도 불구하고 프로이트의 사유체계를 엄밀히 들여다보면 자연과학과 인문학의 두 갈래 속성을 모두 지닌다. 무의식은 인간과 자연을 통합하여 아우르는 자연성, 동물성을 일컫기 때문이다. 흔히 무의식이라면 유아기 3, 4세까지 의식이 없는 시기로서 그 이후 사회 속에서 나타나는 여러 가지 증상의 원인으로 이해된다. 문명이 억압한 동물적 본능이 증상이다. 그러므로 무의식이 자연의 영역으로 확장할 때는 무(the Void)의 세계, 동물성, 자연성을 일컫는다. 원래 생물학자로서 동물의 뇌와 생식세포 해부학에 열정을 가졌던 프로이트는 신경증의 치유에서 시작하여 인류 문명의 발생과 현상에 관한 메타 심리학의 글을 쓰고, 후기에 이르러서는 쾌락원칙 너머에 존재하는 만물의 죽음충동을 발견한다. 인간은 대자연의 일부로서 강박적 반복충동에 의해 삶을 영위하며 죽음을 통해 만물로 돌아가고 다시 다른 생으로 태어난다는 것이다. 프로이트가 평생 동안 줄기차게 주장한 무의식은 인간과 자연이 공유한 동물성, 만물성, 자연성이었기에 인간과 자연은 그에게 뗄 수 없는 동아리였다.

이처럼 무의식의 발견자는 인간의 동물성을 주장하고 증명하는 데 평생을 바쳤다. 그렇다면 인간과 동물은 무엇이 같고 무엇이 다른가. 진화의 부분에 해당하는 의식을 중시한 계몽주의 시대는 프로이트가 발견한 무의식이라는 동물성을 억압하고 그것을 사회 속에서 승화되어야 할 징후로 이해했다. 그리고 동물과 인간을 대립의 관계로 보고 인간을 자연철학의 범위에서 인문학의 범주로 축소하였다. 무의식을 폭넓게 해석하고 인간과 자연을 분리하지 않으려는 시도는 라캉에 의해 이루어진다. 라캉은 프로이트를 재해석하면서 무의식이 축소되어 해석되는 것에 반발했다. 에고 심리학은 무의식을 단순히 인간의 심리문제로 축소했을 뿐 아니라 인간의 정신을 에고, 이드, 수퍼 에고로 3분할하여 마치 인간의 의지로 이드를 억압할 수 있다는 오해를 불러일으킨다. 라캉은 에고 심리학에 반발하는 것에 그치지 않고 무의식을 한 단계 더 확장하여 자연과학과 인문학을 분리하지 않았다.

그는 자연과 인간을 하나의 도식으로 설명하고자 인간의 특권이라 여겨진 상징체계, 즉 언어에 대한 신비를 벗기고 언어가 동물성, 타자, 몸에서 자유롭지 못함을 동음이의어, 기표의 유희 등으로 밝힌다. 그리고 매끄러운 언어를 쓰지 않고 언어에 홈집을 내고 언어보다 수학소(matheme), 도식, 그림 등을 사용했다. 그림이나 도식, 수학소는 언어가 감춘 몸, 물질, 혹은 실재(the void, 혹은 0)를 감추지 않는다. 예를 들어 수학의 십진법은 0을 언제나 사용하기 때문이다. 그는 이를 위해 소크라테스 이전의 그리스 철학으로 돌아가 엠페도클레스, 헤라클레이토스, 피타고라스의 자연과학을 무의식에 대입한다. 당시의 자연과학은 인간과 자연 그리고 우주를 분리하지 않았고 자연의 섭리에 바탕을 둔 폭 넓은 철학이었다. 그리고 서구뿐 아니라 동양의 도사상에 관심을 가지고 실제로 이것을 배워 야콥슨의 구조주의와 연결한다. 평생 수행한 세미나에서 그는 선불교를 숭배하고 그런 담론 방식을 닮으려 노력하였다.

이 책의 1부, "자연"은 라캉이 프로이트와 달리 심리학을 자연과학으로 넓히는 과정을 다룬다. 엠페도클레스는 소크라테스 이전의 그리스 철학자요 시인이요 자연 과학자요 마술사이다. 그는 만물의 변화를 에로스와 타나토스의 두 개 힘이 상호 접촉하는 과정으로 보았다. 그리고 이 변화의 과정을 우주를 움직이는 물, 불, 공기, 흙의 네 개 요소로 진단했다. 프로이트는 이 원리에서 삶 충동인 에로스와 죽음 충동인 타나토스의 두 힘을 끌어냈으며, 라캉은 이것을 다시 네 개의 담론, 혹은 네 개의 고리로 수학화한다. 첫 번째 글은 프로이트가 무심히 언급한 엠페도클레스의 리조마타를 어떻게 배열할 것인지 탐색하는 글이다. 네 개의 리조마타를 어떤 방식으로 배열해야만 자연의 끝없는 순환을 표시할 수 있을까. 필자는 이 배열의 순서를 라캉의 전 학문 체계인 네 개의 매듭 이론과 관련짓는다. 라캉이 어떻게 심리학을 자연철학으로 확장하는가 알아보기 위해서다.

두 번째 글은 라캉의 네 개의 고리가 어떻게 4계절이 변화하는 순서를 암시하는지 살펴본 글이다. 텅 빈 실재가 점차 모습을 드러내는 것은 냉기에서 온기로 다시 냉기로 변해가는 계절의 변화와 닮았다. 자연의 이치를 숫자로 표시한 소크라테스 이전의 자연과학과 프로이트 심리학이라는 인문학을 결합한 라캉은 당대의 구조주의 언어학을 음양의 이치로 풀어낸다. 그는 근대 사회가 인간의 자연적 요소, 혹은 동물적 본능, 혹은 음양의 순환이라는 기표의 유희를 억압하고 한 쪽만을 고집스럽게 밀고 나간 결과, 경쟁이 심화되고 인성과 자연이 동시에 파괴되는 결과를 낳는다고 믿었다. 엔트로피의 가속화로부터 벗어나는 길로 그는 하이데거가 언급한 헤라클레이토스의 자연과학과 엠페도클레스의 리조마타 등 소크라테스 이전의 그리스 사상으로 회귀한다. 네 개의 고리라는 수학소는 라캉이 평생 추구한 자연사상의 요약이었고 자연을 억압하는 상징질서(언어)의 베일을 벗기려는 그의 의도를 담고 있다. 상징질서가 억압한 언어의 자연성, 물질성을 복원하려는 노력으로 그는 온갖 종류의 논리적 서술에 저항하고 몸의 언어(lalangue)를 실천했다.

　라캉의 전기 작가인 엘리자베스 루디네스코는 라캉이 프랑크푸르트 학파, 그 가운데에서도 아도르노의 영향을 받았고 그와 같은 뿌리에서 나온다고 언급한 적이 있다. 세 번째 글은 프로이트와 마르크시즘을 결합한 프랑크푸르트 학파의 아도르노와 라캉을 비교한다. 언어의 베일을 벗기려 한 라캉과 자본사회의 문화적 점유를 드러내어 밝은 빛(계몽) 속의 어두운 측면을 변증법으로 풀어낸 마르크시스트 아도르노와는 일견 아주 달라 보인다. 우선 둘이 어느 부분이 닮고 어느 부분이 다른가를 살펴보고 나서 기표의 유희와 음양의 순환을 같게 본 라캉의 사상으로 넘어간다. 글의 궁극적 도달 지점은 아도르노의 학설처럼 "계몽"이라는 서구의 사상이 변증법적인 패러다임에 종속되는 것에 비해 왜 동양의 무위는 왜 패러다임에 종속되지 않는가이다. 따라서 장자의 무위와 이 둘을 비교하고 라캉이 도사상을 즐긴 이유를 알아본다.

라캉은 평생 네 개의 매듭 혹은 고리를 도식화하여 프로이트가 심리학자로 축소되는 것에 저항했다. 이를 위해 그는 소크라테스 이전의 그리스 자연철학과 동양사상뿐 아니라 중세의 아퀴나스 미학으로 회귀한다. 르네상스 이후 근대, 혹은 데카르트 이후 이성 중심사회에서 기술문명의 지나친 발달과 자본사회의 경쟁의식으로 불안과 정신병적 징후가 늘어난다고 믿었던 라캉은 수학소에 못지않게 미학에서 탈출구를 찾으려 했다. 프로이트처럼 라캉은 본능의 지나친 억압을 위험하게 보았다. 차라리 동물적 본능을 인정하고 이를 승화하는 미학이 안전하다고 생각했다. 그가 서구 문명이 억압한 본능과 추함을 드러내고 그것이 선의 일부임을 강조한 아일랜드 작가 제임스 조이스를 흠모한 것은 이런 맥락에서 당연해 보인다. 라캉은 자신의 네 번째 매듭을 "조이스의 에고"(Joyce's Ego)라고 이름 붙인다. 조이스 역시 본능과 성적 욕망을 억압한 근대문명의 병폐에서 벗어나려고 중세 아퀴나스 미학으로 회귀했고 미의 세 번째 요소인 "에피퍼니"를 작품 속에서 구현했다. 이 책의 네 번째 글인 조이스와 라캉은 실재계와 에피퍼니는 거의 다르지 않다는 것을 암시한다. 중세의 아퀴나스 미학은 미를 이성의 산물로 보지 않고 우주와 만물의 조화와 균형으로 보았다. 그리고 미의 세 번째 요소인 에피퍼니는 세 번째 고리인 실재계에 해당된다는 것이 이 글의 암시다.

2. 사회 속의 인간 심리

인간은 자연의 일부로서 동물적 본능을 제거할 수 없으면서도 사회를 떠나 살 수 없다. 이것이 인간의 삶이 지닌 복잡한 딜레마다. 자연과 사회의 중간지대에 살면서도 근대 이후 문명사회는 인간을 동물과 다르게 보았기 때문에 함정은 더욱 심화된다. 자연성과 동물성의 억압은 불안, 신경증, 강박증, 우울증, 자살뿐 아니라 방화, 성폭력 그리고 파시즘에 이르는 광범위한 개인적 불행과 사회적 증상을 불러온다. 증상은 인간이 어머니의 몸에서 떨어져 나와 사회적 인간이 되면서 나타나는 징후다. 흙에서 태어나 흙으로 돌아가는 인간의 몸은 논리, 법, 언어, 출세, 명예, 부 등 사회가 요구하는 규제를 받아들이면서 하나의 증상으로 변한다. 법과 규제는 자연이라는 공허를 메우면서 인간을 죽음에서 삶으로 이끈다. 그러므로 증상은 삶의 현상이다. 사랑과 소망이라는 환상과 꿈이 없으면 우리는 살지 못한다. 이것은 불안을 메우는 정상적인 증상으로 우리가 살아가는 힘이다. 그러나 자연성과 동물성을 지나치게 억압할 때 비정상적인 증상이 나타난다. 각종 정신적 병리현상이나 사회적 파시즘이다.

다섯 째 글은 정상적 증상을 다룬다. 인간이 왜 환타지의 주체, 욕망(소망)의 주체인가를 설명한다. 소망의 주체는 꿈을 꾸는 주체이다. 동물성이나 자연성이 상징체계로 진입하여 하나의 소망으로 나타나기 때문이다. 소망은 삶의 목적이다. 꿈은 우리를 개인적으로 충만하고 사회적으로 도움이 되는 올바른 인간으로 인도한다. 이런 의미에서 라캉은 우리를 꿈꾸는 주체요 삶을 꿈이라고 보았다. 깨어나는 순간 부딪치는 공허가 두려워 우리는 계속 꿈을 유지하려 한다. 그러므로 꿈을 꾸는 주체는 논리적 주체가 아니라 끝없이 다르게 반복하는 주체다.

예술가는 꿈꾸는 주체다. 미학이 동물성을 억압하지 않고 승화하듯이 예술가는 주체 속의 깊은 심연을 들여다본다. 그리고 그 심연을 달래는 방법을 안다. 이상은 근대적 자아를 통찰한 일제 강점기 시인이었다. 그는 우리가 주체의 심연을 들여다볼 수 없을 때, 특히 개인의 자율성이 강조되는 근대사회에서 주체에 대한 인식이 바로 서지 못할 때 파시즘적 주체가 나타난다고 믿었다. 근대적 자아의 병적 증상을 도스토예프스키는 "지하생활자"로 표현했다. 동물적 무의식이 승화되지 못할 때 주체는 질투, 부러움, 위장, 자학, 여성이나 약자에 대한 폭력 등 지나친 자의식 과잉으로 나타난다. 이때 물론 동물성은 반사회적인 부정적 의미를 지닌다. 그것이 근대적 자아의 동물성이다. 이상은 이런 근대적 자아의 병폐 속에서 예술가가 어떤 증상으로 존재하고 예술작품은 그와 어떤 관계 속에 존재할 것인가를 탐색했다. 그의 난해한 작품, 『종생기』는 근대 초기 자의식적 예술가와 그의 작품이 어떤 형태로 존재할 것인가를 추구한다.

이청준의 작품에 나타나는 인물들의 증상은 이상의 경우와 비슷하면서 다르다. 이상의 예술가는 근대 초기의 자아로 불안을 메우는 방식을 터득해야 하는 주체다. 이청준의 자아는 몸이 억압되던 근대 중기의 자아에 관한 성찰을 보여준다. 언어의 성찰, 그리고 소문으로 존재하는 진실 등 사회가 경직될수록 병적 증상이 나타난다. 정신분석의와 환자의 관계를 소재로 삼거나 그와 비슷한 패턴을 암시하는 그의 중단편들은 치유가 어떻게 이루어져야 하는지 보여주어 경직된 논리와 지나친 신념에 회의를 던진다. 그리고 언어가 몸을 포함하고 주체가 동물성을 지닌 한 결말은 끝없이 열린다는 것을 제시한다. 자연성, 혹은 동물성은 이성의 짝패로서 제거될 수 없기에 단순논리는 위험하다는 것이다.

이청준이 근대의 중기에 살던 예술가의 증상을 그린다면 후기 산업사회의 예술가는 어떤 증상으로 존재하는가. 포스트모던 산업사회, 혹은 기술문명이 고도로 발달한 미디어 문화 속에 작가가 존재하는 방식을 재현한 미국 작가, 돈 들릴로(Don DeLillo)는 『마오 II』에서 테러리스트를 모방하는 작가의 존재 방식을 보여준다. 작품의 내용이 아니라 상품사회의 이미지로서 존재하는 오늘날의 작가는 TV, 주간지의 이미지로서 힘을 갖는다. 뉴스 보도, 인터뷰 등 카메라의 눈에 의해 어떻게 군중에게 강렬한 인상을 줄 것인가. 그럴수록 책이 잘 팔리고 이름이 각인되기 때문이다. 작품의 성패는 내용이 아니라 카메라의 눈에 달려있다. 수없이 책들이 쏟아지기에 지친 군중을 사로잡는 힘은 테러리스트와 같은 전략이 아니면 안 된다. 이 시대의 미디어와 더 이상 시민사회의 대중이 아닌 상품사회의 파시즘적 군중을 적나라하게 파헤친 들릴로의 작품은 광고와 이미지 관리에 의해 겨우 존재하는 작가의 모습을 재현한다. 후기 자본사회에서 작가는 상품이고, 상품은 광고와 TV의 인터뷰에 의해 생존하기에 이런 문화에서 예술가의 증상은 "마오 II"라는 이미지다.

경직된 사회는 이청준의 경우 언어가 폭력이 되는 독재권력, 혹은 이념에 대한 맹신, 독선적인 주체가 배경이었다. 이제 윌리엄 포크너는 흑인을 차별하던 미국 남부의 사회를 배경으로 하여 인종차별이 인간을 사도-마조히즘적 파시즘의 주체로 변질시키는 경우를 보여준다. 인간은 소망과 꿈이 없으면 살지 못한다. 사회가 인종 차별과 광신적 믿음 그리고 파시즘적 폭력으로 가득 찰 때 차별받는 인종은 꿈과 소망을 갖지 못한다. 파시즘적 열기로 가득 찬 무덥고 끈끈한 팔월의 남부에서 한 흑인의 희생과 그를 둘러 싼 여러 인물을 재현한 포크너는 이런 무더위에 선선한 가을을 알리는 한줄기 빛을 리너라는 여성으로 형상화한다. 리너의 삶은 조 크리스마스의 비극적 삶과 대조되어 자연스러운 삶, 계절처럼 변화에 순응하는 삶이 얼마나 평화로운가를 보여준다. 조와 조안나의 비극에 대조된 리너와 브라운의 삶은 파시즘적 사회에서 사도-마조히즘적 주체로 전락하지 않는 길은 자연에 순응하며 살아가는 것임을 우리에게 새삼 일깨운다.

흑인여성은 사회로부터 이중으로 억압받는다. 백인 중심의 사회와 남성중심의 사회에서 흑인 여성의 삶은 어떤 증상으로 나타날까. 토니 모리슨의 『술라』*Sula*는 어릴 적부터 함께 자란 두 여성이 어떻게 서로 다른 삶을 살게 되는지 조명한다. 그리고 너무도 늦게야 사랑을 깨닫고 자연으로 돌아간 친구를 그리워하며 상실의 아픔을 느낀다. 사회가 인종 차별과 남녀차별로 평등하지 못하면 그 구성원은 충만한 삶을 살지 못한다. 차별받는 계층이 스스로를 해방하기 전에 지배층의 삶을 모방하려 들기에 증상은 병적 괴리로 나타난다. 흑인 여성의 역사는 이런 이중적 괴리에 갇혀 비극적 삶을 후손에게 물려준다. 모리슨을 두 흑인 여성의 사랑과 우정을 음양의 조화로 상징하고 백인 남성이 지배하는 사회에서 이 우정이 하나의 고리로 엮이지 못하고 흩어지는 비극을 그린다. 오직 술라가 흙으로 돌아가고 나서 넬은 상실한 사랑의 대상이 남편이 아니라 술라였음을 깨닫고 나무와 바람과 꽃 속에서 그녀의 모습을 본다.

    인간은 자연의 일부이고 동물성에서 벗어나지 못한다. 음양의 조화에 의한 자연의 순환처럼 인간도 천천히 변화에 순응할 때 충만한 삶을 누릴 수 있다. 이것이 어려운 이유는 인간이 동물과 달리 언어를 사용하고 문명을 창조하기 때문이다. 문명과 자연(동물성)이 공존하지 않으면 문명은 자연을 훼손하기도 전에 먼저 우리를 견딜 수 없는 스트레스와 우울증, 사도 마조히즘적 폭력과 증오로 몰아넣을 것이다. 정신분석은 인간의 정신에 관한 인문학일 뿐 아니라 인간이 어디에서 왔고 어디로 갈 것인지 만물의 섭리를 보여주는 자연과학이다.

2010년 11월 30일
권 택 영

차례

글 머리에 / 5

자연

1. 엠페도클레스의 "리조마타" / 19
2. 자연 과학과 인문학의 만남 / 41
3. 아도르노, 라캉, 장자의 무위 / 67
4. 아퀴나스 미학: 조이스와 라캉 / 96

인간과 사회

5. 꿈을 꾸는 주체: "아버지 제가 불타고 있는 게 안 보이세요?" / 121
6. 예술가의 증상 1: 이상의 『종생기』 / 139
7. 예술가의 증상 2: 이청준의 "분석담론" / 161
8. 예술가의 증상 3: 들릴로의 『마오 II』 / 182
9. 에로스와 파시즘: 포크너의 『팔월의 빛』 / 203
10. 음양의 조화: 『술라』 / 228

지그문트 프로이트와 자크 라캉 연보 / 256

찾아보기 / 261

자연

1. 엠페도클레스의 "리조마타"

라캉은 소쉬르 언어관에서 영향을 받아 인간의 심리를 기표로 대치했다. 하나의 기표에 대해 기의가 끝없이 지연되는 (후기)구조주의 언어관을 주체와 대상에 대입하면 대상이 끝없이 지연되는 '욕망의 주체'가 탄생한다. 그는 또한 헤겔이 『정신의 현상학』에서 제시한 주인과 노예의 변증법의 영향을 받았다. 라캉은 프로이트의 죽음충동을 주이상스로 대치하면서 죽음이 주인이고 삶이 노예임을 줄기차게 주장한다. "무의식은 언어처럼 구조되어 있다"는 그의 선언은 무의식이 언어의 결과물이라는 의미와, 동시에 무의식은 언어를 창조한다는 양방향의 의미로 해석된다. 무의식은 현실을 창조하는 '무에서의 창조'이면서 동시에 현실이 무의식을 창조한다는 것이다. 무에서의 창조로 무의식을 해석하면서 라캉은 무의식을 인간의 심리분석에서 만물의 존재방식으로 확장할 수 있는 가능성을 던진다. 그리하여 정신분석의 윤리를 인간이 타인과의 관계 속에서 뿐만 아니라, 자연의 섭리에 맞추어 살아가는 넓은 의미의 윤리로 넓힐 근거를 제공한다. 고대 중국의 천문학을 '기표의 놀이'(the Play of the Signifier)로 해석한 예에서 우리는 그런 가능성을 읽을 수 있다(Lacan, 1978, 151).

또한 세미나 11권에서 응시의 개념을 장자의 나비 꿈으로 해석할 때에도 그는 기표를 자연과 인간 모두에게 적용한다(76).

라캉의 정신분석에 영향을 준 사상은 헤겔이나 구조주의 그리고 중국의 도사상만이 아니다. 그는 세미나에서 그리스 신화와 아리스토텔레스의 미학 등 많은 사상가를 재해석하는 데 그 가운데 고대 그리스 철학자인 엠페도클레스에 관해서도 심심치 않게 언급한다. 가끔 한두 줄, 혹은 한두 문단 지나치듯이 말할지라도 그가 동서양의 신비주의사상에 의지하고 서구의 합리주의에 의심을 던진 것을 생각할 때 연구의 가치는 충분하다. 라캉이 신비주의에 의지한 것은 만물을 창조하는 텅 빈 근원이 무의식이라고 보았기 때문이다. 근원이 텅 빈 공간일 때 창조는 텅 빈 구멍 위에 세워지고 실재는 결코 합리주의에 근거할 수 없다. 본 글은 엠페도클레스가 라캉에게 어떤 의미를 지니는지 살펴보고 그것이 라캉의 사유를 주체철학에서 자연철학으로 확장하는 길이 될 수 있음을 제안한다.

반복충동과 엠페도클레스

기원전 5, 6세기에 살았던 엠페도클레스(Empedocles)는 세상이 어떻게 구성되었는가에 관심을 두었다. 그는 정치가요 철학가요 마술사였지만 동시에 의학으로 병을 고치고 시도 쓴 다방면에 재능을 보인 재사였다. 마술사와 같은 신비한 눈으로 세상을 보았지만 우주를 네 개의 요소로 설명하려 했던 과학자이기도 했다. 예를 들어 자연은 사계절이고 인간은 대략 네 단계를 거쳐 성장하고 죽어간다. 유아기, 청년기, 장년기 그리고 노년기다. 우리는 공간개념을 정립할 때도 동서남북으로 네 방향을 말한다. 최초의 인간인 아담(Adam)은 영어 스펠링이 네 글자로 구성된다. 엠페도클레스는 숫자 4를 구체적인 물질로 표현하고 이것으로 우주 만물의 영원한 흐름을 설명하려고 했다. 그런데 이런 네 가지 요소가 영원히 흐르려면 무엇이 필요할까. 두 개의 중요한 요소는 사랑(philia)과 증오(neikos)였다. 프로이트는 1937년에 「끝나는 분석과 끝나지 않는 분석」(Analysis Terminable and Interminable)을 쓰면서 자신의 에로스와 타나토스의 개념이 독창적이 아니라 엠페도클레스에게 빚지고 있음을 다음과 같이 고백했다.

> 죽음의 본능, 혹은 파괴나 공격성의 본능은 리비도에서 에로스와 한 짝으로 명백히 드러났고 에로스와 똑같은 권리를 주장한다는 양면이론은 정신분석 동네에서 아직까지 거의 공감을 얻지 못하고 수용되지도 않고 있음을 나는 잘 알고 있다. 얼마 전 고대 그리스의 위대한 사상가 중 한 사람의 글 속에서 이런 내 생각을 발견했을 때 나는 얼마나 반가웠는지 모른다(Freud, 1937, 245).

프로이트는 이어서 자신이 주장하는 리비도의 두 가지 속성인 에로스와 죽음충동이 엠페도클레스의 사랑과 증오의 두 요소와 같다고 밝힌다(246). 우주만물이 사랑과 증오의 두 대립 항의 충돌과 대립으로 이루어진다는 고대 그리스 철학자의 글에서 프로이트는 리비도의 양면적 속성을 보았다. 그러나 프로이트는 이 두 힘을 충돌과 대립으로 보았지만 리비도가 정상적으로 흐르려면 어떻게 존재해야 하는지에 대해서는 큰 관심을 두지 않았다. 그 시대에는 의식 너머 무의식이 있고 사랑의 이면이 파괴적 증오라는 것을 제시하는 것만으로도 급진적이었기 때문이다. 우리는 그런 증거를 프로이트가 엠페도클레스의 네 가지 구성요소를 무심하게 "흙, 공기, 물, 불"이라고 언급할 뿐(245) 이들이 어떤 질서로 배열되는가를 언급하지 않았다는 것에서 찾을 수 있다. 이 부분이 프로이트가 후배를 위해 남긴 연구의 몫이다.

우주를 흙, 공기, 불, 물의 네 요소로 본 것과 여기에 덧붙여진 사랑과 증오라는 두 개의 대립 항은 어떤 관계에 있기에 분석을 끝없이 반복하게 만드는가. 프로이트는 이미 1920년경, 죽음충동과 반복강박을 발견하면서 리비도의 특성을 규정했다. 포르트 다를 비롯하여 에로스와 타나토스의 관계는 실로 정신분석의 전 체계를 상징한다고 해도 과언이 아니다. 그러기에 라캉은 엠페도클레스를 소개하면서 프로이트가 그를 얼마나 자주 사용했는지 다음과 같이 언급했다.

> 옛날에 엠페도클레스라는 인물이 살고 있었다. 프로이트는 꼭 코르크마개 뽑이처럼 자주 그를 사용했다. 그의 작품에 대해 우리가 아는 것은 그저 세 줄뿐이다. 그러나 아리스토텔레스가 엠페도클레스에게 있어서 신은 근본적으로 증오라는 걸 모르기에 가장 무지한 존재였다고 말했을 때 그는 엠페도클레스의 글들이 무엇을 암시했는지 분명히 알고 있었다. 후에 기독교인은 이것을 사랑의 폭우로 바꾸어 버렸다. 그러나 불행히도 그 뜻은 이루어지지 않았다. 증오에 관해 알지 못하는 것은 사랑에 관해서도 알지 못하는 것이기 때문이다. 만일 신이 증오를 모른다면 엠페도클레스가 보기에 신은 인간보다도 더 무지하다고 말할 수 있다(Lacan, 1998,89).

위의 글에서 라캉은 기독교 문명 이후 서구가 증오를 제거하려 했지만 성공하지 못했고 그것이 자신을 합리주의가 아닌 신비주의로 이끌었다고 암시한다. 프로이트가 사랑의 이면이 증오라는 것을 줄기차게 주장했다면 라캉은 증오가 사랑을 낳는 동인이라는 것을 강조한다. 그는 무의식을 발견한 프로이트보다 한 걸음 더 나아가야 했기 때문에 언어가 무의식을 구조하고 무의식이 언어를 낳는다는 상호 역동성을 강조한다. 라캉에게 신의 얼굴은 사랑이 아닌 증오요, 텅 빈 공간이었고 이것이 그가 신비주의를 신봉한 이유였다. 그는 엠페도클레스를 『에크리』에서도 언급하는데 이 경우는 프로이트처럼 반복충동을 설명하려는 것이었다. 라캉의 정신분석에서 반복충동과 증오는 뗄 수 없이 연결된다. 증오(혹은 파괴)는 반복을 낳는 동인이기 때문이다. 이것은 프로이트가 죽음충동을 반복충동의 동인으로 본 것과 다르지 않다. 반복충동은 상징질서 속에 들어온 텅 빈 구멍이라는 타자(the other) 때문에 생긴다. 죽음만이 주체를 완벽히 충족하는 대타자이기에 삶은 죽음을 지연하는 반복에 의해 이루어진다. 프로이트는 이것을 손자의 실패놀이에 비유하여 '포르트-다'(fort-da) 게임이라 불렀는데 이것은 실패가 보일 때와 안 보일 때에 손자가 소리를 지르면서 놀았기 때문이다. 라캉은 포르트-다 게임을 '기표의 놀이'로 바꾼다. 기표의 놀이는 주체에서는 욕망의 주체, 만물의 생성원리에서는 음양의 조화로 나타난다. 주체의 주인은 죽음이기에 주인이 찾아올 때까지 어떤 추구의 대상도 욕망을 충족하지 못한다. 그러므로 욕망의 대상은 주인의 대체물이고 반복을 일으키는 동인이다. 기표의 놀이는 우주 만물의 생성원리다(Lacan, 1992, 223). 만물은 서로 반대되는 음과 양이 자리를 바꾸면서 순환한다. 도사상에서 기표의 놀이를 알아보자. 만물의 근원은 텅 빈 공간이다. 여기에서 음이 생긴다. 음은 반대개념인 양을 낳는다. 음과 양은 동전의 양면처럼 연결되어 시간이 흐르면 자리를 바꾼다. 이것이 음양의 조화다.

  기표의 놀이는 기의가 끝없이 지연되기에 반복이 일어나는 포르트-다 게임이다. 이것은 또한 상상계와 상징계와 실재계로 구성된 현실이다. 상상계와 상징계는 서로 대립되는 항이다. 이 두 대립은 뫼비우스의 띠처럼 연결되어 실재계를 구성한다. 그렇다면 기표의 놀이와 엠페도클레스의 구성요소들은 어떤 관계일까. 엠페도클레스는 만물의 근원을 네 가지 요소로 표현했다. 물, 흙, 공기, 불이다. 그런데 이 네 가지 요소는 봄에서 여름으로 상승하는 방향과 가을에서 겨울로 하강하는 양 방향을 지닌다. 상승은 만물이 탄생하여 성장하는 삶의 흐름이고, 하강은 만물이 늙고 메말라서 죽음을 향하는 죽음의 흐름이다. 양의 흐름과 음의 흐름이다. 양의 방향이 에로스요, 음의 방향이 타나토스이다. 네 가지 요소가 밀도의 높낮이로 상승하고 하강하는 것이다. 네 개의 요소와 이것들이 순환하는 장치를 묶음과 해체라는 두 개의 원리로 압축해보자. 공기, 불. 흙, 물에서 두 번째 요소인 불은 신의 선물이 아니다. 그러므로 뭔가 동질적이 아니다. 바로 이 이물질이 문제다. 이것이 변화와 역동성의 원인이다. 이 네 개가 움직이려면 어떤 조건이 필요한가. 네 개의 요소가 영원히 순환하고 움직이려면 네 개가 닮음과 다름의 구조를 가져야만 한다. 두 개의 대립 항이 마주보고 춤을 추어야 한다. 예를 들어 사계절에서 냉기는 겨울과 봄이고 온기는 여름과 가을이다. 네 개의 방향에서 동과 서는 평행이고 남과 북은 수직이다. 사람의 일생에서 노년기와 유년기는 춥고 청년기와 장년기는 덥다. 성장과 쇠퇴, 탄생과 죽음이라는 대립 항이 존재할 때 운동과 순환이라는 움직임이 나타난다. 흐르지 않는 것은 고착이고 위험하다. 정신분석은 마음이 물처럼 흐르는 것을 치유의 목적으로 삼고 이것은 만물의 원리였다.

역동성이란 닮음과 다름의 차이에 의해서 일어난다. 물과 불은 차갑고 뜨거우니 분명히 대립적이다. 공기와 흙은 유연하고 단단한 것에서 대립적이다. 그렇다면 이런 변화 속에는 두 가지 서로 다른 방향이 있다. 밀도가 촘촘해지는 방향은 묶는 경향이고 밀도가 희박해지는 방향은 해체의 경향이다. 묶는 것과 해체하는 반대방향에 의해 만물이 태어나고 죽고 다시 태어나는 것이다. 순환은 묶음과 해체의 두 가지 반대 작용이 있기에 가능하다. 묶음은 사랑이고 해체는 증오다. 만일 우리가 누군가를 사랑하기만 한다면 숨이 막혀 죽을 것이다. 그래서 우리는 사랑하는 연인과 적절한 거리를 유지해야 한다. 거리를 유지하게 하는 것은 사랑이 아니고 증오다. 엠페도클레스는 이 두 가지 반대작용을 사랑과 미움이라고 표현했던 것이다. 이 대립 항에 의해 공기, 불, 흙, 물의 네 가지 원소가 순환하고 이런 의미에서 네 요소는 만물의 뿌리인 리조마타(rhizomata)이다.

사랑과 증오의 순환체계를 발견한 엠페도클레스의 사상은 훗날 서구

철학자 가운데 누구보다도 니체와 프로이트에게 두드러지게 나타났다. 잘 알려진 것처럼 니체는 '사랑'과 '증오'라는 두 개의 힘을 아폴론과 디오니소스로 보았다. 그리고 우선순위를 강조한다. 당대의 이념과 달리 디오니소스를 아폴론보다 더 강력한 힘으로 본 것이다. 니체가 본 인간의 비극은 아폴론의 질서를 전복하는 디오니소스의 혼돈에 의해 일어나고 <비극>의 위대함은 디오니소스의 위력으로 고통 받는 인간이 깨달음을 얻고 다시 아폴론의 질서로 복귀하는 것을 보여주기 때문이었다.[1] 프로이트 역시 이들을 에로스와 타나토스, 혹은 삶충동과 죽음충동으로 보았다. 그리고 죽음충동을 리비도의 근원으로 본다. 삶은 묶음이요 죽음은 해체다. 이 둘의 역동적 관계는 정신분석의 전 체계를 설명하는 가장 기본적인 두 요소다. 에로스와 타나토스의 역동적인 관계는 라캉에 이르면 인간의 동력일 뿐 아니라 만물의 동력이 된다.

라캉이 기억의 방식을 만물의 섭리인 네 개의 담론으로 정리한 것과 그의 생애 마지막 단계의 세미나, '조이스의 에고'(Joyce's Ego)에서 네 개의 고리에 이른 것은 자신의 이론과 만물의 순환을 일치시킨 것으로 보인다. 묶음보다 해체가 먼저 있었고 공기와 바람이 만물의 기원이라는 그리스 자연철학은 기원전 약 6세기에서 5세기 사이에 있었던 사유였다. 비록 당시의 기록이 거의 보존되지 못하고 그 이후 사상가들의 비판이나 인용에서 수집되기는 하지만 플라톤이나 아리스토텔레스의 글에서 나타난 것을 종합하면 엠페도클레스는 기원전 495년에서 435년 사이에 생존했던 것으로 알려진다. 그러면 라캉의 정신분석은 엠페도클레스의 '리조마타'와 얼마나 닮았는지 살펴보자.

---

[1] 니체는 그의 글, 「비극의 탄생」에서 아폴론과 디오니소스를 질서와 무질서의 대립 항으로 제시하는데 이때 아폴론의 위력보다 디오니소스의 위력이 더 크다는 것을 암시하였다. "The Birth of Tragedy." *Continental Aesthetics: Romanticism to Postmodernism.* New York: Blackwell, 2001, 153 참조.

라캉의 리조마타

라캉은 스스로 자신의 사상에 이름을 붙이지 않았다. 프로이트가 정신분석의 창시자였다면 라캉은 '무엇'의 창시자라고 불러야 하는가. 프로이트를 충실히 재해석한 사상가? 에고 정신분석에 저항하여 무의식으로 돌아가라고 말한 사상가? 그는 주이상스를 비롯하여 상상계, 상징계, 거울단계 등 독특한 조어를 선보이기는 했으나 특정한 학파를 이끌지도 않았다. 수수께끼 같은 세미나를 평생 수행했을 뿐이다. 그런데 사실은 바로 그 수수께끼 같은 세미나들이 끝없이 이야기를 하게 만든다. 그러므로 그의 사상을 비추어 볼 수 있는 그릇은 무수히 많다. 라캉의 사상을 엠페도클레스의 리조마타와 비교해보는 것도 그런 이야기들 가운데 하나일 것이다.

1) 엠페도클레스의 공기: 무(無)의식

프로이트가 우주에 질서를 부여한 절대성은 무엇이었을까. 프로이트의 텅 빈 공간은 '죽은 아버지'다. 죽은 아버지란 텅 빈 해골이지만 상징계를 지탱하는 절대법이다. 원시시대 아버지는 주이상스를 즐기는 폭군이었다. 권력과 성을 독차지하는 아버지를 흠모하고 질투한 아들들은 아버지를 죽이지만 아들들 사이에서 권력다툼이 일어나자 질서를 세우려고 토템을 세우고 강력한 법을 만든다. 아버지를 상징하는 토템은 아무 것도 아니지만 질서의 수호신이다. 프로이트에게 문명의 시작은 텅 빈 해골이었다. 라캉은 여기에 기표를 대입하여 초월기표(primordial signifier)를 만든다. 그 자체로는 텅 비었으나 의미를 생산하는 언어다. 그리고 창조의 근원이다. 창조의 근원은 무의식이고 텅 빈 공간이다. 라캉에게 절대적인 신은 아버지의 이름(The Name of the Father)이다. 상상계에서 유아는 자신과 만물을 동일시한다. 그리고 그들을 질투하고 흠모하여 공격적이 된다. 이 테러와 공격성을 하나로 수렴하는 장치가 문명이요, 질서를 부여하는 단 하나의 아버지다. 슈레버의 파라노이아를 재해석하면서 라캉은 수많은 신에서 단 하나의 신으로 권력을 수렴하는 장치가 문명의 시작이고 인간이 혼돈에 질서를 부여하는 방식이었다고 말한다. 삶에 질서를 부여하는 신은 죽은 아버지인 텅 빈 해골이다. 이것이 세상의 시작이요, 엠페도클레스의 리조마타 가운데 공기에 해당된다. 프로이트는 죽은 아버지를 문명의 시작으로 보았고 현실원칙으로 보았다. 그는 무의식을 주로 인간의 관점에서 논의했다. 그러나 라캉은 무의식을 텅 빈 공간으로 놓아 고대 신비주의자처럼 만물의 근원으로 보았다. 그는 중국 고대 도사상을 공부했고 세미나에서 기표의 놀이를 우주의 흐름으로 해석했다.

무의식은 공기이고 바람이다. 밀도가 가장 낮다. 그런데 여기에 기표가 몰려든다. 그리고 둘이 탄생한다. 하나가 존재하려면 둘이 반드시 필요하다. 아무것도 아닌 것이 모든 것으로 바뀌기 때문이다. 보이지 않지만 분명히 존재하는 것에서 무엇인가 구체적인 물질이 탄생한다. 음은 양의 이름으로만 존재할 뿐이다.

2) 엠페도클레스의 불: 상징계

대부분의 학자는 라캉의 사상을 세 단계로 나눌 때 세미나 11, 20, 그리고 23을 분기점으로 삼는다. 세미나 11은 상상계와 상징계의 두 고리가 겹치면서 욕망의 대상(a)이 생기는 것을 주로 다룬다. 세미나 20에서는 보로메오 매듭을 선보이고 실재계를 언급한다. 그리고 세미나 23에서 네 개의 고리인 '조이스의 에고'(Joyce's Ego)가 소개된다.[2] 그런데 사실 이런 분류

---

[2] 예를 들어 Jacques Alain Miller는 그의 글, "Lacan's Later Teaching"(*lacanian ink* 21(2003):4-41)에서 라캉의 사상이 발전하는 단계를 3으로 나눈다. 그는 세미나 11에서부터 라캉이 프로이트의 무의식에서 점차 풀려나와 세 번째 단계인

에는 상당한 오해의 소지가 따른다. 상상계, 상징계, 실재계는 어느 하나라도 빠지면 아무 말도 할 수 없기 때문에 세미나 제 1권에서부터 세 개는 필연적으로 연결되고 모두 언급된다. 다만 초기에는 상징계와 욕망의 주체에 관해 주로 이야기하고 후반부로 갈수록 점차 실재계에 대한 논의로 이동하다가 마지막에 조이스의 에고에 이르면서 수수께끼 같은 매듭들로 끝을 맺는다고 보는 것이 적절할 것이다. 그리고 이런 변모에는 하나의 큰 구도가 숨어있는 듯이 느껴진다. 조이스 문학이 하나의 디자인에 의해 움직인 것처럼 라캉의 사상에도 숨은 플롯이 있다는 것이다.

프로이트가 무의식을 발견하는 데 열정을 바쳤다면 라캉은 무의식이 만물을 창조하는 텅 빈 공간이라는 것에 초점을 맞춘다. 이 말은 라캉의 무의식이 훨씬 더 막강한 힘을 갖는다는 뜻이다. 프로이트 역시 이드의 힘이 막강하여 수퍼 에고도 이드의 변형이라고 말하지만 라캉은 무의식을 언어와 주체뿐 아니라 만물을 생성하는 근원으로 넓혔다. 무의식은 의식에 저항하는 힘일 뿐 아니라 의식을 낳고 나아가 만물을 창조하는 텅 빈 공간이다. 무의식은 타자(the Other)로서 관계하지 않는 데가 없다. 언어가 없으면 무의식이 없으며 무의식이 없으면 언어도 존재하지 않는다. 둘의 관계는 주인과 노예의 변증법처럼, 뫼비우스의 띠처럼 서로를 요구한다. 어느 한 쪽이 없어지면 둘 다 없어진다. 그러면 어느 쪽이 먼저인가. 무의식인가 언어인가, 상상계인가 상징계인가. 라캉의 전기를 쓴 루디네스코(Elizabeth Rudinesco)는 라캉이 어머니를 두려워하고 여성에게 먹히는 환상을 가지고 있었다고 말한 적이 있다(397). 그가 오시마 나기사의 일본 영화 『감각의 제국』을 보면서 소스라치게 놀라 "저게 바로 내가 말하는 여성적 에로티즘(feminine eroticism)이다"라고 말한 것은 음에 대한 라캉의 두려움을 잘 반영하는 표현이다(Tremeau 34). 사디즘을 상징하는 여성인물

조이스의 에고에 이른다고 본다.

사다가 마조히즘을 상징하는 남성인물 키치를 쾌락의 함정으로 몰아 죽음으로 이끄는 사도-마조히즘의 극치, 음의 파괴적인 힘을 일본 군국주의로 표현한 이 영화는 죽음충동에 관한 서사다. 이에 반해 양은 삶충동이다. 라캉에게 공기는 만물을 창조하는 텅 빈 공간 "음"이고 음은 양으로 전환하여 우주를 살아 흐르게 만든다.

  공기는 불을 낳는다. 불은 프로메테우스가 제우스신에게서 훔친 문명의 상징이다. 상징질서에 속한다. 텅 빈 무의식은 상징계 속에서는 찬란한 욕망의 대상으로 승화한다. 주체 속의 타자인 공기는 열정의 대상인 "오브제 프티 아"가 된다. 불이 된다. 불의 밀도가 낮아지면 공기다. 그러므로 찬란한 불의 열정은 포착하는 순간에 아무 것도 잡히지 않는 본래의 모습을 드러낸다. 대상은 사실 아무 것도 아닌데 주체가 살려고 베일을 씌운 불의 나비, 불나비다. 장자의 나비다. 꿈속에서 본 아름다운 나비를 현실에서도 보고 있기에 주체는 삶을 영위한다. 죽음충동, 혹은 텅 빈 무가 현실에서 잘게 부서져 응시와 음성으로 나뉘어 나타난 대상이 나비다. 욕망의 대상은 부분충동이다. 상징질서 속에 들어온 뜨거운 열정의 대상인 나비는 주체가 꿈속에서 본 나비이고 다시 현실에서 보는 나비다. 라캉은 주체와 타자의 관계를 장자의 나비 꿈으로 풀어낸다(Lacan, 1978, 76-77).

  장자는 자신이 나비가 되는 꿈을 꾸었다. 꿈에서 깨어난 그는 이렇게 말한다. 장자가 나비의 꿈을 꾸었는가, 아니면 나비가 장자의 꿈을 꾸는가. 도는 이것을 장자와 나비 사이에서 물화가 일어난다고 해석한다. 인간이 나비가 되고 나비가 인간이 되므로 만물이 하나라는 의미다.

> 장자가 꿈에서 깨어났을 때 그는 자신이 장자의 꿈을 꾸는 나비가 아닌가 묻는다. 정말로 그는 옳을 뿐 아니라 두 배로 옳다. 우선 그것은 그가 미치지 않았다는 것을 증명하여 자신을 절대적으로 장자라고 확신하지 않는다. 두 번째는

그는 자신이 얼마나 옳은지 충분히 이해하지 못하기에 옳다. 사실, 자신의 정체성의 뿌리들 가운데 하나를 파악하는 것은 그가 나비였을 때이다. 즉 본질에서 그가 나비였고 나비라는 것, 그는 자신의 색깔로 자신을 칠한 나비라는 것 그리고 이것 때문에 결국 그는 장자다(Lacan, 1978, 76).

장자의 시보다 라캉의 해석은 한층 더 수수께끼 같다. 엠페도클레스의 말이 논리적이지 않았듯이 라캉의 글도 그렇다. 위의 글을 천천히 풀어보자. 우선 장자가 나비인지 나비가 장자인지 모르는 이유다. 욕망의 대상은 원래 유아기에 자신을 길러준 사람이다. 유아는 이 대상을 자신과 혼동하면서 완벽한 대상인 이상적 자아(Ideal ego)라고 착각한다. 그가 성장하면서 착각 속에서 품었던 이상적 자아는 구체적인 대상으로 나타난다. 자아이상(ego-ideal)이다. 그는 이 대상을 얻으려고 열심히 산다. 그러나 사실 그 대상은 자신이 꿈(유아기의 환상) 속에서 보았던 나비였기에 현실에서 막상 잡으면 아무 것도 아니다. 인간의 삶은 꿈의 연장이다. 장자는 꿈속의 나비다. 그래서 우리는 꿈을 가지라고 후배들에게 말한다. 꿈에서 깨어나는 순간은 갖고 싶고 되고 싶은 나비가 아무 것도 아니라는 것을 확인하는 순간이다. 이 현실이 끔찍해서 그는 다시 꿈을 꾼다. 욕망의 대상은 신기루처럼 한 걸음 물러나 다시 밝게 빛난다.

장자는 주체(the subject)이고 나비는 타자(the other)다. 타자는 주체가 보는 환상이다. 타자와 하나가 되고 싶은 꿈 때문에 주체는 여전히 현실에서 살아간다. 주체는 과거에도 꿈을 꾸었지만 지금도 꾼다. 그가 소망하는 것이 있는 한 그는 꿈속에서 살아간다, 그러므로 꿈은 현실의 소망을 해석하는 결과물이다. 장자는 나비이고 나비는 장자다. 나비는 텅 빈 구멍이지만 현실을 해석하는 모든 것이다. 그것은 믿음이요, 사랑이요, 소망이다. 주체가 나비와 같으면서 다를 때 장자는 나비에게 먹히지 않고 계속 꿈을 꾼다.

사랑이 증오로 변하는 것은 주체와 타자의 간격뿐 아니라 꿈과 현실의 간격이 무너지는 순간이다. 증오는 타자가 나를 압도할 때 일어난다. 사랑하는 연인은 내가 되고 싶고 갖고 싶은 대상이다. 이때 나와 연인 사이의 간격을 파괴하고 하나가 되고 싶을 때 파괴욕망이 일어나고 아무리 노력해도 그 거리가 좁혀지지 않을 때 증오가 일어난다. 증오는 파괴하고 싶은 욕망과 같이 흠모의 이면이다. 우주를 사랑과 증오의 역동적인 힘으로 본 엠페도클레스는 이런 의미에서 라캉의 선배였다. 정신분석에서 이 두 힘은 동전의 양면과 같다. 해체되지 않으면 부활이 없고 부활하면 해체된다. 라캉은 장자의 나비 꿈을 욕망의 주체와 타자의 관계로 해석했다. 주체가 꿈꾸기를 거부하면 증오와 파괴가 일어나기에 불의 열정은 사막을 걷는 데 필요한 신기루다.

불은 두 개의 원이 겹쳐질 때 일어난다. 하나의 원보다 밀도가 조금 높아진다. 주체와 타자의 관계는 '사드와 함께 있는 칸트'(Kant with Sade), 또는 크레온과 안티고네의 대립관계이다. 그런데 라캉은 여전히 주체와 타자, 칸트와 사드처럼 상징계를 앞에 놓는다. 상징질서는 꿈을 만드는 동력이기 때문이다. 그러나 실상은 여전히 죽음충동이 주인이고 삶이 노예이다. 칸트보다 사드, 크레온보다 안티고네, 양보다 음의 위력이 더 크다. 칸트를 밀어붙이면 사드가 되기 때문이다. 공기는 '포르트-다 게임'에서 다(Da)이고 불은 포르트(fort)이다. 엠페도클레스의 리조마타와 라캉의 기표의 놀이는 아주 흡사하다. 이제 만물의 변화와 흐름을 바꾸는 세 번째 요소를 보자.

3) 엠페도클레스의 흙: 실재계

라캉의 세미나에서 세 개의 고리가 서로 물리는 도식은 세미나 20에 이르러 나타난다. 이때 그의 나이는 칠순을 넘는다. 나이가 든다는 것은 상징질서 속에서 실재계를 보는 것이다. 욕망의 주체는 청년기다. 청년기는 꿈을 가지고 누군가를 열정적으로 사랑하고 세상을 바꾸어 볼 꿈과 야망을 가지는 시기다. 계절로 따지면 여름이다. 가을에 접어들면 만물은 열매를 맺고 삶의 주인이 죽음이라는 것을 깨닫게 된다. 장년기에 사람들은 그리 큰 꿈을 꾸지 않고 사랑의 고통에도 차츰 무감해진다. 결실을 거두고 마무리하는 시기가 다가오고 마음이 평온해진다. 죽음과 가까워지는 나이가 장년이고 노년이고 계절에서는 초가을이고 늦가을이다. 우주의 기운에서 온기가 줄어들고 냉기가 늘어난다. 이것이 보로메오 매듭이라 불리는 세 개의 고리다(Lacan, 1998, 124). 보로메오 문장에서 얻어온 세 개의 고리는 하나로 묶여야 온전한 삶이요 주체가 된다. 이 가운데 어느 하나만 떨어져나가도 세 개가 모두 흩어진다. 실재계만 떨어져나가면 죽음이요, 상상계만 떨어지면 정신병이고 상징계에 갇히면 파시즘적 도착증이 나타난다.

라캉이 숫자 셋에서 의미하는 것은 죽음이다. 프로이트는 입술 주위에 암이 생겨 장년기부터 죽는 날까지 고통을 받는다. 나치즘의 박해를 피해서 그가 영국으로 망명한 후 다음 해에 죽을 때 마지막 침상에서 한 말은 "몰핀을 달라"였다. 그가 암으로 고통을 받기 시작할 때 그는 죽음이 가장 친한 친구라는 것을 조금씩 의식한다. 물론『쾌락원칙을 넘어서』에서 죽음충동을 언급하지만 그보다 조금 전, 「세 상자의 주제」(Theme of Three Casket)에서 이미 죽음은 납상자로 상징된다. 셰익스피어의『베니스의 상인』에는 포샤가 구혼자들 앞에 세 개의 상자를 내놓는 이야기가 있다, 그런데 금이 든 상자도 아니고 은상자도 아니고 세 번째 상자인 납상자 속에 그녀의 초상화가 들어있었다. 금은 유아기요 은은 성인이고 납은 노년기 혹은 죽음을 상징하는데 왜 욕망의 초상화가 납상자에 들어있는가. 왜 납이 에로스를 의미하는가. 프로이트는 그 이유를 고대 신화와 문학작품들 속에 재현된 아름다운 욕망의 대상들이 세 번째 딸이라는 것을 예로 들어 설명한다. 신데렐라, 푸쉬케, 코딜리어는 모두 셋째 딸들인데 이것은 죽음을 가장 두려워하는 인간의 심리를 반영한다. 죽음의 공포를 가장 아름다운 욕망의 대상으로 대치하여 삶을 지속하기에 납상자가 에로스를 상징한다는 것이다. 인간에게 죽음은 가장 무서운 주인이다. 그러므로 그는 살려고 죽음을 욕망의 대상으로 대치한다.

이와 같은 프로이트의 가설을 증명한 것이 라캉의 $\$ \diamond a$ 라는 도식이다. 죽음이 주체를 가로지르기 때문에 욕망의 대상은 소문자 a가 된다. "오브제 프티 아"는 세 번째 딸이지만 납상자이기 때문에 잡으면 아무 것도 아닌 실재를 드러낸다. 죽음이 욕망의 대상으로 대치되어 찬란히 빛나는 것이 우리를 살게 한다. 이것이 실재이다. 세 번째 딸이 실재계인 것을 라캉은 여러 세미나에서 반복했다. 세 마리의 타조에 비유하고 「'도둑맞은 편지'에 대한 세미나」에서 삼각구도로 설명한다. 세 마리의 타조 이야기를 들어보자. 첫 번째 타조는 흙 속에 머리를 박고 있다. 두 번째 타조는 첫 번째 타조가 머리를 박고 있기에 아무에게도 보이지 않는다고 믿는다. 바로 이때 세 번째 타조가 두 번째 타조의 꼬리털을 뽑는다. 세 번째 타조가 뽑은 꼬리털은 권력이고 지식이다. 민주당이 가장 자신만만한 순간에 공화당이 권력의 꼬리털을 뽑고 모더니즘이 한창일 때 포스트모더니즘이 꼬리털을 뽑는다. 이것이 라캉식 패러다임이다. 흙에 머리를 박고 있는 첫 번째 타조는 상상계다. 무의식이다. 자신이 보이지 않는다고 믿는 두 번째 타조는 상징계에서 주체가 욕망의 대상을 추구하는 순간이다. 꿈을 꾸는 시간이다. 세 번째 타조는 욕망의 대상을 잡는 순간 아무것도 아닌 것으로 드러나는 실재계와의 만남이다.

엠페도클레스가 본 우주의 구성요소들 가운데 세 번째는 흙이다. 흙은 죽음이다. 만물은 죽어 흙에 묻히고 흙으로 돌아가 다른 생물체의 자양분이 된다. 라캉의 실재(계)는 흙이다. 이제 남은 구성 요소는 물이다. 공기, 불, 흙, 물의 네 가지 요소는 서로 마주보며 춤을 춘다. 공기는 가볍고 흙은 무겁다. 불은 뜨겁고 물은 차다. 공기와 흙이 마주보고 불과 물이 마주보고 춤을 추어야 자연이 흐르고 삶이 흐른다. 순환의 체계는 대립 항이 마주보아야 한다. 그러므로 이제 남은 요소는 물이다. 라캉의 네 번째 고리는 물인가.

4) 엠페도클레스의 물: '조이스의 에고'

라캉의 네 번째 고리는 1975년 조이스 국제 학회를 계기로 등장한다. 그는 학회 이후 「증상으로서의 조이스」(Joyce-le-Symptom) 세미나를 갖는데 여기에서 보로메오 매듭을 해체하고 네 개의 고리를 선보인다. 이것이 "조이스의 에고"라는 시그마 도식이고 에피퍼니와 조이스 문학에 대한 이해 없이 라캉의 사상을 충분히 이해하기 힘든 이유다.

라캉과 조이스는 모더니즘이나 초현실주의 등 유럽 아방가르드의 시대를 이끌고 영향 받은 사람들이다. 라캉은 젊은 시절 조이스를 서점에서 우연히 만났고 그 후 『율리시즈』가 파리에서 번역 출간되었을 때 그의 낭송을 들었다. 조이스가 선배이지만 두 사람 모두 동시대에 살았고 모호한 글쓰기로 유명하다. 라캉은 조이스를 흠모했다. 그리고 자신의 사상을 전개하는 과정에서 필연적으로 조이스와 만나게 된다. 둘은 닮은꼴이었기 때문이다. 조이스는 라캉의 증상이었다. 닮고 싶고 되고 싶은 욕망의 대상이었다. 프로이트의 리비도에 가까운 라캉의 개념, "주이상스"(jouissance)는 "조이스"(joyce)라는 단어가 잘못 튀어나온 말실수(slip of tongue)였을지도 모른다. 즐거운 라캉, 즐거운 조이스, 두 사람 모두 삶이 꿈이요, 즐거움을 선물하는 미학이 최고의 윤리라고 믿었다. 두 사람 모두 지식은 추구하는 것이 아니라 즐기는 것이라 믿었다.

조이스 연구가인 자크 오베르(Jacques Aubert)는 1975년 파리에서 열린 조이스 국제 심포지움에서 라캉에게 기조연설을 부탁했다. 라캉은 이때 연설 제목을 「증상으로서의 조이스」(Joyce le Symptom)라고 붙였다. 약 천 명이 들었다는 그 기조연설은 다음 날 신문에 「상징으로서의 조이스」(Joyce le Symbol)라고 보도된다. '증상'이라는 단어가 낯설었던지 그와 비슷하지만 아주 다른 '상징'이라는 단어를 사용한 것이다. symptom과 symbol은 비슷하게 들리지만 의미에서 엄청난 차이가 있고 그 차이는 라캉에게 그대로 넘어가기에는 너무 중대했다. 상징은 상징질서에 속하지만 증상은 상징질서에 저항하고 그 경계를 넘어서는 용어다. 상징은 잉여를 인정하지 않는 은유이지만 증상은 잉여에 의해 '은유처럼 보이지만 환유'이다. 라캉은 그 이듬해부터 조이스와 생톰(sinthome)이라는 주제로 강의를 시작했고 이것은 세미나 제 23권으로 묶여 그의 후기 사상을 이해하는 데 필수적인 자료가 된다. 무엇 때문에 라캉은 자신의 마지막 사상에 조이스의 에피퍼니(epiphany)와 『피네건의 경야』 *Finnegans Wake*를 끌어들이는가.[3] 증상의 고어인 생톰은 라캉의 핵심사상인 실재계와 조이스의 핵심사상인 에피퍼니를 연결하는 용어다. 엠페도클레스가 중시했던 네 번째 요소, 물은 조이스와 라캉의 마지막 사상이다. 정신분석은 마음을 흐르게 하는 것이고 조이스의 『경야』는 흐르는 물의 언어다. 순환은 방향을 바꾸어야 가능하고 물은 모든 생명체의 종착역이며 동시에 출발지이다.

프랑스어에서 증상과 생톰은 발음이 같다. 두 단어는 소리는 같으나 의미는 서로 대립된다. 증상이 의식의 단어라면 생톰은 무의식의 단어요, 증상이 삶충동이라면 생톰은 삶의 씨앗인 해골이다. 그러므로 생톰으로의 회귀는 사계절의 네 번째 단계인 겨울의 글쓰기이다. 『피네건의 경야』는 비코의 역사발전의 네 번째 단계에서 암시를 받아 쓰인 작품이다. 비코는

---

[3] 이로부터 『피네건의 경야』를 줄여 『경야』로 표기함.

역사발전을 인간의 상상력과 제도의 변화에 맞추어 네 개로 구분했다. 신의 시대, 영웅의 시대, 인간의 시대, 그리고 마지막이 야만의 시대다. 이것이 순환의 기점이다. 폭력과 짐승이라는 죽음의 시대가 지나면 다시 신의 시대가 부활한다. 비코의 '신과학'(New Science)은 인간의 상상력이 야만성에 기인한다는 암시에서 획기적이었고 조이스는 바로 이 점을 발견한 것이다. 라캉의 네 개의 고리와 조이스의 『경야』, 비코의 역사 순환의 네 번째 단계는 이런 의미에서 서로 공통되고 엠페도클레스의 네 번째 요소인 물에 해당된다.

증상과 생톰의 관계는 라캉과 조이스의 관계를 설명하는 많은 비평가들이 즐겨 논의하는 문자(letter)인가 문자의 태아(litter)인가라는 물음과 같다.(Voruz 123). 『경야』는 문자가 아니라 문자의 태아인 잡동사니다. 상징질서를 거부하고 그 이전의 혼돈으로 회귀하는 언어이전의 '사물들'(things)이다. 조이스의 초기작품들은 사실주의 형식이므로 문자로 쓰였으나 에피퍼니를 통해 문자 속에 숨은 태아를 드러내고 후기의 실험 작품들은 글쓰기 그 자체가 이미 에피퍼니인 문자의 태아였다. 지금까지 거의 모든 비평가는 주로 『피네건의 경야』, 동음이의어, 그리고 '네 번째 매듭'을 연결했다 라캉의 생톰은 조이스의 에피퍼니다. 에피퍼니는 토마스 아퀴나스의 미의 세 번째 요소인 현현, 혹은 진리의 드러남이다. 증상의 핵인 생톰, 문자의 핵인 혼돈이 힐끗 보이는 순간이다. 라캉과 조이스는 우리의 삶이 혼돈 위에 세워진 부서지기 쉬운 건축물이라고 암시한다. 욕망의 대상은 텅 빈 해골이고 삶은 시체를 놓고 밤을 새우는 경야다.

조이스는 모든 대립과 갈등을 치유하는 힘을 여성인물에게 부여한다. 『율리시즈』Ulysses의 마지막 서술은 물처럼 흐르는 여주인공 몰리의 자동독백이다. 블룸과 스티븐을 아버지와 아들로 연결해주는 물이다. 물은 상징질서의 모순과 갈등을 치유하는 여신이다. 『경야』에서 애나 리비아 플루라벨의 마지막 독백은 물처럼 흐른다. 혼돈의 밤이 지나고 새벽이 가까워지면서 강물은 바다로 흘러들고 그녀의 독백은 이를 상징하듯이 천천히 투명하고 정결하게 흐른다. 서로 대립하는 두 아들, 쉠과 숀을 하나로 감싸고 용해하는 역할이 어머니 애나이다. 『경야』는 대립하는 요소들이 하나로 용해되는 많은 조어들로 이루어진다. 상징질서 속으로 불쑥 튀어 들어오는 적의에 찬 무의식의 언어, 의식과 정반대인 본능의 언어를 프로이트는 "말실수"(slip of tongue)라고 표현했다. 경야는 말실수로 가득 찬 문학이다. 그런데 조이스는 프로이트와 달리 그 말실수가 신의 계시요 진리라는 점을 강조한다. 말실수는 상징질서의 관점에서 보았을 때 실수이지만 신의 섭리로 볼 때는 진실이다. 『경야』가 읽기 어려운 것은 상징계의 언어가 아니고 상징질서에서 혼돈으로 하강하는 만물의 언어이기 때문이다.

정신분석에서는 상징질서 속으로 진입하지 않은 언어는 정신병자의 언어다. 그렇다면 삶이 억압한 해골을 그대로 드러내 보이는 조어, 만물의 속을 너무 많이 드러내는 『경야』는 정신병자의 문학인가. 라캉은 『경야』가 너무 속을 드러낸다고 언급했다(Hayman 45). 에피퍼니를 숨기지 않고 그대로 보여준다는 것이다. 조이스의 에고(시그마의 형태)는 다른 세 개의 고리를 꽉 물고 있다. 우선 세 개의 고리 가운데 상상계가 줄어든 것이 특징이다. 이것은 상상계에서 이마고가 제대로 형성되지 않고 상징계에서 대타자가 형성되지 않는다는 것을 의미한다. 상상계가 줄어들고 그 대신에 실재계가 확대되고 상징계와 연결된다. 상징계와 실재계를 연결하는 것이 조이스의 에고이다. 상징질서의 언어와 실재계의 해골이 함께 드러나는 것이 문자의 집동사니다. 상징계의 대타자가 축소된 대신 조이스의 에고인 시그마가 상징계를 꽉 물고 있는 형상이다. 이 도식에서 라캉은 조이스가 아버지를 거부하고 스스로 새로운 '아버지의 이름'이 되려는 강한 의지를 내보인다고 암시한다. 새로운 아버지가 되려고 조이스는 상징계의 언어를 거부하고 혼돈의 언어, 언어 이전의 언어인 실재계의 언어를 사용한 것이다.

물은 사회의 갈등과 모순을 감싸고 흐른다. 만물은 죽어 물이 되고 물에서 다시 태어난다. 그러므로 물은 끝이며 시작이고 생명의 기원이다. 라캉의 네 개의 고리와 조이스의 『경야』는 물에서 서로 공통되고 이것은 엠페도클레스의 네 번째 리조마타인 물이다.

맺음

학자들은 엠페도클레스의 리조마타를 소개할 때 네 가지 요소들을 순서대로 배열하지 않는다. 프로이트도 '흙, 공기, 불, 물'이라고 무심히 소개했다. 학자에 따라 공기 대신 바람을 꼽기도 한다. 그러나 엠페도클레스가 덧붙인 사랑과 증오의 두 요소를 첨가하면 순서가 생긴다. 공기에서 만물이 태어나 불로, 흙으로, 물로, 그리고 다시 공기로 순환한다. 이런 순환은 밀도가 낮은 것에서 높은 것으로 상승하다가 다시 밀도가 낮아지는 방향으로 하강한다. 묶음에서 해체로 하강하고 다시 묶음으로 상승하여 해체되면서 네 가지 요소가 끝없이 반복된다. 이것을 반복하게 만드는 두 힘이 에로스와 타나토스다. 이렇게 볼 때 프로이트가 엠페도클레스를 코르크마개 뽑이처럼 요긴하게 사용했다는 라캉의 언급은 너무도 당연해 보인다. 리조마타는 라캉에 오면 상상계, 상징계, 실재계, 조이스의 에고 등 네 가지 도식으로 설명될 수 있다. 이들을 순환케 하는 힘이 주이상스다. 주이상스는 삶충동과 죽음충동이고 묶음과 해체의 양면을 지닌다. 라캉이 전 사상을 도식으로 설명하고 그것을 공기, 불, 흙, 물의 순서로 풀어

보면 그와 엠페도클레스가 많이 닮았다는 것을 알게 된다. 이런 의미에서 라캉의 정신분석은 인간의 마음뿐 아니라 자연의 질서를 설명할 수 있는 모델이 될 수도 있다는 생각을 해본다.

핵심단어(Key Words)
조이스의 에고(Joyce's Ego), 엠페도클레스(Empedocles), 리조마타 (Rhizomata), 도사상(Taoism), 에피퍼니(epiphany), 『피네건의 경야』(*Finnegans Wake*), 아버지의 이름(The Name of the Father), 죽음충동(The Death Instinct), 실재계 (The Real), 라캉(Lacan).

참고 문헌

권택영. 「라캉과 조이스: 증상으로서의 글쓰기」. 『제임스 조이스 저널』. 12.1 (2006): 93-112.
전은경. 「애나 리비아 플루라벨의 물의 언어: 피네건의 경야 4부 "ricorso" 장을 중심으로」. 『제임스 조이스 저널』. 7.2(2001): 207-228.
컨퍼드. 『소크라테스 이전과 이후』. 이종훈 옮김. 박영사. 1995. 2002.
탈레스외. 『소크라테스 이전 철학자들의 단편 선집』. 김인곤 외 옮김. 아카넷. 2005.
Aubert, Jacques. *Joyce Avec Lacan*. Paris: Navarin Editeur. 1987.
Freud, Sigmund. "The Theme of the Three Caskets." in *The Standard Edition. of The Complete Psychological Works of Sigmund Freud*. Trans. James Strachey. London: Hogarth. 12(1913): 289-303. Abbreviated as SE.
____. "Analysis Terminable and Interminable." 1937. SE, 23: 209-254.
Guthrie, W.K.C. *History of Greek Philosophy*. Vol. 1, Cambridge: Cambridge University Press. 1962.
Hayman, D. "My Dinner with Jacques." *lacanian ink*. 11, 12: 42-45.
Joyce, James. *Ulysses*. Corrected Edition. Ed. Hans Walter Gabler. New York: Random House. 1922.

_____. *Finnegans Wake*. 3rd ed. London: Faber & Faber. 1939.

Continental Aesthetics: Romanticism to Postmodernism. Ed. Kearney, R. & David R. New York: Blackwell. 2001.

Lacan, Jacques. *The Psychoses*. Trans. Russell Grigg. Ed. J. A. Miller. New York: Routledge. 1993.

_____. *The Ethics of Psychoanalysis*. Trans. Dennis Porter. Ed. J. A. Miller. New York: Norton. 1992.

_____. *The Four Fundamental Concept of Psychoanalysis*. Trans. Alan Sheridan. Ed. J. A. Miller. New York: Norton. 1978.

_____. *Encore*. Trans. Bruce Fink. Ed. J. A. Miller. New York: Norton, 1998.

_____. "Seminar on "The Purloined Letter." Tr. Jeffrey Mehlman. In *The Purloined Poe: Lacan, Derrida and Psychoanalytic Reading*. Ed. John P. Muller. Baltimore: The Johns Hopkins University Press. 1988, 28-54.

Miller, J. A. "Lacan's Later Teaching." *lacanian ink*. 21(2003): 4-41.

Tremeau, Fabien. "Ai no Korrida: The Cutting Edge of Feminine Eroticism." *lacanian ink*. 5(1991): 29-42.

Rudinesco, Elizabeth. *Jacques Lacan: Outline of a Life, History of a System of Thought*. Trans. Barbara Bray. New York: Colombia University Press. 1997.

Voruz, Véronique. "Acephalic Litter as a Phallic Letter." *Reinventing the Symptom: Essays on the Final Lacan*. Ed. Luke Thurston. New York: Other Press. 2002, 111-140.

2. 자연 과학과 인문학의 만남

　톨스토이는 『전쟁과 평화』에서 삶을 사랑하는 것이 곧 신을 사랑하는 것이라고 말했다. 삶이 하루 밤 꿈이라고 생각할 때 우리는 그 꿈을 즐길 수 있고 삶을 즐길 수 있을 때 비로소 신을 사랑하게 된다. 삶은 꿈이고 죽음은 깨어남이다. 팔십을 살고도 삶이 무엇이라고 분명하게 말할 수 있는 사람은 거의 없다. 가장 흔하게 들리는 인생이 "덧없다"는 말은 삶이 한바탕 긴 꿈에 불과하다는 말과 비슷하다. 우리를 사로잡는 꿈의 실체는 텅 빈 공허이고 삶은 이 공허를 아름답게 장식한 환타지다. 죽음이 주인이요 삶은 주인을 공손히 맞아 아름답고 화려하게 장식하는 하인에 지나지 않는다. 헤겔이 『정신의 현상학』 제1장에서 주인과 노예의 변증법을 이야기할 때 그는 라캉이 말한 거세된 주체($)를 이미 이야기하고 있었다. 주체를 가로지르는 빗금은 삶을 가로지르는 죽음을 상징한다. 주체가 죽음의 하인일 때 그가 지향하는 삶의 목표는 언제나 잠정적이 된다. 죽음이 부르면 언제든지 응답해야 하는 분열된 삶에서 영원함이란 없기 때문이다. 아니 영원함이란 형태를 달리하여 다시 태어나는 '다르게 반복하기' 외에는 없기 때문이다. 이런 맥락에서 라캉의 분열된 주체는 프로이트의 무의식뿐 아니라 헤겔의 죽음과 삶의 변증법을 재해석하고 니체의 영원회귀를 재해석했다고 볼 수 있다.

헤겔의 변증법은 프로이트의 죽음충동과도 상통한다. 삶충동 역시 죽음과의 역동적인 상호 작용 속에서 죽음을 달래고 지연시키는 여정이다. 죽음만이 결핍을 충족하는 단하나의 대타자이다. 이처럼 죽음은 삶을 지배하는 단하나의 절대자이기에 삶은 전면적인 죽음을 부분충동(the partial drives)으로 잘게 부수어 욕망의 대상인 '오브제 프티 아'로 재투자하는 것이다. 죽음을 연인의 젖가슴, 음성(voice), 응시(gaze)로 나누어 안전하게 투자한 것이 '욕망이라는 이름'의 저축통장이다. 그런데 이 투자는 증권과 닮아서 언제나 신경을 써야 하고 욕심을 부리거나 분수에 넘치지 않게 조심해야 한다. 응시가 지나치면 대상을 소유하려 하기에 자신도 부서지고 응시가 너무 낮으면 만사에 의욕이 없어진다. 부분충동들 가운데 음성은 말의 일부분으로 언어에 달라붙은 몸이다. 라캉은 이것을 라랑그(lalangue)라는 조어로 표현하는데, 언어는 가치중립적인 전달매체가 아니라 충동을 함께 실어 나르는 몸의 언어라는 뜻이다. 언어에 달라붙은 몸의 소리가 음성이라면 눈에 달라붙은 몸의 시선이 응시다. 우리가 흔히 눈꺼풀에 무엇이 씌었다고 말할 때 바로 그 '무엇'이 응시다. 우리는 그 '무엇'을 태어나는 순간부터 죽는 순간까지 지니고 산다. 라캉이나 지젝은 이 '무엇'을 얼룩(stain)이라고 표현한다.

응시와 음성은 다른 모든 생명체와 달리 인간에게만 있다. 언어를 가지고 타인의 시선을 의식하면서 사는 동물은 인간뿐이다. 지금까지 인간중심적인 사유는 인간과 동물을 이렇게 구분해왔다. 그러나 우리는 다른 모든 생명체에게도 다른 종류의 죽음충동이 있다는 것을 사유해보아야 한다. 한 그루의 나무가 봄에 잎을 틔고 여름에 성장하고 가을에 붉게 물들고 한 송이 국화꽃을 피우기 위하여 봄부터 소쩍새가 울듯이 그들에게도 삶의 메커니즘은 있다. 자식의 죽음을 슬퍼하는 새의 긴 울음과 짝을 유혹하는 울음소리는 다를 것이다. 먹이를 강탈하는 제스처와 구애의 제스처가 똑같지는 않을 것이다. 인간이 만물의 기준이 되어 자연에게는 음성과 응시가 없다고 말할 수는 없다. 우리와 다른 저축통장을 가졌을 뿐이다. 아니 같을는지도 모른다. 만물은 태어나는 순간부터 죽음을 향해 조금씩 다가가는 긴 여정이다. 자연의 사계절은 삶과 죽음의 순환을 상징하는 대표적인 현상이다. 그 옛날 고대 그리스 현인들이 말하듯이 인간의 성장과정도 사계절의 순환과 같다.4)

라캉은 헤겔이나 프로이트의 죽음충동을 받아들였지만 그들과 다른 점이 있었다. 이 다른 점은 간과할 수 없이 중요한데 그 이유는 그가 선배들과 달리 인간중심의 사유에서 벗어나고자 했다는 점이다. 그는 세미나에서 언어보다 그림이나 도식 등 알 수 없는 기호를 즐겼다. 말년에는 거의 말을 하지 않고 칠판에 매듭이나 고리를 수없이 그렸다고 전해진다. 그의 사유를 상징하는 대표적인 개념인 욕망의 주체를 그는 $로 표시했다. 그리고 욕망이론을 $◇a로 표시하고 그것을 뒤엎은 도착증적 주체를 a◇$로 표시했다. 두 개의 원이 겹치는 그림들은 수없이 다른 형태로 반복되고 뫼비우스의 띠를 변형한 그림들도 많다. 세 개의 고리를 구성하고 그것에 '보로메오 매듭'(Borromean Knot)이라는 이름을 붙였으며 마지막에는 네 개의 고리를 만들어 그 유명한 '조이스의 에고'라 이름 붙인다. 상상계와 상징계와 실재계의 고리를 표현하는 도식은 여러 가지이고 소쉬르의 기표와 기의를 연산식으로 표현한 것도 유명하다. 세미나 20에서는 <네 가지 담론들>The Four Discourses을 도표로 그려서 많은 학자를 당혹하게

---

4) 피타고라스학파는 1, 2, 3, 4를 신성한 수로 보아 '테트락티스'라는 이름을 붙였다. 그것은 우주의 구성을 점, 선, 면, 입체로 보고 공간을 동, 서, 남, 북으로 보고, 계절을 봄, 여름, 가을, 겨울로 보는 등, 우주에 관한 사유를 숫자 1에서부터 4에 두었다. 김대균의 『소크라테스 이전의 그리스 철학』 114-115면 참조.

만들었다(16). 세미나가 진행될수록 풀기 힘든 매듭들, 고리들, 사각형, 삼각형, 육면체, 연산식, 수학의 기호가 늘어난다. 또한 세미나가 진행되면서 매듭들도 하나에서 둘로 셋에서 넷으로 변해간다. 그는 현대 사상가들 가운데 가장 수학소(matheme)를 많이 사용한 사상가였다. 그 이유는 무엇일까. 그는 왜 언어가 아니고 수학적인 기호와 도식과 연산식을 즐겼는가. 그가 일생 동안 추구한 네 개의 고리는 무엇을 상징하는가.

언어는 인간만이 사용하는 의사소통의 매개체이다. 그러나 그 언어는 가치중립적인 투명한 소통의 매개체가 아니라 충동이 깃든 몸의 언어다. 또한 만일 죽음과 삶의 변증법이 인간만이 아니라 동물이나 자연에게도 공통된다면 우리는 언어를 넘어서는 그 '무엇'의 매개체가 필요하다. 기호나 도식은 언어가 배제한 그 '무엇'을 표현할 수 있는가. 데카르트 이후의 근대사상은 인간과 자연을 분리시켜왔다. 근대주체는 주체와 대상을 구분할 수 있고 따라서 객관적인 관찰이 가능하다고 전제해왔다. 그러나 아인슈타인의 상대성이론과 양자 물리학에 이르면 이런 구분은 불가능한 것으로 드러난다. 주객의 분리가 불가능하다는 것을 라캉은 주체와 타자의 불가분한 관련성으로 발전시킨다. 여기에서 중요한 점은 그런 이분법이 불가능한데 여전히 그렇다고 믿는 현대 산업사회다. 라캉은 이런 구분이 자본주의사회를 도착증적으로 몰고 간다고 보았다(S20: 115). 그래서 인간과 자연을 다시 하나로 묶는 이론을 전하고 싶었다. 수학은 자연과학이다. 라캉은 자연과학 속에 정신분석을 위치시켜 자연과학과 인문학, 자연과 인간의 오래된 이분법을 무너뜨리고 싶었는지 모른다. 그리고 그것은 합리주의에서 신비주의로 회귀하는 것이다.

라캉의 수학소, 그 가운데에서도 '네 개의 매듭' 혹은 네 개의 고리라는 도식에 초점을 맞추어 보자.

라캉과 수학소

라캉이 소쉬르의 구조주의 언어관으로 프로이트의 무의식을 재해석했다는 것은 잘 알려진 사실이다. 그러나 그가 고대 그리스 자연철학이나 신비주의 사상에 깊은 관심을 보였다는 것은 그만큼 널리 알려지지 않은 사실이다. 특히 고대 중국의 도사상이나 선불교에 매료되고 그들의 사상으로 자신의 이론을 정립한 것은 충분히 언급된 적이 없다. 언어보다 한 송이 연꽃을 들어올려 가르침을 계시하려 했던 선불교의 방식은 언어의 한계를 느낀 그를 매료시킨다. 헤라클레이토스가 숫자 하나와 3에 매혹되고 도사상이 하나, 둘, 셋을 중시하고 피타고라스가 숫자 4인 테트락티스를 중시한 것처럼 라캉의 사상도 깊이 들여다보면 이런 순리를 따르고 있다. 그의 사상과 고대 신비주의나 그리스 자연철학의 접점을 알아보기 위해 우선 그가 언어 대신에 도식이나 연산식, 숫자에 의지한 이유를 들춰보자.

헤겔이 후기에 그의 미학강의에서 초월적인 이성을 강조한 것과 달리 라캉은 헤겔의 '합'을 줄기차게 떼어버리고 합이 달라붙지 않게 정반을 뫼비우스의 띠로 만들었다. 말이란 몸의 충동이 따라붙기에 합을 좋아한다. 합은 에로스가 지향하는 전면적인 죽음충동이다. 루디네스코(Elizabeth Rudoinesco)가 밝히듯이 라캉은 평생 동안 합을 떼어버리려고 애썼다. 실로 그의 이론은 '하나 아닌 것'(not all)을 향한 줄기 찬 노력이었다. 그는 뫼비우스의 띠처럼 둘이 하나의 끈에 연결된 실재계(The Real)를 고집하면서 '하나 아닌' 진리를 어떻게 말로 설명할 수 있는지 고민한다. 그림으로 그릴 수는 있지만 언어로는 어렵다. 언어는 음과 양이 분명해야 의미를 정확히 전달한다. 그러나 우리는 투명한 언어가 아닌 몸의 언어로 말한다. '음성'은 응시처럼 뗄 수가 없다. 특히 대학담론은 의미를 중립적으로 전달하지 않으면 가르침이 이루어지지 않는다. 그런데 바로 그 대학담론은 언제나 몸을 억압하는 음성이기에 아무리 열어놓아도 닫쳐버리곤 했다. 이 억압한 타자, 미끄러지는 기의를 표시하려면 언어가 아닌 수학공식이 필요하다. 분석담론은 언어가 지닌 잉여를 인정하는 담론이기에 상징질서에 저항한다. 초월기표는 텅 빈 죽음을 억압하고 세워진 상징적 질서이기에 그 이면에 달라붙은 몸, 억압된 해골을 드러내지 못한다. 기표의 이면인 해골을 제거할 수 있다는 가설이 거짓으로 드러나면서(유태인을 말살하려던 나치즘은 그 대표적인 예다) 잉여를 인정하자는 것이 라캉의 주체이론이다. 기표 속의 환상, 주체속의 구멍, 삶 속의 죽음을 표현하려면 무엇보다 언어를 해체해야 한다.

    라캉은 세미나를 시작하던 1953년경부터 프로이트를 재해석하는데 수학소가 필요하다는 것을 깨달았다. 고대 그리스시대에 "matheme"은 "배움"을 의미하는 단어였다. 피타고라스학파는 자연의 비밀들을 발견하려고 노력하는 사람을 "철학자"라 불렀다(우아크냉 207). 당시 자연철학은 자연과 인간을 분리하지 않았고 철학은 "matheme"이라는 단어가 보여주듯이 수학이었다. 라캉은 세미나 2권에서 레비스트로스가 우연성과 필연성을 신화소(mytheme)라는 용어로 표현했는데 정신분석도 이에 대응하는 수학소가 필요하다고 언급한다(33). 그가 소개하는 다음과 같은 일화를 살펴보자. 소크라테스는 노예에게 정사각형을 그려주고 이것을 두 배의 크기로 늘여보라고 말했다. 노예는 각각의 변을 두 배로 늘였고 그것은 네 배로 커진다. 어떻게 그려야 두 배로 늘일 수 있는가. 먼저 사각형의 밑변으로 삼각형을 세운다. 그리고는 삼각형의 꼭지점을 연결하여 사각형을 그리고 먼저 그린 삼각형을 지운다. 이 기하학적 도식이 상징계를 구성하는 방식이다. 두 배로 늘어난 사각형 속에는 삼각형이 흔적으로 남아있는데 이 흔적 없이 사각형은 세워질 수가 없다. 상징계는 상상계라는 밑그림을 억압하고 세워지는데 억압된 타자는 절대적이다. 타자가 없으면 상징계도 세워질 수 없다. 삶은 죽음을 억압하고 언어는 환유를 억압한다. 억압된 환유는 의미를 끝없이 지연시킨다. 그렇다면 언어 그 자체가 완벽하지 않은데 어떻게 언어로 무엇을 설명할 수 있는가. 차라리 무의식을 설명하는 데는 그림이나 숫자가 더 정확하다. 주체가 환상 속에서 대상을 보는데, 실재에 허구가 필연적으로 개입되는데, 그것을 설명하려는 것은 오히려 정신분석을 미신으로 전락시킬 수도 있다(S2: 256). 언어가 텅 빈 무(의식)에 의해 창조된다면, 다시 말해 만물의 근원이 무(無)라면 언어보다 수학이 더 정확하다. 언어는 0을 억압하지만 수학은 0에서 시작한다. 0은 모든 수의 시작이고 끝이다. 십진법은 0에서 끝나고 다시 0에서 시작한다. 0은 끝이면서 시작이다. 0은 텅 빈 해골이 만물의 시작이라는 인간과 자연의 섭리를 표현하는 기호다. 라캉이 수학소와 도식에 집착한 이유는 그림이나 수학은 0이나 허수를 억압하지 않고 그대로 드러내지만 언어, 특히 대학담론은 이 타자를 억압하기 때문이었다.

0을 인정하면 타자가 귀환한다. 타자를 억압한 인간 중심의 고기토는 인과율을 믿는다. 어떤 결과에는 반드시 그것을 초래한 원인이 있다. 그러나 0을 인정하면 시작이 끝이고 끝이 시작이기에 선적 인과율이 전복된다, 다시 말하면 직선이 아니라 순환하는 체계에서 원인은 현재 욕망의 산물이고 담론의 산물이 된다. 무의식이 있는 한 인간의 기억은 죽음을 딛고 창조되는 것으로 순환의 논리를 따른다. 그러므로 상흔은 프로이트가 암시하듯이 원인을 캐어낸 것이 아니라 분석자와 환자의 대화과정에서 얻어진다.[5] 상흔은 상호 욕망의 길들임에 의해 얻어진 현재 욕망의 산물이다. 라캉은 프로이트의 이런 암시를 한 층 더 밀고 나간다. 그에게

---

[5] 프로이트는 「기억하기, 반복하기, 해결하기」(Remembering, Repeating and Working-Through(1914)에서 이렇게 말한다. "We must treat his illness, not as an event of the past, but as a present-day force."(*Standard Edition*. 12권 151면)

상흔은 과거 어딘가에 고스란히 숨은 진실이 아니라 이미 표층 위에 올라와 있다. 그는 「'도둑맞은 편지'에 대한 세미나」(The Seminar on 'the Purloined Letter)에서 상흔은 '도둑맞은 편지'가 어딘가에 깊숙이 숨어있지 않듯이 어딘가에 고스란히 보존되는 것이 아니라고 말한다. 편지(문자, 혹은 진리)는 순환되는 현재의 순간에만 가치를 지닌다. 교환되지 않는 편지는 가치가 없다. 그것은 존재하면서 존재하지 않기에 추구의 대상이 아니라 즐김의 대상이다. 진리는 추구의 대상이 아니라 이미 있는 것을 다만 발견할 뿐이다.

라캉의 가장 혁신적인 개혁은 원인이 결과에 의해 얻어진다는 발견이다. 무의식이 언어를 낳고 언어가 무의식을 낳는다는 명제는 지금까지 익숙하게 알려진 원인과 결과의 순서를 전복한다. 프로이트가 정신분석을 최면에서 대화를 통한 치유로 전환한 것은 상처의 원인이 대화를 통해 얻어진 결과물이라는 중요한 발견을 예견하고 있었기 때문이다. 원인이 결과에 의해 얻어진다면 진실은 어딘가 깊숙이 묻힌 것이 아니라 이미 표층 위에 있다(S11:7). 기억은 과거의 복원이 아니라 현재 욕망의 산물이고 진실은 바로 지금 네가 숨 쉬고 있는 현재의 순간순간 속에 있다. 진리는 찾는 것이 아니라 발견하는 것이고, 탐구가 아니라 놓치지 말고 즐기는 것이다. 진실은 잡히지 않고 끊임 없이 흐르는 물과 같다. 훗날 지젝(Slavoj Zizek)은 이 원리를 자본사회의 상품 생산과정에 대입하여 잉여가치를 재해석했다.6) 그는 잉여가치를 제거하고 사용가치를 회복할 수 있다고 믿은 전통 마르크시즘과 달리 잉여가치가 없으면 교환이 일어나지 않고 생산 그 자체가 이루어지지 않는다고 말함으로써 마르크시스트 논리를 수정한다.

---

6) Slavoj Zizek의 *The Sublime Object of Ideology*(Verso, 1989) 18면 참조. 상품가치는 그 자체의 사용가치에 있는 것이 아니라 교환가치에 있다. 돈은 nothing이지만 everything이 된다. 가치는 그 자체로는 0이고 오직 교환의 과정에서만 생성된다. 지젝은 이처럼 프로이트의 꿈의 분석과정과 마르크스의 상품형식의 과정을 비유하여 자신의 독창적인 이론을 개발했다.

이때 잉여가치란 주체가 억압한 타자, 욕망을 일으키는 미끼(a)로서 라캉의 '잉여 주이상스'(surplus jouissance)에 해당된다.

상흔이 분석의 결과물이고 기원이 결과에 의해 만들어진다는 분석담론은 니체의 계보학(혹은 발생학)의 가설과 크게 다르지 않다. 계보학은 진리가 사후에 만들어진다는 것이고 근원이 결과에 의해 만들어진다는 것을 밝히는 '거슬러 읽기'이다. 훗날 일본의 가라타니 고진(Karatani Kojin)은 일본근대문학의 기원을 밝히면서 니체의 계보학을 이용했다. 아니 더 정확하게 말하자면 니체의 계보학으로 계몽주의의 성 담론을 읽은 푸코의 신역사주의(New-historicism)를 이용했다. 고진은 일본의 근대 메이지 20년대 문학이 순수하게 문학 자체의 동기로 발생했거나 변화한 것이 아니라 일본의 근대건국이념과 맞물려 구성된 인위적인 것임을 드러낸다. 그런데 그의 글을 읽고 있노라면 마치 푸코의 작업을 읽는 듯한 느낌을 지울 수 없다. 기원은 0이다. 아무 것도 없는 무였다. 그 기원에 의미를 부여하는 것은 사후의 해석이다. 하나는 오직 둘에 의해 의미를 부여받고 무의식은 의식에 의해 의미를 발생하며 상상계는 상징계가 만든 가설이다. 그러면서도 그 타자가 절대적이기 때문에 헤겔 이후, 아니 니체 이후 현대 사상은 복잡하다. 마치 산수화가 그 이전의 한문학을 낳고 풍경화가 그 이전의 산수화를 낳는 것과 같다.7) 이런 맥락에서 역사의 물질성을 탐색한 푸코의 역사주의는 라캉의 분석담론을 역사 읽기에 적용한 것이라고도 볼 수 있다. 분석에서 상흔은 0이다. 이것이 의미를 갖는 것은 분석의 결과에 의해서다. 그러므로 진리는 0이라는 주이상스가 변형된 잠정적인 것이고

---

7) 가라타니 고진. 『일본근대문학의 기원』. 박유하 옮김, 민음사, 1997. 가라타니 고진의 역사읽기는 푸코의 『성의 역사』 제1권에서 푸코가 서구 계몽주의의 성 전략을 읽는 방식과 너무나 흡사하다. 일본근대문학을 제국주의의 맥락에서 철저히 그리고 새롭게 읽은 것은 대단히 독창적이고 귀중한 작업이다. 그런데 그 방법이 몸의 물질화를 밝힌 푸코의 읽기와 닮아 독창성이란 기존의 것을 다르게 되풀이하는 것임을 일깨워준다.

기원은 기표의 놀이에 의해 생성된다. 조이스가 『경야』에서 언어를 유희하듯이 라캉은 기표의 놀이(the play of the signifier)를 즐긴다. 그가 숫자와 매듭을 즐기는 것도 가르침이 진리를 주장하는 것이 아니라 즐기는 것임을 암시한다.

라캉은 나이가 칠순에 접어들자 점점 더 도식과 수학소에 몰두했다. 대표적인 것이 세미나 20권에서 선보인 보로메오 매듭이다. 그는 수학적 도식화가 우리의 목표이고 이상이라고 말한다.

> 수학적 도식이 우리의 목표요 이상이다. 왜냐면 오직 수학소만이, 그것만이 완벽하게 의사를 전달할 수 있기 때문이다(S20: 119).

수학만이 실재를 표현한다. 실재는 텅 빈 무인데 이것이 만물을 낳는다. 실재계를 표현하는 0은 아무 것도 아니지만 모든 수의 시작이다. 그것이 없으면 수학 그 자체가 존립하지 못한다. 그렇다면 라캉의 실재계는 십진법의 0에 해당되는가?

> 오직 수학화만이 '실재'(a real)에 도달한다. 이런 측면에서 수학화는 분석담론이라는 우리의 담론과 들어맞는다. 실재는 전통적 지식이 근거로 삼은 것과 아무 상관이 없다. 그것은 소위 전통적 지식이 실체(reality)라고 부른 것이 아니라 환타지라고 함이 더 옳다…… 실재계는 말하는 몸의 신비, 무의식의 신비로움이다(S20: 131).

몸은 만물과 하나가 되어 휴식을 취하고 싶다. 그러나 삶은 물처럼 흐르기 때문에 해가 뜨면 일어나 일터로 가고 타인과 말을 하며 하루를 보낸다. 그러므로 말을 하는 것은 몸이다. 말 속에서 튀어나오는 몸의 욕망을 어떻게 막을 수 있는가. 나는 '너의 따스한 영혼을 사랑한다'고 믿고 말하지만 그 순간 '나는 너와 자고 싶다'는 몸의 소망이 튀어나온다. 의식이 말을 할 때마다 들리지 않지만 존재하는 무의식의 소망을 라캉은 '주이상스 언어'라고 말한다. 흙으로 돌아가고 싶은 반사회적 소망은 사회의 입장에서 보면 0이다. 그렇다면 차라리 숫자가 더 정확하다. 텅 빈 해골이 남근처럼 보이는 실재계는 언어로 포착되지 않는 영(0)역이다. 원래 숫자의 기원은 고대 그리스인이 자연의 길을 따라 혼돈의 우주에 질서를 부여하던 방식이었다. 탈레스는 물을 우주의 근원으로 보았다. 헤라클레이토스는 불을 기원으로 보고 이 불이 차갑고 더워짐에 때라 변하는 모습을 숫자 3으로 표시한다. 불은 밀도가 높아지면 물이 되고 더 높아지면 광석이 된다. 반대로 광석은 밀도가 낮아지면 물이 되고 더 낮아지면 불이 된다. 그러므로 만물은 흐른다. 하나에서 셋이 나온다. 그리고 이 셋은 하나가 변하여 생산되기에 순환하고 흐른다.

    고대 그리스 자연철학에서 수학소는 '배움'을 의미했고 피타고라스학파에 이르러 더욱 인문학과 구분되지 않는 흔적을 남긴다. 파티고라스학파는 혼돈의 우주에 숫자 4로 질서를 부여했다. 방향은 동서남북이요, 계절은 사계절이요, 인간의 성장과정은 네 단계로 나누어진다. 그는 만물을 흐르게 하는 신의 숫자를 하나에서 넷까지로 보아 "테트락티스(tetractys)"라 이름 붙이는데 1, 2, 3, 4를 합친 숫자 10은 십진법이 된다. 이때 0은 순환을 형성하는 중요한 타자이다. 그 자체는 아무 것도 아니지만 그것 없이는 수가 존재하지 못한다. 우주의 질서를 찾으려던 고대인은 인간과 자연, 이성과 몸을 구분하거나 이분법적인 대립관계로 보지 않았다. 우주는 대립 항으로 이루어지지만 이 대립은 하나의 끈에 연결되어 있다. 하루는 밤과 낮으로 대립되지만 하루일뿐이다. 몸과 자연을 억압하고 제거하려 한 것은 근대 이후 이성 중심의 문명이었다. 타자(0)를 억압하고 세워진 문명은 언제나 그 속에 불만을 품는다. 법, 지식, 언어는 몸의 소망을 무시한 담론들이었다. 타자는 그늘이지만 그늘 없이는 양지도 없는데 문명과 이성은 그것을 천시하고 모른 척했다. 이것이 하나 아닌 이론을 추구한 라캉이 기표의 놀이를 따르고 음양의 조화를 중시하고 수학소와 도식에 의지한 이유다. 다시 말하면 '하나 아닌 것'(not-whole)의 추구가 그를 자연철학인 고대 신비주의로 이끌었다는 것이다.

라캉의 테트락티스

라캉은 일생 동안 어떤 디자인을 가지고 세미나를 진행했다. 그리고 그것은 숫자와 관계되는 것이다. 세 개의 고리가 연결된 '보로메오 매듭'을 선보인 세미나 20권은 후반부로 갈수록 매듭들과 고리들로 어지럽다. 마지막 사상인 '조이스의 에고'라는 네 번째 고리를 선보인 후 라캉은 한층 더 강의 대신에 칠판에 도식을 그리거나 매듭놀이를 했다고 전해진다. 라캉의 연구자들에 의하면 그의 사상은 대략 세 단계를 거치면서 변모한다. 세미나 제 10권까지는 욕망의 대상이 신기루처럼 지연되는 것을 언어 중심으로 강의하고, 20권까지는 욕망의 주체보다는 충동(drive)과 실재계를 다룬다. 부분충동과 반복, 대타자 주이상스 그리고 무엇보다 주체가 충동을 어떻게 대면해야 파국을 피할 수 있는가에 초점을 맞춘다. 세상의 모든 창조물은 무에서 나왔다는 '무로부터의 창조'가 그의 지배적 사유였다. 갈수록 도사상의 무위와 비슷한 실재계의 윤리가 강조되었다. 이것이 장자의 나비 꿈과 연결된 환타지의 주체다. 1975년 라캉은 자크 오베르의 권유로 <조이스 국제세미나>에서 기조연설을 한다. 그는 이미 그 이전부터 조이스 문학을 읽었고 조이스 전공학자였던 오베르에게 질문을 하곤 했었다. 조이스 세미나 이후 라캉은 이전까지 유지해오던 보로메오 매듭을 해체하고 네 번째 고리를 선보인다.

라캉의 전 사상은 이처럼 시간이 흐를수록 상징계에서 실재계로 향하고 그럴 때마다 도식과 고리가 늘어난다. 하나에서 둘로 셋으로 그리고 넷이다. 이것은 무엇을 의미하는가. 죽음이 주인이요, 삶이 하인이라는 헤겔의 변증법과 프로이트의 죽음충동에 충실히 따르면서 그들과 달리 자신의 독창성을 고대 자연사상에서 찾은 것은 아닌가. 그가 레비스트로스의 신화소(mytheme) 대신에 끌어들인 수학소는 그의 전 세미나에서 죽음을 향해 한 걸음씩 다가가는 형상을 띄고 있다. 그에게 삶은 물처럼 흐른다. 유년기는 하나(상상계)요, 청년기는 둘이요(상상계와 상징계), 장년기는 셋이다(실재계). 그리고 노년기는 해체이면서 동시에 새로운 시작인 순환의 기점(조이스의 에고), 네 개의 고리다. 헤라클레이토스가 말했듯이 라캉은 흐르는 만물을 도식으로 표현한 자연사상가였다. 자신의 삶이 흐르듯이 사상도 그 흐름에 맡긴 것이다. 인간이기 전에 그는 사계절의 순환을 따르는 자연의 일부였다. 이제 삶이 흐르듯이 네 가지 고리가 변모하는 과정을 보자.

1) 하나는 텅 빈 공간이다.

정신분석에서 우주에 질서를 부여한 절대성은 무엇일까. 프로이트의 '죽은 아버지'(Dead Father)다. 죽은 아버지는 0이다. 그런데 그것이 상징계를 세운 절대법이다. 이 원리는 모든 카리스마의 원리다. 만인의 복종을 얻어내는 카리스마는 속은 텅 빈 숭고한 형식이다. 옛날에 혈통을 찾아 왕을 추대할 때 가능한 재능이 없는 자를 골랐다고 전해진다. 그 이유는 흠모와 질시를 받지 않기 위해서다. 이런 경향은 오늘날까지도 정치에서 흔히 찾아볼 수 있다. 선거에서 이기고 남보다 높은 권력을 가지려면 흠모의 대상이 되면 오히려 불리하다. 뛰어난 학식이나 재능이나 재산이나 외모는 평범한 사람에게 불안을 느끼게 한다. 작은 흠집이라도 발견되면 추락하기 쉽다. 흠모는 쉽게 증오로 바뀌기 때문이다. 그래서 흠모의 대상이 추락할 때 대중은 안도감을 느낀다. 대중이 선호하는 지도자는 아무 것도 아닌 사람, 아무 것도 갖지 못한 사람이어야 유리하다. 미국의 케네디 대통령이 그토록 흠모를 받았지만 저격당한 것은 흠모의 양만큼 증오가 컸기 때문이다. 그에 비해 제럴드 포드와 같이 별로 두드러지지 않은 인물은 미움을 사지 않았다. 막강한 힘을 가진 카리스마는 사실 속이 텅 빈 죽은 아버지다. 원시시대 아버지는 주이상스를 즐기는 폭군이었다. 권력과 쾌락을 독차지하는 아버지를 흠모하고 질투한 아들들은 아버지를 살해한다. 그러자 아들들 사이에서 권력다툼이 일어나고 강력한 리더쉽이 필요하게 된다. 아들들은 아버지를 상징하는 토템을 세우고 민중을 지휘한다. 토템은 그자체로 아무 것도 아닌 0이다. 이것을 가장 높은 자리에 올려놓는다. 이것이 상징질서의 시작이고 숭고함(the Sublime)의 시작이다. 숭고함은 그 자체로는 아무 것도 아니지만 그것 없이는 질서도 문명도 수립되지 못하는 절대 타자다. 프로이트의 죽은 아버지는 최초의 숭고함이고 라캉은 이것을 '초월기표'(primordial signifier 3:267)라 부른다. 그 자체로는 텅 비었으나 의미를 생산하는 언어다. 이처럼 창조의 근원은 무의식이고 텅 빈 공간이었다.

    라캉은 죽은 아버지를 '아버지의 이름'(the Name of the Father)으로 바꾼다. 기표의 지배를 받는 모든 것은 잠정적인 힘을 가질 뿐 순환의 시스템을 벗어나지 못한다. 그러므로 영원히 변치 않는 의미도 없고 영원한 권력도 존재하지 않는다. 텅 빈 초월기표의 지배를 받는 만물은 영원히 흐른다. 라캉은 기표의 놀이를 인간의 언어에만 적용하지 않는다. 그것은 만물을 지배하는 신의 섭리다. 오직 텅 빈 신만이 절대자이다. 원시시대 아버지는 원래 쾌락을 독점한 아버지였다. 이 아버지를 죽인 아들들은 토템으로 상징질서를 세운다. 토템은 강력한 법이다. 하나는 텅 빈 죽음이고 둘은 숭고한 법이다. 그러므로 법의 상징계는 거꾸로 아무 것도 아닌 상상계를 창조한다. 아니 아무 것도 아닌 죽음이 상징질서를 낳는다. 타자는 상상계요 주체는 상징계에 속하는데 이 둘의 관계는 서로 상호보완적이다. 하나는 둘을 낳는다. 아니 둘이 생겨나야만 하나가 존재한다. 니체의 계보학에 따르면 상징계가 아무 것도 아닌 상상계에 의미를 부여하는 셈이다. 그런데 텅 빈 하나는 고대 자연사상에서 만물을 창조하는 하나다. 기표의 놀이처럼 분석담론에서 자연과 인간은 분리되지 않는다.

 라캉은 세미나 3권, 『정신병』*Psychosis*에서 이렇게 설명한다. 유아는 상상계에서 자신과 만물을 동일시한다. 상상계의 자아는 만물과 자신을 구별하지 않고 흠모하고 질투한다. 동일시 속에는 공격성이 존재하기 때문에 상상계는 필연적으로 상징계로 진입해야만 한다. 만물을 적으로 삼는 테러와 공격성을 하나로 수렴하는 장치가 문명의 시작이다. 그러므로 아버지의 이름은 만물을 대상으로 싸우지 않고, 단 하나의 신을 두려워하도록 만든 문명의 장치다. 그것이 평화와 질서를 가져다주기 때문이다. 모든 숫자는 '하나'에서부터 시작하고 하나는 절대성을 소유한다. 상상계에 갇힌 슈레버의 경우를 재해석하면서 라캉은 초월기표란 수많은 신을 단 하나의 신으로 수렴하는 문명의 장치라고 말한다. 이처럼 삶에 질서를 부여하는 신은 텅 빈 해골이지만 혼돈에서 질서를 찾는 세상의 시작이었다.

 라캉은 프로이트의 죽은 아버지를 상징계를 넘어 자연사상으로 확대한다. 만물을 낳는 근원도 하나다. 프로이트는 「덧없음에 대하여」(On Transience)에서 전쟁의 파괴가 우리에게 슬픔을 주지만 그것은 부활의 즐거움을 위해 필수적이라고 위로한 적이 있다. 겨울의 황량함은 슬프지만 봄의 부활을 위해 필수적이다. 만물의 생성과 변화를 만드는 죽음충동은 인간에게만 있는 것이 아니라 자연의 본성이다. 그러나 프로이트는 근대 계몽주의시대에 살았기에 죽음충동을 자아와 사회의 관계를 넘어선 영역에 적용하지 않는다. 라캉은 고대 그리스 자연철학을 유용하게 끌어들이고 여기에 초월기표를 대입한다. 고대 중국의 천체우주학을 기표의 놀이로 해석한 것도 한 예다. 고대 중국의 천체학은 기표의 놀이를 정확히 따르는 것에 비해 오늘날 서구에서 기표의 놀이는 오염되어 그 이면을 지워버리는 경향이 강하다고 그는 말한다. 라캉이 기표의 놀이로 해석하는 고대 중국의 천문학이란 음양의 조화와 음양오행설이다.

> 이 시점에서 내가 밝히고 싶은 단 하나의 말은 사실, 역사에서 원시 과학은 물과 불, 뜨거움과 차가움, 음과 양 같은 한 쌍의 대립 항에 근거하여 유희하면서 그들을 춤추게 만드는 사유의 방식에 뿌리내린다는 것이다. 여기에서 그들의 춤이 사회 속에서 성적인 구분에 의해 심오한 동기를 지닌 의식의 춤에 근거하고 있기 때문에 음양과 같은 단어는 은유적인 암시 이상의 것을 위해 선택된다 (S11: 151).

한 쌍의 대립 항들이 마주보며 춤을 추는 기표의 놀이는 고대 사회의 성구분에 뿌리내린 사유방식으로 원시 과학의 바탕이었다고 라캉은 암시한다. 음양의 조화가 라캉식 기호학이다.

하나는 텅 빈 해골이요 아무 것도 아닌 구멍이다. 여기에 기표가 몰려든다. 그리고 둘이 탄생한다. 하나가 존재하려면 둘이 반드시 필요하다. 아무것도 아닌 것이 모든 것으로 바뀌기 때문이다. 음은 양이 없으면 변화를 일으키지 못한다. 음은 주인이지만 하인인 양의 이름으로만 만물을 형성한다. 우주는 카오스와 코스모스의 조화에 의해 움직이고 코스모스는 카오스를 주인으로 모셔야만 그나마 안전한 운행이 가능해진다.

2) 만물은 1, 2, 3, 4의 숫자로 구성된다.

만물을 흐름으로 해석한 헤라클레이토스는 하나가 둘을 낳고 둘이 셋을 낳으며 만물은 흐른다고 말했다. 이 말은 라캉을 자연철학과 연결지어 이해하는 데 중요한 명제가 된다. 하나에서 둘이 나오고 둘에서 만물이 나온다는 말은 바로 노자의 도사상이고 라캉의 무의식이기 때문이다. 루디네스코가 밝히듯이 라캉은 하이데거의 강연에서 헤라클레이토스에 대한 언급에 깊은 감명을 받는다(228). 그는 프로이트의 무의식을 재해석하는데 바로 고대 자연 철학을 생각했던 것이다. 실제로 1973년부터 3년간 중국인 쳉(Francois Cheng)으로부터 도사상을 배우고 장자의 나비 꿈으로 응시 개념을 해석한 그는 1, 2, 3이라는 숫자에 매료된다. 앞에서 살펴본 것처럼 만물의 시작인 하나는 0이다. 상상의 차원이기에 아무 것도 아니지만 0은 상징계를 낳는다. 하나는 2에 의해 비로소 의미를 갖는다. 하나와 둘이 연결된 것이 실재계다. 다시 말하면 아무 것도 아닌 해골과 법으로 상징되는 숭고한 절대자, 둘이 합쳐진 것이 실재다. 그러므로 실재는 숫자 3이다. 둘이면서 셋으로 존재하는 것이 실재라면 이런 가설은 합리주의를 거부하고 신비주의의 입장에 서는 것이다. 신비주의에서 신은 텅 빈 죽음이면서 동시에 절대 타자이다. 이 대타자의 품안에서 인간이 태어나고 죽는다. 상징계의 대타자는 법이고 언어인데 그것의 실체가 텅 비었다면 흙이요, 먼지요, 보이지 않는 공간이 상징계를 낳고 만물을 낳는다는 것이다. 이처럼 주체가 신비주의를 받아들이는 순간 인간은 자연의 일부가 된다. 우주의 모든 생명체와 상징질서의 주체인 인간은 같다. 둘 다 타자에서 태어나 타자로 돌아가기 때문이다.

이런 원리를 라캉은 몇 가지 에피소드로 암시하는데 '왜곡된 상'(anamorphosis)이라 불리는 르네상스 시대, 홀바인(Hans Hollbein)의 그림 <대사들>(The Ambassadors, 1533)은 그 가운데 하나다. 데카르트의 주체이론이 나오고 원근법이 태어나던 시기에 홀바인은 공간의 움직임을 암시한 평면시점의 그림을 그린다. 이 그림에는 과학의 상징물들이 진열된 탁자 양쪽 옆에 영국에 온 프랑스의 두 사신이 서 있고 그 아래 비스듬히 보이는 물건이 있다. 얼핏 보면 부풀어 오른 남근처럼 보이지만(파리 바게트 빵처럼 보일 수도 있다) 이것을 45도 정도 돌려세우면 해골이 드러난다. 해골의 왜곡된 상이 남근이다. 죽음을 부풀린 것이 삶이다. 이런 해석은 헤겔의 주인과 노예의 변증법을 떠올리게 한다. 라캉은 이 그림으로 자신의 실재계를 보여준다. 이 그림은 해골과 남근이 시선의 차이에 의해 나타난 왜곡된 상이라는 데서 응시와 시선의 관계를 말해준다. 응시는 아무 것도 아닌 실체를 숭고한 대상으로 만드는 유혹의 기호다. 응시는 욕망의 주체가 존재하는 동인이다. 우리가 물 자체를 볼 수 없는 것은 응시 때문이다. 응시는 둘이면서 셋이다. 응시 속에는 숫자 3이 숨어있다. 아무 것도 아닌 해골이 하나요 이것을 남근으로 만드는 위장이 둘이요 이 둘이 합쳐 셋이 탄생한다. 실재계는 둘이면서 하나인 뫼비우스의 띠이고 둘이 하나의 끈에 매어있기에 세 개의 고리다. 보로메오 매듭은 상상계와 상징계와 실재계가 하나로 묶여서 서로 연결고리를 이루는 매듭이다. 이것이 라캉의 실재이다.

라캉의 실재계는 숫자 3이다. 그것은 프로이트의 글, 「세 상자의 주제」(The Theme of the Three Caskets)에 나오는 원리와 같다. 죽음을 상징하는 세 번째 납상자가 에로스요, 욕망의 대상이다. 인간은 죽음을 두려워하여 가장 아름다운 욕망의 대상으로 그것을 전치한다는 프로이트의 가설은 라캉에 오면 실재계가 된다. 실재는 텅 빈 죽음이 가장 숭고한 대상으로 전치된 것이고 이것이 장자의 나비 꿈이다. 장자와 나비는 주체와 타자로서 서로 간격이 없다. 나비는 현실에서 장자가 보는 환타지의 대상이다. 장자가 꿈에서 본 나비는 현실에서 보는 환상의 대상이고 그것은 자신이 되고 싶고 갖고 싶은 자아이상이다(S11: 76-77). 그러므로 꿈과 현실의 간격이 무너지고 장자와 나비는 원래 한 몸이었다. 둘은 흙에서 한 몸이었고 다만 잠깐 이승에서 나비가 되고 장자가 되었을 뿐 다시 흙에서 하나가 된다. 라캉은 프로이트의 세 번째 납상자를 장자의 나비 꿈에 비유하면서 무의식을 만물의 근원(0)으로 재해석한다.

만물의 존재방식이 숫자3인 것을 제우시스와 패러시오스의 그림내기를 통해 다시 한 번 확인해보자. 제우시스와 패러시오스는 누가 더 진짜처럼 그릴 수 있는지 그림내기를 했다. 제우시스는 포도를 그렸는데 새들이 그 포도를 보고 쪼아 먹으려고 달려들었다. 그러자 그는 의기양양하여 패러시오스에게 말한다. "자, 이제 그 커튼을 걷고 당신의 그림을 볼까요?" 그런데 그 커튼은 바로 페러시오스가 그린 그림이었다. 라캉은 이 우화를 예로 들면서 전통적인 해석을 뒤엎는다. 새들이 포도그림에 속은 것은 그것이 진짜처럼 생겼기 때문이 아니라 거기에는 새들의 눈을 속이는 기호가 숨어있기 때문이다. 새들에게 포도를 실체처럼 느끼게 만드는 어떤 얼룩이 그림 속에 들어있다는 것이다.

> 새들이 제우시스가 그린 그림을 실제로 먹을 수 있는 포도로 착각하고 그 그림으로 달려들었다고 해서 그 포도들이 우피지 지방에 있는 카라바치오의 박쿠스가 들고 있는 바구니 속 포도처럼 그렇게 훌륭하게 재현되었다는 것을 의미하지는 않는다. 만약 포도가 그렇게 그려졌다면 새들이 속지도 않았을 것이다. 그렇게 아주 비슷하게 묘사된 포도를 새들이 보아야 할 이유가 없기 때문이다. 그렇다면 새들에게 포도를 나타내는 것에는 뭔가 훨씬 단순화된 기호 같은 것이 있어야 된다. 패러시오스가 보여주는 반대의 예를 통해 만약 우리가 누군가를 속이고자 할 때 그 사람에게 제시해야 할 것은 베일을 그린 그림, 즉 그 뒤에 무엇이 있는지 물어보게 만드는 유혹이라는 점이 분명히 드러난다(권택영 편역, 246).

커튼 그림도 마찬가지다. 패러시오스의 커튼이 진짜처럼 그려졌기에 속은 것이 아니라 그 베일 뒤에 무언가가 있을 것 같은 속임수 때문에 제우시스가 속는다. 흔히 이 그림내기는 패러시우스의 승리로 해석되어왔다.

그 근거는 무엇인가. 포도는 새의 눈을 속였지만 커튼은 인간의 눈을 속였기 때문이다. 이런 평가에는 인간의 눈을 속였으니 새의 눈을 속인 것보다 더 진짜같이 그렸다는 우월감이 깃들어있다. 이런 해석은 인간중심의 입장에서 본 것이다. 라캉은 이와 다른 해석을 내린다. 내기에서 누가 이겼는가는 그리 중요하지 않다. 사실 둘 사이에 승리자는 없다. 새와 인간은 똑같이 그림속의 얼룩에 속은 것이다. 재현 속에 숨은 속임수를 설명하면서 그는 새와 인간이 똑같이 응시를 지닌다고 말한다. 인간만이 상징질서를 만들고 인간만이 문명을 창조하여 더 진짜를 볼 줄 안다는 전제가 여기에서 무너진다. 새와 인간은 똑같이 그림에 속는데 그 이유가 같다. 둘 다 그림속의 얼룩, 어떤 기호에 속는다. 이 속임수는 물자체에 접근하지 못한다는 칸트의 제안을 넘어서 물자체가 이미 응시라는 것을 암시한다. 응시의 대상인 나비 너머에는 아무 것도 없다. 그림이나 도식이나 수학은 이 텅 빈 실체, 0을 보여주기에 정직하다. 서구의 계몽주의 이후 근대는 마치 물자체가 외양 너머에 존재하는 것처럼, 그리고 그것을 잡을 수 없지만 존재한다는 환상을 부여했다.

  장자는 나비이고 나비는 장자라는 문구는 합리주의 시각으로 보면 모호하지만 신비주의 시각으로 보면 진리다. 현실이 꿈이라는 말도 합리주의 입장으로는 허황된 허무주의자의 발언이다. 그러나 신비주의에서 보면 대단히 현실적이고 윤리적인 발언이다. 꿈은 숭고한 대상과 거리를 둘 때 주체가 갖는 환상이다. 주체가 나비와 같으면서 다를 때 장자는 나비에게 먹히지 않고 계속 꿈을 꾼다. 주체가 자신의 정체성을 지니면서 타자와의 관계를 유지하려면 숭고한 대상이 있어야 하고 그 대상에 대한 흠모가 있어야 한다. 사랑은 두 개의 원이 겹쳐질 때 일어난다. 하나의 원보다 두 개의 원에서 밀도는 조금 높아진다. 주체가 대상과 너무 가까우면 숨이 막히고 너무 멀면 열정이 사라진다. 적절한 거리를 유지하는 것이 실재계의 윤리다. 거리를 유지하려면 해체가 필요하다. 해체와 탄생의 네 째 고리에 대해 알아보자.

라캉의 세미나에서 세 개의 고리가 서로 물리는 도식은 세미나 20에 이르러 나타나고 이때 그의 나이는 칠순을 넘는다. 나이가 든다는 것은 상징질서 속에서 실재계를 보는 것이다. 욕망의 주체는 청년기다. 청년기는 꿈을 가지고 누군가를 열정적으로 사랑하고 세상을 바꾸어 볼 꿈과 야망을 가지는 시기다. 계절로 따지면 여름이다. 가을에 접어들면 만물은 열매를 맺고 삶의 주인이 죽음이라는 것을 깨닫게 된다. 결실을 거두고 마무리하는 시기가 다가오고 마음이 평온해진다. 죽음과 가까워지는 나이가 장년이고 노년이고 계절에서는 가을이다. 우주의 기운에서 온기가 줄어들고 냉기가 늘어난다. 이것이 보로메오 매듭이라 불리는 세 개의 고리다(S20: 124). 보로메오 문장에서 얻어온 세 개의 고리는 하나로 묶여야 온전한 삶이요 주체가 된다. 이 가운데 어느 하나만 떨어져나가도 세 개가 모두 흩어진다. 실재계만 떨어져나가면 죽음이요, 상상계만 떨어지면 정신병이고 상징계에 갇히면 파시즘적 도착증이 나타난다.

네 개의 고리는 1975년 조이스 국제 학회를 계기로 등장한다. 라캉은 「증상으로서의 조이스」(Joyce-le-Symptom) 세미나를 갖는데 여기에서 보로메오 매듭을 해체하고 네 개의 고리를 선보인다. 이것이 "조이스의 에고"라는 시그마 도식이고 에피퍼니와 조이스 문학에 대한 이해 없이 라캉의 전 사상을 충분히 이해하기 힘든 이유다. 그는 조이스와 생톰(sinthome)이라는 주제로 강의를 시작했고 이것은 세미나 제 23권으로 묶여 그의 후기 사상을 이해하는 데 필수적인 자료가 된다. 무엇 때문에 라캉은 자신의 마지막 사상에 조이스의 에피퍼니와 난해하기로 악명 높은 『피네건의 경야』 *Finnegans Wake*를 끌어들이는가. 증상의 고어인 생톰은 라캉의 핵심사상인 실재계와 조이스의 핵심사상인 에피퍼니를 연결하는 용어다. 둘 다

숭고한 환상의 베일이 걷히고 텅 빈 실체를 드러낸다. 삶의 실체는 어둠이고 죽음이다. 이제 시체를 놓고 밤을 새우는 경야를 거치면 새롭게 날이 밝으며 새 생명이 태어난다. 프랑스어에서 증상(symptom)과 생톰(sinthome)은 발음이 같다. 두 단어는 소리는 같으나 의미는 서로 반대이다. 증상이 무의식을 승화한 상징계의 단어라면 생톰은 무의식의 단어. 증상이 삶충동이라면 생톰은 삶의 씨앗인 해골이다. 증상이 욕망의 대상이라면 생톰은 그 대상의 실체인 무이다. 그러므로 생톰으로의 회귀는 사계절의 네 번째 단계인 겨울로 하강하는 것이다.

조이스는 『피네건의 경야』를 비코(Giovanni B. Vico)의 역사진행의 네 번째 단계에서 암시를 받아쓴다(Ellmann 565). 비코의 역사순환의 네 단계는 신의 시대, 영웅의 시대, 인간의 시대, 그리고 마지막 야만의 시대로 구조되어 있다. 그런데 밤을 새우는 '경야'는 야만의 시대로서 마지막이며 동시에 새로운 순환의 기점을 상징하는 단어다.

네 개의 고리로 이루어진 '조이스의 에고'는 세 개의 고리가 고르게 연결된 보로메오 매듭과 다르다. 상징질서 속에서 대타자를 형성하는 상상계가 현저히 줄어들고 그 대신에 실재계가 비대해진다. 그리고 에고를 상징하는 시그마가 비대한 실재계와 상징계를 이어주면서 꽉 물고 있는 형상이다. 상징질서의 언어와 실재계의 해골을 드러나게 붙잡아 맨 것이다. 이것은 에고가 스스로 죽음으로서 새로운 질서의 아버지가 되겠다는 결의다. 조이스가 죽음과 삶이 공존하는 조어들을 사용하여 문자(letter)가 아니라 문자 이전의 잡동사니(litter)의 실험소설을 쓰는 것은 라캉이 수수께끼 같은 도식과 매듭들로 세미나를 채운 것과 같다. 둘 다 삶의 네 번째 단계인 노년, 그리고 자연의 네 번째 단계인 겨울의 글쓰기를 하고 있다. 에고를 의미하는 시그마로 죽음과 삶을 꽉 물고 있는 네 개의 고리 '조이스의 에고'는 아버지를 거부하고 스스로 새로운 '아버지의 이름'이 되려는 라캉의 에고이다.

　호머의 서사시 『율리시즈』를 자기 식으로 다시 쓴 조이스처럼 프로이트의 무의식을 자기 식으로 다르게 반복하는 라캉은 새로운 아버지가 되고자 상징계의 언어에 사망선고를 내린다. 사계절에서 겨울은 새로운 계절의 끝이고 시작이다. 조이스는 사실주의에 저항하여 모더니즘의 창시자가 되려 했고 라캉은 프로이트의 무의식을 재해석한 새로운 분석담론의 창시자가 되려 했다. 이처럼 라캉이 1, 2, 3, 4개의 매듭들을 통해 자신의 사상을 정립한 것은 신비주의로 회귀하여 프로이트의 무의식을 자연의 순환에 맞추어 재해석했다는 추론을 가능케 한다.

맺음

　지금까지 라캉의 네 번째 고리가 지닌 의미를 고대 신비주의 자연철학으로 풀어보았다. 그는 평생에 걸친 세미나에서 하나의 구도를 가지고 있었고 그것은 탄생에서 죽음을 향해가는 긴 여정과 일치했다. 시간이 흐름에 따라 점차 실재계의 정체를 드러내면서 마지막 네 번째 단계에 죽음에 이르고 그 죽음은 부활을 약속한다. 본 글은 라캉의 수학소가 고대 그리스인의 사유, 그 가운데에서도 피타고라스의 자연철학과 다르지 않다는 것을 증명했다. 피타고라스의 테트락티스는 먼 훗날 조이스와 라캉에 의해 다르게 부활한다. 그들은 앞선 패러다임에 저항하고 새로운 아버지의 이름이 되려는 강한 에고의 소유자들이었다. 조이스는 모더니즘의 창시자로 라캉은 에고 심리학에 저항한 분석담론의 창시자로 다시 태어난다. 그리고 숫자 1, 2, 3, 4는 패러다임의 순환만이 아니라 인간과 자연을 동시에 사유하려던 자연의 순환체계를 의미한다. 라캉에게 수학소의 의미는 고대 중국인이 우주를 숫자로 표현한 것과 다르지 않았다. 음양의 조화라는 기표의 놀이는 자연철학으로 귀환하려는 그의 의도였다는 가설이다.

생태파괴와 지구 온난화가 심각한 오늘 날 그의 신비주의사상은 우리에게 한줄기 구원의 빛을 던진다. 우리를 후기 자본사회의 숨찬 생산주기에서 벗어나게 하고 인간이 자연의 일부라는 것을 일깨워준다는 측면에서 라캉의 분석담론은 새롭게 조명해 볼 만한 가치가 있다.

핵심단어
수학소, 분석담론, 피타고라스, 테트락티스, 자연철학, 신비주의, 실재계, 조이스의 에고

참고 문헌

가라타니 고진(Kojin, Karatani).『일본 근대문학의 기원』. 박유하 옮김. 민음사. 1997.
김대균.『소크라테스 이전의 그리스 철학』. 교보문고. 1996.
권택영 편역.『자크라캉: 욕망이론』. 문예출판사. 1994.
마르크 알랭 우아크냉.『수의 신비』. 변광배 옮김. 살림. 2006.
Ellmann, Richard. *James Joyce.* Oxford: Oxford University Press. 1959, 1982.
Freud, Sigmund. "The Theme of the Three Caskets." *Standard Edition.* 12: 289-303.
___. "Remembering, Repeating and Working Through." Standard Edition. 12: 145-156.
___. "On Transience." *Standard Edition.* 14: 303-307.
___. *Totem and Taboo. Standard Edition.* 13: 1-161.
Guthrie, W.K.C. *History of Greek Philosophy.* Vol. 1, Cambridge: Cambridge University Press. 1962, 1979.

Hegel, G.W.F. *Hegel's Phenomenology of Spirit*. Trans. A. V. Miller. New York: Oxford University Press. 1977.
Joyce, James. *Finnegans Wake*. 1939. 3rd ed. London: Faber & Faber, 1984.
Lacan, Jacques. *The Seminar of Jacques Lacan Book2, 1954-1955*. Ed. Jacques Alain Miller. Trans. Sylvana Tomaselli. Cambridge: Cambridge University Press. 1988.
____. *The Seminar of Jacques Lacan Book3, 1955-1956*. Ed. Jacques Alain Miller. Trans. Russell Grigg. NewYork: Routledge. 1993.
____. *The Seminar of Jacques Lacan Book 11. The Four Fundamental Concept of Psychoanalysis*. Ed. Jacques Alain Miller. Trans. Alan Sheridan. New York: Norton. 1978.
____. *The Seminar of Jacques Lacan Book 20 Encore 1972-1973*. Ed. Jacques Alain Miller. Trans. Bruce Fink. New York: Norton. 1998.
____. "Seminar on "The Purloined Letter." Trans. Jeffrey Mehlman. In *The Purloined Poe: Lacan, Derrida, and Psychoanalytic Reading*. Eds. John P. Muller etc. Baltimore: The Johns Hopkins University Press. 1988, 28-54. Originally in *Yale French Studies*. 48, 1972.
____. "*Joyce le Symptome 1.*" Jacques Aubert. 21-30.
____. "*Joyce le Symptom 11.*" Jacques Aubert. 31-36.
____. Le sinthome, *Seminaire du 18 November 1975*, Le sinthome, *Seminaire du 20 Janvier 1976*. Jacques Aubert. pp. 37-67.
Miller, Jacques A. "Lacan's Later Teaching." *lacanian ink*. 21(2003): 4-41.
____. "Mathemes: Topology in the Teaching of Lacan." *Lacan: Topologically Speaking*. Ed. Ellie Ragland & Dragan Milovanovic. New York: Other Press. 2004, 28-48.
Nobus, Dany, "Illiterature." *Reinventing the Symptom: Essays on the Final Lacan*. Ed. Luke Thurston. New York: The Other Press. 2002, 19-44.
Rapaport, Herman. "Dissolution." *Aesthetics, Sublimation. Umbr(a)* 1999(1): 95-98.
Roudinesco, Elisabeth. *Jacques Lacan :Outline of a Life, History of a System*

of Thought. Trans. Barbara Bray. New York: Columbia University Press. 1997.

Vico, Giovanni Battista. *The New Science of Giambattista Vico.* Ithaca: Yale University Press. 1948, 1984(rev.).

Žižek, Slavoj. *The Sublime Object of Ideology.* New York: Verso. 1989.

3. 아도르노, 라캉, 장자의 무위無爲

자연을 사랑하는 사람은 사냥꾼이 되기 쉽고, 몸을 사랑하는 씨름선수는 그 몸을 죽이는 방식으로 사랑한다. 아도르노는 부정성(Negativity)을 논하면서 이렇게 언급한 적이 있다. 만일 사랑의 방식이 죽임이나 학대라면 부정성의 역사는 이보다 훨씬 더 깊은 게 아닐까. 에로스의 이면이 타나토스란 말과 같기 때문이다. 플라톤이 공화국을 건설하려고 감성을 억압하고, 그의 제자였던 아리스토텔레스가 추방된 감성을 다시 복원했을 때 그들은 이미 부정성을 감지하고 있었다. 감성의 막강한 파괴력은 추방된다고 제거되는 것이 아니기에 차라리 그것을 카타르시스를 통해 조금씩 방출하는 것이 공화국에 더 유리하다는 계산이 아리스토텔레스의 『시학』속에 숨어있었기 때문이다. 욕망, 혹은 몸을 무시했다고 질책 받는 칸트의 초월적 이성에도 부정성의 흔적은 있다. 순수이성이 결코 물자체를 포착하지 못하는 제한 된 것일 때 물자체에 대한 사유란 부정성을 내포한 철학이다. 순수 이성은 이미 그 안에 순수를 가로막는 이물질을 지니고, 물자체에 대한 사유는 끊임없이 지연되기 때문이다. 그러기에 그는 미적 감수성을 가장 높은 차원의 이성(판단력)으로 보았다.

그러나 철학의 역사에서 부정성을 본격적으로 제시한 사람은 헤겔이었다. 그가 칸트의 몸이 제거된 텅 빈 형식주의를 비판하면서 주인과 노예의 변증법을 제시할 때 그는 주체 속에 주체를 전복하는 적대적 대상이 있음을 명시했다. 모든 철학이 그렇듯이 후기에 그는 종합이라는 덫에 걸려 초기에 제시했던 적대감을 지워버리는 듯했지만 그래도 헤겔은 변증법의 창시자였다. 그리고 그의 변증법은 다시 강력한 처방으로 이어진다. 니체의 "급진적 악"이다. 아도르노가 언급하듯이 니체는 역사상 최초로 악이라는 부정성을 선의 이면으로 제시했다. 그런데 왜 그 이후, 20세기 후반에 아도르노가 다시 부정성을 들고 나오는가. 언제나 부정성을 지우는 무엇인가가 있기 때문이다. 칸트의 부정성을 헤겔이 지우고 헤겔의 부정성을 니체가 지운다. 그리고 물론 니체의 급진적 악도 그 다음 사유에 의해 지워진다. 니체의 악을 무의식으로 살려낸 사람은 프로이트였다.

프로이트는 정신분석을 창시하고 무의식이라는 강력한 부정성을 들고 나왔다. 그러나 푸코가 언급하듯이, 들뢰즈가 비판했듯이, 그의 부정성은 다시 함몰된다. 라캉에 의해 다시 구출되는 프로이트의 무의식을 보면서 우리는 도대체 무엇이 그렇게 끈질기게 부정성을 지우는지 생각해보지 않을 수 없다. 그리고 똑같은 맥락에서 그렇게 끈질기게 지워도 다시 태어나는 힘은 무엇인가 질문하지 않을 수 없다. 무엇이 주체 속의 이물질을 지우는가. 무엇이 그토록 총체성을 갈망하는가. 무엇이 앞선 사상을 단일화하고 다시 그것을 뒤엎는 새로운 사상을 만드는가. 이런 질문에 답하기 위해 아도르노와 장자가 등장한다.

아도르노가 앞선 부정성이 지워지는 원인을 밝히고 그것의 정치성을 찾아냈다면 장자는 무엇이 음(혹은 無)를 지우는지 알기에 그 다음 대안을 노래했다. 그래서 그 다음 논리에 의해 지워지지 않는 부정성을 만들어내려 했다. 장자의 부정성은 "쓸모 없는 나무"처럼 옹이투성이다. 그래서 오늘날까지 커다란 그늘을 드리우고 사람들이 쉬어가게 만든다. 이것이 동양의 부정성이 아닐까. 서양의 부정성이 쓸모 있기에 그 다음 논리에 의해 지워진다면 동양의 부정성은 쓸모없기에 그냥 남아있는 것은 아닐까. 기원전 2, 3세기에 태동한 이래 한 번도 권력을 누려본 적이 없지만 그렇다고 전복된 적도 없는 노장사상(Taoism)은 서양의 부정성과 같으면서 다르다. 닮음은 무엇이고 다름은 무엇일까.

아도르노는 프로이트의 무의식에서 영향을 받았다. 그러기에 그의 계몽의 변증법은 라캉과 뗄 수 없이 연결된다. 노장사상을 대표하는 장자의 무위로 넘어가기 전에 라캉이라는 징검다리를 건너 동·서양의 닮음과 차이를 느껴본다.

아도르노의 부정성

유태인으로 태어나 서른한 살 때 나치에 의해 추방되어 잠시 영국에 머문 후, 미국으로 건너가 마흔여섯 살이 되어 다시 독일로 돌아온 아도르노는 쉰세 살에 프랑크푸르트 대학 사회연구소 소장이 되었다. 그의 삶에 치명적인 영향을 준 것은 칸트의 후예인 독일 국민이 저지른 유태인 학살이었고 미국에 가서 경험한 자본 사회였다. 그가 사회 연구소 소장이 된 것은 당연했다. 히틀러의 파시즘이든, 정도를 넘어선 자본사회 파시즘이든 그들은 사회적 현상이었고 사회는 아도르노에게 사유의 뿌리였다. 그에게 역사와 사회를 떠난 사유는 "유령의 이론"에 불과했다.

푸코는 성의 역사를 통해 계몽주의 이후 서구 역사에서 자본주의가 몸을 어떻게 구속하여 이성애 중심사회를 만드는지 드러냈는데 그것은 자신이 동성애자였던 이유도 있었다. 아도르노 역시 계몽주의 이후 서구

사회가 왜 나치즘으로 막을 내리는지 설명해야 했다. 철학과 예술을 사랑한 독일 국민을 파시즘으로 몰아넣은 동인은 무엇인가. 파시즘은 나치즘뿐 아니라 계몽주의를 이끌어온 동력은 아니었을까. 이것이 나치즘과 미국적 자본주의를 경험한 아도르노의 화두였다. 그리고 자신의 새로운 통찰을 위해 그는 주로 니체에 의지한 푸코와 달리, 칸트, 헤겔, 니체, 그리고 누구보다 프로이트의 정신분석에 의지한다. 정신분석을 역사와 사회적 안목으로 재조명한 "프랑크푸르트 학파"의 리더가 된 것이다.

아도르노는 무엇보다 칸트, 헤겔, 니체 등 자유로운 인식을 위해 주체의 틈새를 보여주고 부정성을 제시한 사유가 왜 총체성으로 변질되고 전복되는지 주목했다. '시간'이 문제였다. 그리고 계몽적 사유를 실천하는 주체들이 모인 '사회'였다. 특히 민주주의와 자유로운 경쟁에 바탕을 둔 시장 경제가 지배하는 자본사회가 문제였다. 어떤 사유도 사회로부터 자유로울 수 없었다. 어떤 사유도 역사로부터 자유롭지 못했다. 철학과 예술의 뿌리인 개인의 독창성이란 환상일 뿐 실제로는 존재하지 않았고 자유경쟁이란 환상일 뿐 자본사회는 획일성의 모태였다. 왜 아무리 독창적인 사유도 동질화를 벗어나지 못하는가. 바로 그 동질화가 새로운 이론을 창출하는 근원이기 때문이었다. 철학은 그것을 실현하는 순간 놓쳐버리기에 가능한, 프리즘 속의 색깔이었다. 잡히는 순간 놓치는 프리즘 속의 색깔, 유토피아는 눈앞의 현실 때문이 아니라 가능성을 위해 봉쇄되었다는 가설이 '부정의 변증법'(Negative Dialectics)의 출발이다.

변증법은 주체속의 이물질인 비주체(nonidentity)가 줄기차게 정체를 드러내는 것이고, 부정의 변증법은 비주체로 가는 문턱이다(12). 다시 말하면 정체성과 비정체성은 뫼비우스의 띠처럼 연결되어있다는 뜻이다. 주체에서 타자로 옮아가는 문턱이란 시간이요 사회조직이다. 아도르노에게 개인의 고유성을 획일화 시키는 타자는 바로 시간과 사회조직인 '시스템'이었다. 그는 헤겔의 정반합에서 진보를 의미하는 합을 떼어버리고 정반을 주체와 이를 무산시키는 비주체로 대치하고 이 타자의 자리를 사회구조인 시스템으로 해석했다. 다시 말하면 시스템은 긍정적 주체가 아니라 부정적 객체이다.

> 위대한 철학은 자신 외의 아무 것도 용납하지 않고, 교활한 이성을 총동원하여 모든 것을 잠식하는 파라노이아적 열광을 불러온다. 그러는 사이 타자는 열광이 추구하는 것과는 반대 방향으로 점점 더 멀리 후퇴한다. 한 방울의 이물질도 총체적이라 믿은 동질화를 거부하는데 충분하다(ND 22).

이것이 시스템이 지닌 비정상적인 비대증이요 그것이 낳는 결과이다. 모든 위대한 사유가 안고 있는 함정이다. 개인의 독창적인 사유는 유연하다. 닫힌 시스템을 열어놓는 숨쉬는 공간이다. 그러나 그것은 시스템 속에 던져지지 않고는 위대해질 수가 없다. 아무리 위대한 사상도 조직을 통하지 않고는 인정받지 못한다. 그러기에 숨 쉬는 공간은 사회적 열광에 의해 총체성으로 굳어지고 그렇게 굳어지는 사이 반대로 해체를 향해 후퇴한다. 그래서 총체성의 꿈을 완성하는 순간, 프리즘의 색깔이 잡히는 순간, 무너지고 그 다음의 유연성에 자리를 내주고 만다. 이것이 아도르노가 본 철학의 운명이고 문화사이다. 그리고 부정의 변증법이다.

시스템은 이중으로 작용한다. 한 쪽으로 커지면 반대 방향으로도 커진다. 비주체는 주체로 통합되지 않는 이물질이지만 동전의 양면처럼, 뫼비우스의 띠처럼, 연결되었기 때문에 어느 한 쪽을 밀면 다른 쪽 역시 반대 방향으로 밀린다. 선을 지나치게 밀면, 악이 줄어드는 것이 아니라, 악도 함께 커지는 것이다. 이것이 니체가 최초로 밝힌 "급진적 악"이고 최근의 미학이나 윤리학에서 부활되고 강조되는 부분이다. 시스템은 맑은 정신들이 모인 것 같지만 사실은 모든 것을 먹어치우는 탐욕스런 위장이다.

니체가 지적했듯이 무자비하고 엄한 도덕법은 분노한 악이 합리적 얼굴을 띠고 나타난 것이다. 시스템은 역동적이다. 그것은 비대해져서 정지되기를 원하지만 동시에 바로 그 비대함 속에서 새로움이 탄생되기 때문이다. 부정의 변증법에서는 총체성이 없으면 어떤 전복도 가능하지 않다.

프로이트의 영향과 한계

프로이트는 무의식을 '부정'(Negation)으로 설명한 적이 있다(SE19: 235-239). 분석자가 환자에게 억압된 무의식이 있다는 것을 아는 순간은 바로 그 환자가 "아니오!"라고 강하게 부정할 때이다. 프로이트의 무의식은 의식과 갈등을 일으키기에 언제나 의식을 거스른다. 무의식의 입장에서 보면 의식은 언제나 거짓말을 하는 셈이다. 그러므로 억압이란 의식에 거스르는 무의식이 위장되어 있다가 틈틈이 정체를 드러내는 현상이다. 아도르노의 부정성은 여기에서 한걸음 나아가 시스템이 개입되므로 변증법이 된다. "아니오"라는 강한 부정은 시간이 흐르면 "예"로 나타나고 "예"는 다시 "아니오"로 나타난다. 주체의 긍정은 비주체의 부정으로, 그리고 다시 긍정으로 연속된다. 이 끝없는 부정의 변증법이 프로이트의 부정에서 빌어온 아도르노의 독창성이다. 아도르노는 인간의 의식을 시간과 사회라는 공간 속에서 본다. 의식은 모순을 유지하려는 역동성과 동시에 그것을 지우려는 멈춤(inercia)의 두 가지 성향을 지닌다. 마치 시스템이 역동성과 멈춤을 동시에 지향하는 것과 같다. 이것은 프로이트가 리비도를 삶충동과 죽음충동으로 설명한 것과 같은 맥락이다.

프로이트가 쾌락원칙 너머에 죽음충동이라는 공격성을 리비도의 성향으로 보았듯이 아도르노 역시 의식 너머에 있는 것은 순수한 공격성이라고 말한다. 의식이라는 현실원칙은 언제나 무의식이라는 쾌감원칙에 의해 점령되고 위장된다. 이것이 프로이트가 본 인간의 이성이었다. 그러나 그는 무의식이라는 이기적이고 파괴적인 충동을 주로 개인의 심리로 해석했다. 이상적인 자아에 대해 느끼는 부러움, 그와 하나가 되지 못할 때 느끼는 증오, 그와 하나가 되려는 파괴적 정욕, 그와 하나 되어 흙으로 돌아가려는 멈춤에의 의지 등. 에로스의 이면인 타나토스는 주로 개인의 문제였다. 물론 그는 『토템과 타부』, 『문명과 불만』 등 개인을 넘어 문명과 종교, 예술에 대한 글도 발표했지만 무의식의 창시자로서 심리학자로 이해되었고, 더구나 당대의 자본주의 시민사회는 그를 심리학자로 축소시킨다. 즉 계몽주의라는 서구 자본사회는 그의 무의식을 근친상간 터부, 오이디푸스 컴플렉스 등 가족 구조 속에서 개인의 심리를 분석하는 틀로 축소시키고 마는 것이다. 푸코가 『성학의 역사』 *The History of Sexuality* 에서 밝히듯이 국가와 노동력을 중시한 서구 산업사회는 이성애에 바탕을 둔 가족이 중요했고 프로이트의 무의식은 그런 범주로 축소되어 널리 퍼진다. 조직이 그를 유명하게 만들고 동시에 그의 독창성을 조직의 요구에 맞게 축소하여 배포하는 것이다. 푸코가 말한 "누가 지식을 배포하느냐"는 질문은 프로이트에게 그대로 적용되었고 그 질문을 아도르노 역시 던진다. 동성애자로서 푸코가 몸에 가해진 정치적 전략에 중점을 두었다면 파시즘에 주목한 아도르노는 개인의 독창성에 가해지는 집단의 무의식을 생성과 소멸이라는 변증법으로 해석했다.

아도르노가 프로이트에게서 얻어온 것은 에로스의 이면인 타나토스, 삶충동의 이면인 죽음충동, 그리고 파라노이아(paranoia)라는 심리적 기제들과 파시즘의 원리를 암시한 『집단 심리와 에고 분석』 등이다. 이런 글들의 공통점은 인간을 움직이는 것은 동질화를 원하는 파괴적 에로스이고 그것은 개인보다 사회와 시스템에서 더 잘 나타난다는 것이다.

에로스가 주체라면 이물질인 비주체성은 타나토스이다. 그리고 아도르노에게 타나토스는 사회요 시스템이요 역사이다. 그러기에 주체를 세우는 것도 시스템이라는 비주체이고 다시 삼키는 것도 시스템이다. 여기에 역사가 가미되니 부정성은 생성과 소멸을 지속시키는 변증법의 매개(mediation)가 된다. "파라노이아적 열광"은 동질화의 무덤이면서 동시에 독창성을 낳는 매개이다. 그러면 파시즘을 구성하며 동시에 해체하는 파라노이아적 열광은 어디에서 오는가.

아도르노는 계몽의 밝은 빛을 지우는 어두운 그림자를 "되고 싶으나 될 수 없기에 느끼는 증오"로 표현했다. 이 파괴적 충동은 가장 근원적 나르시시즘에서 오는 죽음충동이다.

> 프로이트는 이것을 죽음충동이라 불렀다. 이 충동은 모든 용기 있는 발전의 기획 밑에 웅크리고 있다. 정상적인 활동 대신에 단숨에 무엇인가를 얻으려는 범죄로부터 예술의 숭고함에 이르기까지 (DE 227).

이성의 밝은 빛을 지우는 이 어두운 증오의 그림자는 개인에게 우울증, 타인 증오, 방화, 혁명 등으로 나타난다. 그리고 우울증이 심해지면 환각에 빠지고 이것이 파라노이아이다. 프로이트는 슈레버(Daniel Paul Schreber)라는 환자를 통해 이 증세를 보여준다(SE12: 1-84). 파라노이아는 현실 속에 살면서도 대상을 인정하지 못하고 근원적 나르시시즘에 갇히는 망상이다. 독일 드레스덴의 고등법원 판사였던 슈레버는 정신이상으로 병원에서 치료를 받는다. 그의 증세는 육체를 탐하며 무차별적인 흠모와 증오를 보인다. 신을 연인으로 착각하여 신의 음성을 듣고 그를 질투한다. 자신을 신의 여자라고 믿고 마조히즘적 동성애를 느끼며 그의 아기를 낳아 세상을 구원해야한다는 망상에 빠진다. 그리고 의사들을 라이벌로 착각하고 질투하거나 그들에게 동성애를 느낀다. 후에 라캉은 이것을 정신병(psychoses)

이라 하여 세미나 3권에서 집중적으로 다루었다. 정신병은 자아가 상징질서로 진입하지 못하고 상상계적 동일시에 갇힌 폐제(foreclosure)의 상태다. 대상과 자아를 구별하지 못하기에 신을 비롯하여 모든 사람들을 흠모하고 동시에 질투한다. 이때 증오는 흠모의 원동력이다. 자신이 신의 연인이요 모든 사람은 파괴해야 할 라이벌이다. 그러므로 육감적이고 무차별적인 증오, 그리고 구세주적 망상이 파라노이아의 특징이다.

차이를 인정하지 않고 모두 똑같이 되는 동질화는 인간의 가장 원초적 소망이다. 그 길은 죽음 외에는 없다. 그러므로 차이와 승화를 모르는 파라노이아는 정지의 상태를 향한 죽음충동과 다르지 않다. 이런 증세는 물론 대상을 인정하고 그를 사랑할 때조차도 나타난다. 누구에게나 정도의 차이는 있지만 연인과 자신을 한 몸으로 착각하여 소유적이 되며 파괴의 증오감에 휩쓸리는 경우가 있다. 이것이 2차적 나르시시즘이다. 그러나 파라노이아는 상징계에 살고 있으면서도 전혀 다른 세상인, 상상계(혹은 원초적 나르시시즘)의 환각에 빠져 있는 정신병이다. 아도르노가 말하는 "파라노이아적 열광"이란 이런 편집증적인 증세가 집단으로 나타나는 망상이다. 증오는 파괴의 쾌감을 주기에 집단 안에서 감염이 빠르다. 이것이 개인의 독창성을 지우는 집단이라는 타자이다. 계몽의 밝은 빛을 지우는 어두운 부정성을 프로이트는 '문명 속의 불만'이라고도 표현했다. 글로벌리즘에 의해 소외된 사람들의 증오가 집단으로 표출되는 현상이 최근의 테러이다. 테러는 쉽게 감염되고 단순히 폭력의 형태로만 나타나지 않는다. 테러가 이상주의의 옷을 입고 나타나는 것이 파시즘이다.

인간은 혼자 있을 때는 주변을 인식하고 책임감과 양심을 지킨다. 그러나 집단 속에 들어가면 익명성으로 본능에 따라 움직이게 된다. 개인일 때는 자신보다 나은 자(ego-ideal)를 흠모하고 그와 닮으려고 노력하지만, 집단일 때는 파라노이아에 빠져 모두가 동등해지려고 자아이상을 파괴하려는 공격성이 표출된다. 이때 집단을 이끄는 대장은 강력한 이미지로 집단의 멤버에게 환상을 심어준다. 즉 자신에게 무조건 충성을 바치는 대가로 모두 평등하게 만들어준다는 환상이다. 멤버는 대장을 단 하나의 신으로 받드는 대신 다른 멤버와 동등할 것을 보장받는다. 차이를 지워서 부러움을 없애는 대신, 대장의 명령에 절대 복종하는 것이다. 동물의 떼와 흡사하지만 인간에게는 언어가 있고 차이가 존재하는 현실이 엄연하기에 이런 환상은 망상이다.

대장은 언어를 이용하여 그럴 듯한 이상주의를 심어준다. 그러기에 아도르노는 언어의 수사가 더 이상 언어에 첨가된 부수적 요소나 형식이 아니라 내용 그 자체라고 말한다(ND 56). 파라노이아적 열광은 집단 이기주의가 그럴 듯한 수사의 옷을 입고 나타나 개인의 독창성을 거대한 동질화의 무덤으로 변질시키는 파괴적 공격성이다. 이처럼 프로이트가 밝힌 집단 심리는 아도르노에게 산업사회의 구조를 설명하는 모델이 되었다. 그러면 심리학자라는 좁은 의미의 프로이트에 반발하고 무의식의 지평을 넓히려 했던 라캉과 아도르노의 차이는 무엇인가.

라캉과 아도르노 : 실재계와 부정성

프랑스 정신분석자인 라캉(Jacques Lacan)과 독일 사회학자인 아도르노는 거의 동시대 사람이다. 그런데 라캉에 관한 가장 풍부한 자료를 수집하여 전기를 썼던 루디네스코는 라캉의 비극적 인간관을 프랑크푸르트 학파, 그 가운데에서도 아도르노에게서 영향 받은 것이라 지적한 적이 있다.

> 그의 비극적인 인간 개념은 직접적으로 프랑크푸르트 학파의 인간관으로부터 나온다. 첫 번째는 코제브, 그리고 다음으로 아도르노와 호르크하이머로부터

그는 계몽의 비판과 역사의 부정성이라는 주제를 빌려온다. 그런 식으로 그는 정신분석에 독일 철학의 전통을 불어 넣은 것이다(2001: 118).

아도르노가 그랬듯이 라캉도 프로이트를 재해석하면서 아우츠비츠의 비극을 고려하지 않을 수 없었다. 그 역시 프로이트의 심리학을 윤리학으로 바꾸면서 파시즘에 대한 경고를 중시했기 때문이다. 루디네스코는 이렇게 말한다. 라캉이 한나 아르헨트(Hannah Arendt)의 아이히만에 대한 재판 기록을 보았는지는 확인할 수는 없지만 분명히 "그는 아도르노와 푸코를 통해서 아르헨트의 입장에 이른다". 그는 칸트의 후예였던 아이히만의 답변에서 칸트의 절대적 명령과 사드의 주이상스를 함께 생각하게 된다(Roudinesco 313). 라캉은 안티고네 분석을 통해 칸트 곁에 사드를 두어야 한다는 것을 증명했다. 칸트가 실천이성에서 제외시킨 몸의 욕망을 프로이트가 죽음충동으로 밝혔고 이 죽음충동을 라캉은 사드로 해석한다. 그리고 죽음충동이 상징질서 속에서 삶을 영위하는 방식을 실재계(the Real)라고 이름 붙인다. 실재계는 텅 빈 해골이 상징계에서 우리를 살게 하는 욕망의 미끼, "오브제 프티 아"로 승화되는 무의 영역이다. 라캉 역시 프로이트의 후기 사상인 죽음충동과 반복강박으로 '근친상간 터부'라는 계몽주의의 좁은 해석을 넓혀간 것이다.

굳어진 무의식을 유연하게 열어놓으려고 라캉은 소쉬르 언어관을 무의식에 대입하고 코제브에게서 빌려온 헤겔 다시 읽기, 그리고 동양의 도사상에서 '무위'를 얻어와 자신만의 독특한 용어를 개발한다. 그가 소쉬르 언어관에서 얻어온 것은 인간이 언어를 떠나서는 존재하지 않는다는 전제였다. 프로이트의 현실원칙은 상징계가 되고 거세는 근원적 기표(Primordial Signifier)가 되며 문명의 시작인 죽은 아버지는 아버지의 이름(the Name of Father)이 된다. 소쉬르를 넘어서서 라캉은 주체가 언어를 조정하는 것이 아니라, 주체는 언어의 흔적이라는 가설을 세운다. 기표와 기의의 틈새는 무한히 열려있어 기표는 시간과 입장에 따라 자리를 바꾸며 기의는 잠정적이다. 기표가 주체를 훑고 지나가는 「'도둑맞은 편지'의 세미나」는 상징계는 더 이상 닫힌 체계가 아니고, 주체에는 스스로 조정하지 못하는 타자가 있다는 암시다. 타자는 언어를 넘치는 몸의 욕망이다.

초월기표는 상징질서의 법이다. 법은 충동을 금지하는 아버지의 명령이다. 그런데 이법은 닫힌 체계가 아니다. 법은 주이상스를 금지하는 게 아니라 없는 주이상스를 낳는 이중적 장치이다. 즉 아무 것도 아닌 주이상스를 성적 주이상스로 바꾸어 오히려 없는 욕망을 만드는 장치라는 것이다. 라캉이 프로이트를 넘어서는 부분이 바로 이것이다. 법은 없는 쾌락을 만들어내는 문명의 장치이고 죽은 아버지는 여전히 외설적 아버지라는 것이다. 프로이트도 수퍼이고의 처벌을 논하면서 죽은 아버지의 이면이 파괴적 이드라는 것을 언급했지만 그는 이 부분을 그리 강조하지 않았고 아도르노가 지적했듯이 그 후 자본사회의 조직은 이 부분을 지워버린다. 라캉이 칸트의 법과 사드의 쾌락이 뗄 수 없는 주체와 타자의 관계임을 강조한 것은 법은 언제나 법의 경계를 넘는 쾌락을 품고 있음을 강조하기 위해서다. 유부녀를 범하면 죽음이라는 것을 나타내려고 올가미를 그려 놓은 칸트의 법은 오히려 없는 욕망을 끌어낸다. 금지 없이 욕망은 없기 때문이다. 욕망의 미끼란 아무 것도 아닌 것을 닿을 수 없이 올려놓았기 때문에 일어나는 감정이다. 이것이 숭고함이다.

안티고네는 크레온의 법에 맞서 오빠를 매장한다. 그녀는 고집스럽게 자신의 죽음을 주장한다. 그리고 그 죽음충동은 언어에 의해 숭고한 욕망의 대상으로 관객에게 나타난다. 질서의 수호자인 크레온이 몰랐던 것은 금지할수록 그녀의 욕망은 더 강해진다는 역설이다. 이것을 나치즘에 연결시켜보자. 칸트의 도덕적 정언명령을 믿는 아이히만이 저지른 유태인학살은 사드적 쾌락이었다. 히틀러의 명령이 무조건적일 때 복종하는 자는 저항이 아니라 희생의 쾌감을 느낀다. 칸트의 사디즘은 사드의 마조히즘을 낳는다. 칸트의 명령이 강할수록 사드의 쾌락도 늘어난다. 그렇다면 동시대에 살았던 사드의 잔인한 몸의 쾌락은 서로 방향이 다를 뿐 칸트의 정언명령과 다를 것이 없다. 마치 크레온의 금지가 강할수록 안티고네의 죽음충동이 강해지는 것과 같다.

법은 없는 주이상스를 만들어낸다. 그러므로 몸을 무시하고 법을 밀어부치면 희생의 쾌락이 늘어나고 둘이 함께 파멸하게 된다. 이것이 나치즘을 겪은 라캉이 프로이트를 넘어선 지점이었다. 칸트의 이면은 사드이고 법의 타자는 죽음충동이다. 이 둘은 둘이면서 하나였다. 만일 사드적 상상계와 칸트적 상징계가 분리되면 도착증이나 파라노이아에 빠진다. 그러므로 이 둘을 잇는 세 번째 고리인 실재계는 중요하다. 실재계는 해골을 남근으로 바꾸는 승화의 기능을 하기 때문이다. 그러나 파괴적 요구를 이상적 자아로 승화시키는 실재계는 그리 견고한 고리가 아니다. 그것은 언제든지 두 개의 차원을 오가며 주체이면서 타자라는 이중 역할을 한다. 주체와 타자는 서로를 인정할 때 간신히 비극적 파탄을 비껴가는 셈이다. 라캉, 아도르노, 프로이트가 공감한 것은 우리가 이런 아슬아슬한 실재를 인식할 때 겨우 비극적 파탄을 피해갈 수 있다는 삶의 어두운 함정이었다.

그렇다면 계몽의 변증법과 실재계는 어떻게 다른가. 라캉은 파시즘으로 직행하는 것을 막고자 주체는 우선 상징계로 진입할 것을 원한다. 그리고 그 상징계가 견고하지 않다는 것을 알기 원한다. 법을 지키는 것이 우선이고 그 다음에 그 법이 주이상스의 이면이라는 것도 알아야 한다는 것이다. 아무 것도 아닌 주이상스를 성적 주이상스로 승화시킨 것이 삶이기에 칸트를 늘리면 사드도 함께 늘어난다는 것을 알아야 덜 위험하다. 이것이 실재계의 존재방식이고 충동적 반복을 늦추고 정상적인 순환으로 가는 길이다.

아도르노 역시 이와 비슷한 이야기를 한다. 라캉의 실재계를 아도르노의 부정성이라고 가정해보자. 부정성은 시스템이다. 그런데 시스템은 이중적이다. 모순을 유지하려는 성향과 그것을 지우고 총체성을 원하는 성향이다. 시스템은 부정성을 낳고 또 그것을 지운다. 그러므로 주체와 시스템이라는 객체 사이에서 동질화가 덜 할수록 인식주체가 솔직하게 자아를 되돌아볼 수 있고 그나마 자유로운 힘을 유지하는 데 도움이 된다(ND 31). 이것은 실재계의 존재방식과 같다. 지젝(Slavoj Zizek)이 말한 "부정성에 머물기"(Tarrying with the Negative)다. 부정성에 머물기란 칸트적 상징계도 사드적 상상계도 아닌 이 둘의 어느 지점에 머무는 것이다. 그러면 아도르노와 라캉의 차이는 무엇일까. 라캉의 실재계가 개인의 심리와 사회, 그리고 나아가 신비주의를 포함하는 자연과학을 아우른다면 아도르노의 부정성은 시스템에 한정된다는 차이가 있다. 아도르노는 실재계를 추상적이라 비판할 것이고 라캉은 아도르노의 부정성을 폭 좁은 시스템 주의라고 비난할지 모른다. 이 부분에서 우리는 지젝이 아도르노를 좋아하면서도 꼬집은 말을 떠올려본다. 지젝은 아도르노가 부정성을 강조한 것은 좋지만 그것을 상징계의 시스템으로 본 것을 비판했다(Žižek 20). 지젝에게 부정성은 총체성을 무너트리는 불가능성이요, 언어화될 수 없는 잉여이기 때문이다.

라캉의 실재계는 승화되어 상징계로 흡수되지만 불가능성으로서 상징계의 획일성을 무너트리는 핵이다. 그러기에 오히려 이런 측면에서는 지젝보다 아도르노의 부정성에 가깝다. 특히 후기의 라캉이 자본사회에 던진 암울한 전망은 아도르노가 지적한 부정성을 떠올리게 만든다. 후기 산업사회의 시스템은 막강하기에 출구는 어둡기만 하다. 하버마스가 '역사상 가장 어두운 책'이라고 말했던 『계몽의 변증법』에서 이런 맥락을 좀 더 살펴보자. 아도르노는 반유태인 정서를 이렇게 설명한다. 역사상

셈족에 대한 반감은 단순히 유태인 학살로만 나타나지 않는다. 인류가 자신의 이기심과 증오를 투사하는 속죄양은 집시, 아랍인, 프로테스탄트 등으로 이런 반감은 지배계층이 민중의 불만을 전가시키려고 선택한 대상들이다. 민중의 무엇을 이용한 것인가. 몸의 충동이다. 감염되기 쉬운 몸의 충동이 억압되었다가 집단의 익명성을 통해 폭발하는 것이다. 아도르노는 셈족 반감을 반복되는 파라노이아적 열광으로 해석하면서 프로이트의 언캐니를 사회적 맥락으로 재해석한다.

> 혐오스럽게 낯설어 보이는 것은 사실은 너무도 친밀했던 것들이다. 그것들은 문명에 의해 억압된 직접적 접촉, 예를 들어, 만지고 쓰다듬고 애무하고 포옹하는 아주 감염되기 쉬운 몸짓들이다. 이런 친밀한 충동들을 우리는 떼버리려하지만 그저 지연시킬 뿐이다(DE 182).

유아기의 접촉들은 몸의 소망이고 충동의 원천이다. 그런 몸짓들을 사회는 금지시켰지만 언제나 참을 수 없는 매혹으로 다가온다. 몸은 혐오스럽고 동시에 매혹적인 것이다. 폭력과 대량학살 역시 유아기의 접촉이 빠르게 감염된 것이다. 그러기에 혐오스럽지만 매혹이다. 언캐니의 이중성을 깨닫고 이성의 절대론이나 영혼과 몸을 분리한 이분법적 우월주의에 저항해야 한다는 것이 아도르노가 제시하는 개인의 부정성이다. 광기의 본질은 모든 세상을 정지시키려는 충동이다. 이 집단 감염에 저항하는 것은 개인의 부정성이다. 그렇다면 아도르노의 부정성은 집단 광기를 일으키는 시스템의 속성이면서 동시에 그것에 저항하는 유일한 출구로서 개인의 독창성이다. 시스템이 원하는 영원한 멈춤은 오직 개인의 인식과 독창성이라는 매개에 의해서만 방향을 바꾼다. 물론 그 독창성조차 시스템의 도움 없이 설수 없지만. 시스템은 동질화를 지향하지만 동시에 이것을 막는 매개 역시 품고 있다. 그리고 그것은 개인의 자각이다. 역사는 개인의 자각과 시스템의 동질화가 만들어내는 변증법이다.

문제는 후기 산업사회의 시작이 아니고 결과인 징후다. 시작은 계몽의 밝은 빛이었다. 미디어와 정보가 신속하고 획일적일수록 시스템은 더 빠르게 강화되고 총체화된다. 문화산업과 대중의 관계를 보자. 문화산업의 주체는 제작주이고 자본사회다. 제작팀은 대중의 요구에 맞추어 개인의 창조성을 조종하고 작품을 생산한다. 그것이 성공하는 순간 감염은 급속히 확산된다. 정보의 매개인 미디어는 총체성을 확산하는 데 이용된다. 전 세계가 순식간에 생산품을 모방하여 전형을 만들어 낸다. 스타 탄생이고 캐릭터 산업이다. 그러나 전형은 되는 순간 몰락한다. 대중은 굳어진 이미지를 견디지 못하고 곧 새로움을 원한다. 제작자는 쉴 새 없이 새로운 스타, 새로운 캐릭터를 생산해야 한다. 이것이 상품의 페티시즘, 즉 "승화되지 못하고 억압된 죽음"(DE 139)이다.

인터넷과 미디어가 주도하는 문화산업은 승화가 아니라 죽음충동이다. 이 부분에서 라캉과 아도르노가 만난다. 라캉이 승화를 주장하는 이유는 승화되지 못한 몸은 텅 빈 해골을 지향하고 승화된 숭고한 대상은 자아계발을 위한 이상형이 된다. 그리고 물론 그 숭고함의 이면에 해골임을 알고 거리를 둘 수 있는 것이 실재계의 존재 방식이다. 아도르노에게 후기 산업사회는 승화되지 못한 죽음이다. 그리고 여기에 라캉의 역할이 있다. 실재계는 시스템의 부정성에 저항하는 개인의 자각을 위해 승화라는 암시를 줄 수 있기 때문이다.

문화산업은 대중에게 메뉴만 주고 진짜 식사는 나오지 않는 승화 없는 식탁이다. 계속 스타를 발굴하고 전형을 창조하여 대중에게 진짜 식사를 줄 것 같지만 접시가 나오는 순간 다시 메뉴로 바뀐다. 고객은 이것을 모른다. 몸의 충동에 호소하면서도 이것을 고상하게 위장하여 대중을 속이기 때문이다. 아도르노는 현대 문화산업은 부패와 타락 때문에 소멸하는 것이 아니라 고상한 쾌락으로 소멸할 것이라고 말한다. 예를 들어 자본사회는 비극적 인물을 창조하여 현실을 비판하는 것 같지만 사실은 현실을 정확히 그린다는 환상을 심어주고 그 속에서 현실에 동참하지 않으면 그리 된다는 막연한 공포감을 심어준다(DE 152). 후기 자본사회의 삶은 항상 권력과 자신을 동일시하지 않으면 살아남지 못한다. 알튀세의 말처럼 개인은 자유로워 보이지만 사실은 경제사회 구조의 산물이다. 라캉의 말처럼 우리는 모두 자본사회의 오브제 아 이고 지젝의 말처럼 잉여가치는 개인과 사회를 움직이는 동력이다. 아도르노에 따르면 시민운동조차 시스템의 저항이 아니라 시스템에 적응하는 한 가지 방식일 뿐이다. 급진과 보수란 고립과 순응의 차이가 아니라 둘 다 사회적 행위이다. 다만 방식이 다를 뿐이다. 그러므로 악을 줄이고 선만 남길 수 없고 테러를 줄이고 문화만 남길 수는 없다. 테러를 줄이면 해체의 과정이 시작되는 조짐이다(DE 217). 전체주의에 저항하는 개인의 독립성조차 그 개인의 내부에 있는 눈멀고 비합리적 요소에 의해서만 가능할 뿐이라는 아도르노의 언급에 하버마스가 질겁한 것도 무리는 아니다.

이런 맥락에서 아도르노는 시스템 절대론자처럼 보인다. 아무도 시스템을 빠져나가지 못한다. 시스템은 감염이 빠른 집단 접촉으로 동질화를 낳고 그 순간 개인의 독창성으로 전복되지만 그 독창성은 다시 시스템에 종속된다. 시스템이 개인을 낳는가. 개인이 시스템을 낳는가. 이것은 인간이 사회적 동물임을 생각할 때 닭인가 달걀인가의 질문만큼 답이 없다. 라캉의 실재계보다 아도르노의 부정성이 더 무력한 느낌이 든다. 아니 폭이 좁기에 더 강력하다. 그나마 개인의 자각이 없으면 그대로 죽음으로 직행하기 때문이다. 메뉴를 진짜 접시로 속지 않으려는 인식의 자각이 필요하다. 시스템에 저항하는 개인의 독창성이 필요하다. 그리고 이것이 아도르노가 예술만이 이런 궁지에서 우리를 구원하는 유일한 길이라고 말하는 이유이다. 암울한 시스템 절대론자이면서 예술이라는 한 가닥 승화의 빛을 던져주는 아도르노와 쓸모없기에 아무도 꺾지 않는 장자의 「쓸모없는 나무」는 여기에서 서로 만난다. 장자의 우화들은 주장이나 이론이 아니라 서사요 미이다.

아도르노와 장자: 사회와 자연의 만남

기원전 3, 4세기, 중국이 정치적으로 혼란스러울 때 유가사상이 난세를 구하는 조직적인 체계로 널리 퍼진다. 노자의 『도덕경』과 장자의 시는 공자의 유가사상이 지나치게 규율에 치우치고 사회를 조직하는 것에 의문을 던지는 사유로 알려진다. 실제로 장자의 우화 가운데는 지나친 조직화를 풍자한 시들이 적지 않다. 라캉은 왜 노장 사상에 매료되고 선불교를 숨 막히는 현대 자본사회의 출구로 보았을까. 라캉을 자세히 들여다보면 볼수록 "무위"(無爲)는 실재계를 만드는 바탕이 된 것으로 보인다. 노장사상은 유가에서 강조하는 논리와 조직화가 지나칠 경우 인간의 삶이나 정치에 오히려 해가 된다는 것을 보여준다. 훗날 선불교에 영향을 미친 도사상은 오늘날 동양의 신비주의와 고립주의를 상징하게 된다. 특히 유가 쪽에서는 장자를 현실도피, 허무주의, 조직파괴 등, 부정적으로 보아 조선 시대에 장자는 금서가 되기도 했다.

1960년대 서구 포스트 모더니즘은 계몽주의에 대한 반성을 제기하면서 동양의 노장사상에 주목하고 그 이후 적지 않은 연구가 이루어진다. 영브루엘(Elizabeth Young-Bruehl)은 동양의 애(愛)사상과 음양의 조화를 빌어 프로이트의 공격적 본능을 사랑으로 재해석한다. 클라크(J. J. Clarke)는 서구 사상이 도를 어떻게 수용하고 변형해 가는지 현대사상의 문맥에서 밝힌다.

이런 책들 가운데 광밍우(Kuang-Ming Wu)는 무위를 이성적 주체와 실천적 주체의 공존으로 해석하면서 서구사상과 연결하여 장자를 합리주의에 저항하는 타자로 해석하여 의미 있는 연구서를 선보인다. 최근에 도에 관한 관심이 높아지는 이유는 그것의 부정성 때문이다. 라캉과 아도르노가 서구 계몽주의에 대한 반성을 부정성에서 찾듯이 그 옛날 장자도 공자의 조직적인 계몽논리에 무위라는 부정성으로 저항했던 것이다. 그러면 무위는 아도르노의 부정성과 어떻게 같고 다른지 살펴보자.

장자의 우화 가운데 「두 제왕과 혼돈」이라는 시가 있다. 남해와 북해의 두 왕은 가끔씩 혼돈의 영토에 가서 즐거운 대접을 받았다. 둘은 고마움에 대한 감사의 표시를 하고 싶었다. 그래서 자신들만 갖고 있는 귀, 코, 입 등, 보고 듣고 말하는 기능을 지닌 일곱 개의 구멍을 만들어주기로 했다. 하루에 한 개씩 구멍을 뚫어주던 일곱째 날, 혼돈은 죽고 말았다. 그리고 두 왕은 다시는 대접을 받지 못했다. 노자는 말했다 "조직하는 것은 파괴하는 것이다." 이 시에서 장자는 삶이 조직과 혼돈으로 이루어져 있기에 혼돈을 몽땅 조직화하면 죽음이라고 암시한다. 혼돈은 쾌락원칙이요 두 왕은 현실원칙이다. 혼동과 현실은 서로 공존하면서 왕래해야지 몽땅 조직하면 죽음이다. 마치 자신의 그림자를 미워한 사내와 같다. 자신의 그림자를 미워한 사내는 그림자를 떼버리려고 죽도록 달렸다. 그러나 그럴수록 그림자는 더 빠르게 따라왔다. 마침내 그는 지쳐 쓰러져 죽는다(머튼 252). 만일 그가 그림자란 주체의 타자요 계몽의 부정성인 것을 알았더라면 그는 잠시 시원한 그늘에 앉아 편히 쉬었을 것이다. 그림자도 쉬고 자신도 쉬는 것이 부정성을 달래는 승화가 아닌가. 그늘 아래 잠시 쉬었다가 다시 햇볕으로 나와 걷고, 힘들면 다시 쉬는 것이 계몽의 변증법이다. 그늘 속으로 그림자가 숨는 것이 주체가 시스템에 의해 동질화되는 순간이고, 다시 그늘 밖으로 나오는 순간이 주체가 살아나는 순간이라면 그림자는 부정성이다. 「그림자 사내」 외에도 장자의 우화들은 지나친 조직이 파괴라는 것을 곳곳에서 암시한다.

> 금고털이
>
> 지갑을 훔치고, 가방을 뒤지고,
> 금고를 터는 도둑을 막기 위해
> 사람들은 모든 재산을 밧줄로 묶고, 자물쇠로 잠그고,
> 빗장을 지른다.
> 이것은 주인으로서 기본적인 대비책이다.
> 그러나 큰 도둑은 물건을 통째로 들고 달아나버린다.
> ....
> 가난한 사람이 허리띠를 훔치면
> 교수형을 당하지만
> 부자가 나라를 몽땅 훔치면
> 당대의 정치가가 된다.
> ....
> 모든 사람들을 한 줄로 세우려고
> 윤리적 원칙들과 책임과 의무를 쌓으면 쌓을수록
> 전성자와 같은 도둑을 위한 약탈물을 모으는 셈이다.(머튼 87-91)
> (필자의 줄임)

장자는 이 우화에서 지나치게 조직하고 논리를 세우고 한 줄로 배열하는 시스템이 더 큰 도둑을 위한 것이기에 오히려 커다란 해를 불러온다는 예를 보여준다. 장자가 이 우화에서 암시하는 내용이다. 그렇다면 조직 없이는 부정성도 없다는 아도르노와 근본적으로 다른 입장이 아닌가. 우리는 장자의 부정성을 어떤 맥락에서 읽어야 하는가.

노장사상의 핵심이며 부정성을 대표하는 용어로 '무위'를 들 수 있다. 무위는 두 제왕과 혼돈 가운데 어느 한 쪽을 밀어붙이지 않는 것이다.

제왕의 지식과 혼돈의 무지가 공존하는 것이 무위다(Wu 98). 도는 만물을 낳는 공간이요 텅 빔이다. 그리고 이 공간에서 만물이 태어나고 다시 공간으로 돌아가고 다시 태어난다. 이것이 대자연의 질서요 인간의 질서이다. 인간은 만물 가운데 하나로 순환 속에서 모습을 바꾸어 다시 태어난다. 그러므로 죽음을 슬퍼하는 것은 도의 경지에 이르지 못한 증거이다. 장자는 죽음의 침상에서 성대한 장례식을 마련하려는 제자들에게 묻는다. "하늘과 땅이 나의 관이요, 해와 달이 내 옆에서 짤랑대는 구슬이고, 행성과 별자리들이 내 주위에서 반짝이는 보석들이며 만물이 밤을 새워 나를 애도할 텐데 무엇이 더 필요하단 말인가?" 제자들은 그래도 땅에 묻지 않으면 솔개가 파먹지 않겠느냐고 말한다. "땅 위에 놓아두면 까마귀나 솔개가 먹을 것이요, 땅 밑에 누우면 개미나 벌레가 먹을 것이다. 어느 쪽이든 먹힐 텐데 너희들은 왜 새들에게 더 인색한가?"(머튼 254)

무위는 제왕과 혼돈이 공존하듯이 주체와 타자가 공존하는 것이다. 어느 한 쪽을 강요하지 않는 것이다. 그러면 주체이면서 타자인 라캉의 실재계와 어디가 다른가. 실재계는 상상계와 상징계가 공존하는 것이고, 칸트의 법과 사드의 쾌락, 크레온의 법과 안티고네의 죽음충동이 공존하는 것이다. 반면에 아도르노의 부정성은 개인의 독창성과 시스템이 공존하는 것이다. 라캉과 아도르노는 죽음충동을 파시즘과 연결시킨다. 장자의 무위는 정치와 사회, 논리나 조직을 거부하고 가장 자연스러운 삶, 글자 그대로 대자연과 한 몸이 되는 삶을 원한다. 얼마나 자연스러운지 그 자연스러움조차 느끼지 못하는 경지를 최고의 무위로 삼는다. 부모가 자식의 발을 밟으면 사과할 필요가 없고, 완벽한 사랑은 증명이 필요 없는 것처럼 자연과 인간이 하나인 것은 증명이 필요 없다. 프로이트는 인간이 흙으로 돌아가고 싶은 충동을 본능으로 보고 그것은 오직 죽어야만 가능하다고 말한다. 장자는 바로 이 죽음충동을 현세에서 평화롭게 이루기를 소망한다.

이것이 우리가 장자가 진리임을 알면서도 실천하기 어렵고 그러기에 장자가 시스템으로 동화되지 않는 이유이다.

그러면 아도르노와 장자의 미학은 어떻게 다를까. 아도르노는 어두운 사유에서 단 하나의 구원은 예술이라고 말했다. 그리고 그의 미학은 전통미학과 다르다. 산업사회가 발전할수록 시스템이 강해져서 총체화의 속도가 빨라진다. 승화가 아니라 도착증적 반복이다. 이런 사회에서 예술의 역할은 무엇이고 왜 중요한가.

아도르노는 그의 미학이론에서 예술도 계몽주의의 일부이지만 그것은 거짓말을 하지 않기에 진리와 다르다고 말한다. 산업사회에서 예술은 자동성을 상실하기 쉽다. 소비자를 의식한 제작자의 왜곡으로 예술의 위치는 모호해진다. 그러나 예술은 이미 그 자체 속에 자동성을 거부하는 이물질이 있고 이것이 사회와 손을 잡고 권력이 된다. 아무리 고유한 예술도 조직과 손을 잡지 않으면 살아남지 못한다. 예술은 이미 자체 속에 고유성을 배반하는 타자를 지니고 있다. 예술과 사회는 '에고와 이드의 관계처럼' 뗄 수 없이 연결된다. 그런데 예술 속의 타자인 몸의 요구, 동질화의 요구가 역설적으로 예술을 살아남게 하고, 예술의 존재 이유가 된다. 동질화는 권력이고 총체성의 순간에 저항이 태어나기 때문이다. 예술은 시대에 저항하여 태어나지만 동시에 그 시대를 반영하면서 그 다음 형식에 자리를 양보한다. 이것이 기법의 패러다임이다(AT 22).

그러므로 아도르노는 프로이트 미학을 사회와 형식을 간과한 죽은 예술로 보았다. 프로이트는 무의식이라는 몸을 인정했으나 마치 머리 속에 간직한 서류를 꺼내는 식으로 개인의 심리에 맞추었고 예술이 사회에 대응하는 방식인 기법이나 형식을 간과했다는 것이다. 예술을 작가의 생애나 내용 분석에 한정지을 수는 없다. 프로이트는 예술을 보편적이고 성스럽게 본 칸트식 형식주의에서는 탈피했으나, 그의 몸은 여전히 사회적 대응을 거부한다. 그리하여 왜 기법이 시대에 따라 변모하는지, 비평적 충동은 어디에서 오고 예술의 진실은 어디에 있는지 밝히지 않는다. 그는 심리 외적인 요소를 간과했다(AT 12). 대략 이런 것들이 프로이트에 대한 아도르노의 비판이다. 아도르노는 칸트의 공적인 형식주의와 프로이트의 사적인 소망충족을 합친 어느 지점에서 예술이 존재한다고 믿는다. 칸트는 실천의 영역에서 몸의 욕망을 배제했다. 그는 순수이성의 한계를 실천이성으로 메우려 했으나 그때 이성적 도덕이 아니라 죽음충동이라는 몸이 튀어나오는 것을 몰랐다. 그러므로 칸트의 미학은 몸을 간과하고 이성을 상식(Understanding)과 이성(Reason)의 두 형식으로 축소하고 만다. 선을 지향하는 칸트의 실천이성은 몸을 지향하는 프로이트와 반대다. 사적이든 공적이든 부정성은 실천의 영역에서 튀어나오는 몸의 소망이다. 예술은 칸트의 무심함이나 공정함, 프로이트의 사적 소망충족을 떠나 사회 속에서 생산되고 재생산되는 역동적인 것이다. 그러므로 "예술은 행복을 위해 행복을 포기한다". 모든 쾌락은 거짓이요 영원하지 않기에 예술의 욕망은 지속된다(AT 18).

이처럼 아도르노에게 예술의 부정성은 역사적이고 사회적인 문맥에서 나타난다. 그러기에 예술의 기능은 동질화로 비대해진 몸을 가볍게 줄이는 인식의 해방이다. 아리스토텔레스 이후 전통적인 미학은 즐거움과 도덕을 주는 것이었다. 그런데 산업사회에서 즐거움은 더 이상 도덕과 연결되지 않는다. 모든 즐거움은 몸의 소망이기에 예술성이 아니라 더 빨리 교환가치 속으로 함몰되는 동인이 된다. 조직 없이는 어떤 독창성도 살지 못하는 예술 자체의 부정성을 인정할 때 전통 미학은 의미가 없다. 이제 미학은 인식의 기능, 동질화를 전복하는 매개(mediation)로 기능한다. 즐거움은 매개 없이 직접 자신을 주장할 때 유치한 수준에 머문다. "예술은 즐거움을 기억과 동경으로 흡수한다. 다시 말하면 예술은 즐거움을 그대로 복사하거나, 직접적인 효과로 생산하지 않는다"(AT 21).

이것이 아도르노가 제시하는 새로운 미학이다. 예술이 시스템을 벗어나지 못할 때 그것의 기능은 즐거움의 생산이 아니라 우리의 인식을 해방하는데 있다. 중세의 금욕주의를 해방하는 매개는 르네상스의 관능이었고, 관능의 매개는 고전주의의 절제였으며 절제를 해방한 것은 낭만주의의 관능이었다. 모더니즘의 절제를 해방시킨 매개는 포스트모더니즘의 관능이었다. 예술은 언제나 앞 시대를 기억하고 옛날을 동경한다. 기존을 전복하는 매개는 앞 시대를 기억하므로 탄생된다. 그러나 똑같은 반복은 아니다. 기억과 동경이란 현재의 시선으로 과거를 바라보는 응시이기 때문이다. 이것이 기법의 역사요, 패러다임의 역사이다. 예술의 독창성은 시간이 흘러 조직에 의해 권력으로 굳어진 인식을 해방시킨다. 우리의 인식능력을 새롭게 하여 무엇이 옳고, 무엇이 그른지 깨우치게 한다(22). 파시즘에 저항하는 판단력과 비대해진 동질화를 깨트리는 인식의 능력을 우리에게 부여하는 것이 예술의 부정성이다. 그러므로 "예술은 고통과 테러로 얼룩진 불확실성의 시대에 남아있는 단 하나 진실의 매체이다"(27). 이 말은 예술의 패러다임이 바뀌는 속도만큼 상품의 순환도 늦추어져야 할 것을 암시하는 게 아닐까. 그것이 죽음의 승화이기 때문이다. 적절히 조직의 부정성에 노출되고 난 후 다시 시작하게 만드는 동력이 예술의 역할이다.

그렇다면 장자의 미학은 무엇일까. 왜 그의 시는 시스템에 노출되지 않고 매개를 부르지 않는가? 아도르노의 예술이 사회를 떠나 존재하지 않는다면, 장자의 예술은 사회를 떠나서야 존재한다. 예술작품은 언어로 표현되지 않는다. 수레바퀴공이 경서를 읽는 환공에게 말한다(머튼 121-123). 오래 전에 쓰인 그 책은 현인들이 남긴 먼지일 뿐이라고. 자신은 수레바퀴를 평생 만들었지만 딱 맞게 만드는 법을 그냥 알 뿐 적절히 표현할 수 없어 아직도 바퀴를 만들고 있노라고 그냥 알 뿐 언어로 표현되지 않는 것이 장자의 기법이다. 언어 속의 타자 때문이다. 나무 조각가의 이야기도 마찬가지다. 목공예의 대가인 자경은 나무로 북틀을 만들었는데 왕이 경탄을 하며 비결을 묻는다. 자경은 금식을 했는데, 사흘이 되니 이득과 성공에 대해 잊고 닷새에 칭찬과 비난을 잊었으며 이레째에 수족과 몸을 잊고 왕과 조정을 잊었다. 북틀 외의 모든 것을 잊고 숲으로 들어가니 바로 그 나무에서 북틀이 보인다. 명작을 만든 그 나무는 자연 그대로의 나무, '바로 그 나무'였다(머튼 172). 노련한 황소잡이의 칼날이 언제나 새 것 같은 이유는 소의 근육과 뼈 사이의 공간을 볼 수 있기 때문이다. 공간을 볼 수 있는 것은 만물의 근원인 도를 아는 것이요, 자연 그 자체를 아는 것이다. 만물이 텅 빈 공간에서 태어나고 공간으로 돌아가니 도는 언어와 조직과 논리를 넘친다. 그러기에 명작은 자연 그 자체의 도리를 따를 뿐 그 외의 다른 조건들을 잊는 것이다.

맺음

아도르노와 장자의 예술관은 이렇게 다르다. 전자는 사회를 떠나 존재하지 않고 후자는 사회를 떠나야한다. 아도르노에게는 사회가 부정성이고 장자에게는 자연의 텅 빈 공간인 무위가 부정성이다. 그리고 둘의 공통점은 순환이다. 계몽의 변증법도 사유의 순환체계요, 예술의 패러다임도 순환이요, 장자의 무위도 순환의 동인이다. 다만 전자는 사회조직의 순환을 가리키고 후자는 만물의 원리로서 음양의 순환을 가리킨다. 아도르노의 부정성이 조직의 파시즘을 인식하고 방향을 바꾸는 것이라면 장자의 부정성은 인간과 자연의 구별이 없어야 만물의 파괴를 늦춘다고 암시한다.

전자가 문화이론이라면 후자는 생태계 윤리이다. 아도르노와 장자의 부정성은 이렇게 다른 정치성을 가진다. 그리고 전자가 시스템이기에 조직적으로 그 다음 사유에 의해 전복되지만 후자는 사회 외적인 것, 시스템을 거부하는 자연이기에 전복되지 않는다. 만물은 오직 만물에 의해 전복될 뿐 인위적으로 인간에 의해 전복되지 않기 때문이다. 도는 사유체계 자체를 거부하는 사유이다.

자연과 문명을 이분법으로 나누고 문명이 자연을 정복의 대상으로 삼은이래 계몽의 시기를 거친 후 우리는 다시 장자를 찾는다. 자연을 본받아야 할 모범으로 삼기 위해서다. 숨가쁜 파시즘적 순환을 늦추고 정상적인 순환을 하려면 무위가 필요하다. 인간은 자연의 일부이며 이성은 자연을 정복하지 못한다. 만일 인간이 행복해지려고 자연을 지나치게 개발하면 오히려 자연에게 먹히고 만다는 것이 장자의 부정성이다. 무위는 자연과 인간의 텅 빈 공간(타자)을 인식하고 우리가 겸손해져야 한다는 것을 알려준다. 그리고 생태파괴를 우려하면서도 손을 멈추지 못하는 우리의 비극을 짚어준다. 장자는 문명과 교육의 무지를 짚어주는 타자이다.

우리는 오랫동안 실용성만을 중시하는 문명과 자연의 이분법적 교육과 시스템에서 살아 왔기에 장자의 실천은 쉽게 이루어지지 않는다. 아니 모호하게 느껴지기까지 한다. 그러나 아예 모르는 것보다 아는 것이 낫다. 우리가 그토록 행복해지려고 애쓰는 데 왜 점점 더 불안하고 테러는 늘어가는지 우리는 잘 모른다. 아니 불안을 해소하고자 엉뚱한 방향으로 나가는지도 모른다. 문화산업이 자신이 내놓는 접시가 메뉴에 불과한지도 모르기 때문이다. 장자의 부정성은 먹을수록 더 먹고 싶어지는 도착증적 메뉴를 깨달으라는 인식의 자각을 준다. 이런 점에서 장자는 아도르노가 단 하나의 대안으로 제안한 미학의 패러다임이 정상적 순환을 이루려면 고려해야 할 타자이다.

아도르노와 장자의 부정성은 비슷하지만 장자가 더 심미적이다. 그리고 시스템의 저항을 받지 않는 유일한 심미성이다. 그것이 서구의 모든 부정성이 시스템에 먹히지만 장자가 유일하게 버티는 이유다. 아무도 손대지 않기에 살아남는 "쓸모없는 나무"의 미학이 장자의 무위이다. 장자는 합리주의 이성을 정면으로 비판하며 문명과 자연의 경계를 지워버리기에 아무도 실천하지 못하지만 우리가 진정으로 행복해지려면 타자로서 고려해야 할 부정성이다. 장자는 "쓸모 있음"만을 알기에 나타나는 후기 산업 사회의 파시즘적 순환을 늦추고 정상적 순환을 위해 공존해야 할 타자이다. 타자가 파시즘을 막는 장치라면 서구 문화는 당연히 동양적인 것과 공존하는 것이 안전하다.

이것을 인식한 라캉은 평생, 프로이트의 무의식을 "하나가 아닌 이론"(not-all theory)을 재창조하는 데 생애를 바친다.

핵심단어(Key Words)
부정성(negativity), 죽음충동(death drive), 언캐니(uncanny), 주이상스(jouissance), 무위 (無爲), 실재계(the Real), 시스템(system),

참고 문헌

이강수. 『노자와 장자: 무위와 소요의 철학』. 도서출판 길. 1997.
이종은. 「도교사상의 현대적 의의」. 『노장사상과 동양문화』. 351-362.
최수빈. 「<노자 도덕경>을 통해 조명해본 '여성해방'」. 『노장사상과 동양문화』. 29-62.
토머스 머튼. 『장자의 도』. 권택영 옮김. 은행나무. 2004.
Adorno, Theodor W. *Aesthetic Theory*. Ed. Gretel Adorno & Rolf Tiedeman. Trans. C. Lenhardt. New York: Routledge & Kegan Paul. 1984. Abbreviated as AT.

_____. *Negative Dialectics*. Trans. E. B. Ashton. New York: Seabury Press. 1973. Abbreviated as ND.

_____ & Max Horkheimer. *The Dialectic of Enlightenment*. Ed. Gretel Adorno & Rolf Tiedeman. Trans. Robert Hullot-Kentor. New York: Verso, 1979. Minneapolis: University of Minnesota Press. 1997. Abbreviated as DE.

Clarke, J. J. *The Tao of the West: Western Transformations of Taoist Thought*. New York: Routledge. 2000.

Foucault, Michel. *The History of Sexuality, Vol. One: An Introduction*. Trans. Robert Hurley. New York: Pantheon Books. 1978.

Freud, Sigmund. "Psycho-analytic Notes on an Autobiographical Account of a Case of Paranoia." In *The Standard Edition of the Complete Psychological Works of Sigmund Freud*. Trans. James Strachey. London: Hogarth. 12: 1-84. Abbreviated as SE.

_____. "On Narcissism: An Introduction." SE, 14: 67-102.

_____. "The Uncanny." SE, 17: 217-256.

_____. *Group Psychology and the Analysis of the Ego*. SE, 18: 65-143.

_____. "Negation." SE, 19: 233-239.

_____. *Civilization and Its Discontents*. SE, 21: 57-145.

Henricks, Robert G. *Lao Tzu's Tao Te Ching*. New York: Columbia University Press. 2000.

Krips, Henry. *Fetish: an Erotics of Culture*. Itacha: Cornell University Press. 1999.

Lacan, Jacques. *The Seminar of Jacques Lacan Book 3*. 1955-1956. Ed. Jacques Alain Miller. Trans. Russell Grigg. New York: Norton. 1993.

_____. *The Seminar of Jacques Lacan Book 7*. 1959-1960. *The Ethics of Psychoanalysis*. Ed. Jacques Alain Miller. Trans. Dennis Porter. New York: Norton. 1992.

_____. *The Seminar of Jacques Lacan Book 11. The Four Fundamental Concept of Psychoanalysis*. Ed. Jacques Alain Miller. Trans. Alan

Sheridan. New York: Norton. 1978.

____. "Kant with Sade." Trans. James B. Swenson JR. *October*. 51(1989): 55-104.

MacCannel, Juliet Flower. "Facing Fascism: A Feminine Politics of Jouissance." *Lacan, Politics, Aesthetics*. Eds .Willy Apollon etc. New York: State University of New York. 1996, 65-99.

Roudinesco, Elisabeth. *Jacques Lacan :Outline of a Life, History of a System of Thought*. Trans. Barbara Bray. New York: Columbia University Press. 1997.

____. *Psychoanalysis?* Trans. Rachel Bowlby. New York: Colombia University Press. 2001.

Schipper, Kristofer. *The Taoist Body*. Trans. Koren C. Duval. Berkeley: University of California Press. 1982, 1993(Trans.).

Smith, Howard D. *The Wisdom of the Taoists*. A New Directions Book, 1980.

Wu, Kuang-Ming. *Chuang-Tzu: World Philosopher at Play*. Chicago: Scholars Press. 1982.

Young-Bruehl, Elizabeth and Faith Bethelard. *Cherishment: A Psychology of the Heart*. New York: Free Press. 2000.

Žižek, Slavoj. *The Metastases of Enjoyment: Six Essays on Woman and Causality*. New York, Verso. 1994.

4. 아퀴나스 미학: 조이스와 라캉

　라캉과 조이스의 공통점은 무엇일까. 난해하다는 것이다. 조이스가 18년 먼저 태어나 40년 먼저 죽었으나 두 사람은 모더니즘이나 초현실주의 등 유럽 아방가르드의 시대를 이끌고 또 영향을 받은 사람들이다. 실제로 라캉은 젊은 시절 조이스를 서점에서 우연히 만났고 그후『율리시즈』가 파리에서 출간되었을 때 그의 낭송을 듣기도 했다. 그 이후 라캉은 조이스의 책을 여러 권 들고 다녔다고 전해진다. 두 사람 모두 동시대에 살았고 난해한 것이 특징이다. 그러나 이런 문체상의 난해함을 헤치고 속을 들여다보면 그보다 훨씬 더 밀접하고 친근하게 닮은 점을 발견할 수 있다. 후배로서 라캉은 조이스를 흠모했다. 그리고 자신의 사상을 전개하는 과정에서 필연적으로 조이스와 만나게 된다. 둘은 닮은꼴이었기 때문이다. 무엇이 둘을 닮게 했을까. 프로이트의 리비도에 가까운 라캉의 개념, "주이상스"(jouissance)는 "조이스"(joyce)라는 단어가 잘못 튀어나온 말실수(slip of tongue)였을지도 모른다. 조이스 연구가인 자크 오베르(Jacques Aubert)는 1975년 파리에서 열린 조이스 국제 심포지움에서 라캉에게 기조연설을 부탁했다. 라캉은 이때 연설 제목이었던「증상으로서의 조이스」(Joyce le

Symptom)를 그 이듬해부터 조이스와 생톰(sinthome)이라는 주제로 개발하여 강의했고 이것은 세미나 제 23권으로 묶여 그의 후기 사상을 이해하는 데 필수적인 자료가 된다.

「증상으로서의 조이스」에서 라캉은 조이스의 실험 작품인 『피네건의 경야』와 에피퍼니(epiphany)라는 개념에 대해 주로 언급했다. 그리고 증상의 옛말인 "생톰"이라는 단어를 가지고 조이스의 에고를 네 번째 매듭으로 발전시킨다. 르네상스 후기에 그리스어원에서 다시 차용한 symptom이라는 단어 대신에 라캉은 중세 프랑스어인 sinthome으로 거슬러 올라가 조이스에 덧붙여서 세미나를 구성했다. 근대보다 중세를 선택한 점에서도 라캉과 조이스는 닮았다. 인간중심주의의 시작인 르네상스보다 그 이전 "신 중심의 시대"를 선호했고 이 시기의 신은 우주만물을 창조한 넓은 의미를 지닌다. 조이스 역시 자신의 미학을 중세의 아퀴나스에서 찾았다. 에피퍼니는 바로 만물 속에서 신의 얼굴을 보게 되는 순간이고 아퀴나스는 이것을 미의 세 번째 요소로 삼았다.

라캉은 조이스를 흠모하고 조이스처럼 동음이의어를 즐겼다. 프랑스어에서 증상과 생톰은 발음이 같다. 증상에서 생톰으로의 회귀는 사실 라캉과 조이스의 글쓰기 전체를 요약한 표현이라 해도 과언이 아니다. 근대 이전의 미학뿐 아니라 증상과 생톰의 관계는 라캉과 조이스의 관계를 설명하는 많은 비평가가 즐겨 논의하는 문자(letter)인가 문자의 태아(fetus)인 잡동사니(litter)인가라는 물음과 같다. 겉은 문자로 쓰였지만 그 속은 태아이고 겉조차 점점 문자에서 문자의 태아로 옮아가는 과정이 조이스와 라캉의 글쓰기이다. 조이스의 초기작품들은 사실주의 형식이므로 문자로 쓰였으나 에피퍼니를 통해 문자 속에 숨은 태아를 드러내고 후기의 실험 작품들은 글쓰기 그 자체가 이미 에피퍼니를 지닌 문자의 태아였다.

지금까지 거의 모든 비평가들은 라캉이 조이스와 생톰을 강의할 때 주로

『피네건의 경야』, 동음이의어, 그리고 '네 번째 매듭'을 연결했기 때문에 전기의 작품들에 나타난 에피퍼니 문제가 간과되는 점이 있었다. 라캉은 분명히 "조이스의 생톰은 에피퍼니다" 라고 언급했고 스스로 『젊은 예술가의 초상』과 『피네건의 경야』를 읽고 조이스 세미나를 시작한 것으로 되어있지만 (Ragland-Sullivan 47) 이상하게도 지금까지의 비평들은 사실주의 문체로 쓰인 작품들에 나타난 에피퍼니는 논의하지 않는다. 사실 조이스의 에피퍼니는 전기작품들에서 더 함축적으로 나타난다. 『더블린 사람들』이나 『젊은 예술가의 초상』에서 작가는 말놀음을 하지 않는다. 매끄러운 일상적 언어에서 현현은 작품의 내용이나 주제 속에 함축되어 다 읽은 후 독자에게 갑작스러운 순간 신비하게 다가오거나 작중 인물의 깨달음을 독자와 함께 나눈다. 조이스 자신이 언급했던 이 신비로운 경험은 전기의 사실주의 형식에서 더 자연스럽게 구현되어 있다. 그리고 후기로 갈수록 언어파괴나 동음이의어, 복합어 등 소위 비평가들이 문자의 태아라고 명명한 문체로 변한다. 에피퍼니가 드러나는 양식도 실험 작품들에서는 다를 수밖에 없을 것이다. 라캉과 조이스를 살펴볼 때 이 실험성과 비 실험성에서 에피퍼니가 각기 다른 양식으로 나타날 것이라는 가설은 중요하다. 증상은 서술의 형식이고 생톰은 그 결과 드러나는 숨은 깨달음인데 실험적 글쓰기에서는 증상 그자체가 이미 생톰을 드러내고 있기 때문이다.

   왜 조이스가 라캉의 증상이고 두 사람의 난해한 글쓰기는 어떻게 닮은 꼴인가, 증상과 생톰은 무엇인가. 증상의 개념, 에피퍼니와 생톰의 관계, 그리고 이런 논의의 바탕이 되는 토마스 아퀴나스의 미학, 그리고 마지막으로 조이스의 작품들 가운데 문체상의 실험이 아닌 전기 작품들에서 생톰이 어떻게 나타나는지 살펴보자. 중세 토마스 아퀴나스의 미학은 자연과 인간을 분리하지 않은 우주의 아름다움을 밝히는 것이 목적이었다.

잘 알려져 있듯이 조이스는 에피퍼니 개념을 아퀴나스에서 빌려온다. 그는 왜 아퀴나스로 회귀했고 이것은 정신분석을 인간중심에서 자연의 현상으로 넓히려 했던 라캉과 어떻게 연결될까.

조이스는 라캉의 증상이다.

딜런 에반스(Dylan Evans)는 그가 저술한 정신분석사전에서 라캉이 언급한 증상을 시기별로 다음과 같이 간추려놓은 적이 있다(203-204). 증상이란 겉으로 드러나는 어떤 증세다. 그러므로 분석은 그 증세의 원인을 해석하는 것이다. 도착증은 도착증적 행위로 드러나지만 신경증적 증상은 치유해도 다른 것으로 대치될 뿐이기에 치유는 제거가 아니라 그 증상과 동일시하는 것, 즉 증상을 즐기는 것이다. 증상은 언어처럼 구조되어있다. 증상은 은유다. 증상은 기표의 유희로서 수수께끼처럼 풀 수 없는 메시지다. 1962년부터 라캉은 증상을 해석될 수 없는 '순수한 주이상스'(pure jouissance)로 보았다. 1975년에 라캉은 생톰을 소개하면서 증상에 대한 언급을 마무리했다. 생톰이란 개인이 저마다의 방식으로 주이상스를 즐기는 환상의 핵이다. 라캉의 증상에 대한 에반스의 언급은 이처럼 조금씩 달라지는 것처럼 보이지만 사실 그 뿌리는 프로이트가 이미 밝힌 것이었다. 프로이트 역시 후기에 이르러 증상을 이전과 조금 다르게 해석했다. 라캉은 구조주의 언어학을 프로이트의 증상에 대입하여 증상이란 결코 해석해낼 수 없는 삶의 목적, 혹은 욕망의 대상 a (오브제 프티 아) 이기에 제거되지 않는 여분이라는 것을 강조했다. 증상은 은유처럼 보이지만 기표의 놀이와 같이 끝없이 자리를 옮기는 환유이기에 결코 제거되지 않는다. 그러므로 라캉은 정신분석자의 역할이 증상의 제거가 아니라 증상을 즐기도록 돕는 것이라고 말했다.

프로이트는 1926년 「금지, 증상, 그리고 불안」 Inhibitions, Symptoms, and Anxiety이라는 글에서 증상을 새롭게 정의했다(111-143). 불안(anxiety)은 신경증의 한 증상이라는 기존의 해석을 뒤집고 오히려 신경증이 불안을 피하려는 증상이라는 해석이다. 즉 불안은 인간이 태어나는 순간 자리 잡는 근원적인 생존의 조건이다. 아이는 어머니의 몸에서 분리되는 순간 울음을 운다. 자신의 힘으로 숨을 쉬어야한다는 고독한 존재임을 알리는 순간이다. 이때 자리잡는 불안은 그 후 아이가 언어를 배우고 타인의 존재를 인식할 때까지 착각의 상태로 지속된다. 유아기 혹은 상상계라 부르는 이 시기에 아이는 여전히 자신이 어머니와 한 몸이라는 착각 속에서 불안을 잠재운다. 이때 형성된 어머니의 이미지는 아이가 의식의 단계로 접어들어도 제거되지 않고 인간에게 투사되면 연인이고 어떤 대상에 투사되면 삶의 목표가 된다. 인간의 무의식, 혹은 불안은 결코 의식의 단계에서도 제거되지 않고 오직 대체될 뿐이다. 이것이 어머니의 대체물(mother surrogates)이라는 증상이다. 증상에는 꼬마 한즈의 '말 공포증'처럼 치료되어야 하는 것도 있고 연인이나 예술이나 이데올로기처럼 필요한 것도 있다. 그러나 어떤 증상이든지 증상은 대체는 가능하지만 제거할 수는 없다. 증상은 불안이라는 공허(void)를 메우기 때문에 환자는 그것에 매달린다. 그러므로 증상의 제거는 죽음이라는 텅 빈 무로 돌아가는 것이기에 분석자의 치유란 증상을 즐기게 만드는 것이다. 증상은 거세, 혹은 억압의 결과물이라는 것이 프로이트가 오토 랑크(Otto Rank)의 『탄생의 상흔』(The Trauma of Birth, 1924)에서 암시받고 새롭게 내린 정의이다. 오토 랑크는 불안을 탄생의 순간에 아이의 몸에 새겨지는 원초적인 상흔(trauma)으로 보고 삶이란 이 원초적 상흔으로 반복하여 되돌아가는 과정이라고 밝혔던 것이다.

라캉은 프로이트의 사상을 재해석하면서 조이스의 소설을 읽었고 그를 흠모했다. 라캉을 평생 동안 사로잡은 화두는 유럽을 뛰어넘어 동양을 포함하고, 인간을 뛰어넘어 자연을 포함하는 '전부가 아닌 이론'(not-all) 이었고, 조이스 역시 우주적 비전을 향해 비상하기 때문에 어떤 의미에서 라캉은 '젊은 분석자의 초상'이었다. 조이스는 라캉의 증상이었다. 메타언어를 거부한 라캉에게 정신분석은 지식이나 과학적 논리라기보다 문학 그 자체였다. 밀러(Jacques-Allain Miller)가 언급했듯이 분석도 언어처럼 구조되고 문학도 언어처럼 구조되기 때문에 정신분석 이론을 문학작품에 적용한다는 것은 적절한 표현이 아니다.

문학과 정신분석은 둘다 구조주의 언어관에서 보면 기표의 산물이요 기표의 유희이기 때문에 문학을 읽는 방식이 곧 정신분석 그 자체이다. 예를 들어 프로이트는 「모래인간」이라는 문학작품으로 '언캐니'(uncanny)라는 반복충동을 설명했고 라캉 역시 상상계와 상징계라는 중요개념을 문학을 통해 설명한다. 라캉에게 문학은 전통적 의미의 반영이나 모방이 아니기에 무의식에 의해 결정되는 것도 아니고 무의식으로 해결되는 것도 아니다. 예술은 욕망의 도발을 통해 독자를 끌어들이고 결국은 그 욕망을 낮추는 과정일 뿐 새로운 지식을 제시하지 않는다. 문학은 증상이요 인간이 몸의 존재임을 드러내는 기표다. 문학은 언어의 본래 얼굴이 주이상스임을 드러내는 증상이다. "증상은 기표이며 동시에 몸이다"(Garcia 27).

라캉의 세미나 가운데 문학작품을 분석한 글로는 조이스에 관한 것 외에도 포우의 「도둑맞은 편지」에 대한 라캉의 세미나와 『햄릿』의 분석이 잘 알려져 있다. 포우의 작품에서 라캉은 편지가 여왕에서 장관으로 듀팽으로 다시 여왕으로 자리를 바꾸는 것에 초점을 맞춘다. 편지는 텅 빈 기표이고 자리바꿈은 바라봄과 보여짐이 만나는 지점에서 발생한다는 기표의 유희는 포우의 단편을 빌어 상징계의 구조를 보여준 글이다. 이와 반대로 주체가 상징질서 속으로 진입하지 못하고 거세되지 않은 상태를 보여준 글이 『햄릿』 분석이다. 이 글에서 그는 상상계의 비극을 보여주고 욕망의 주체가 어떻게 탄생하는지 암시했다. 아버지의 복수를 미루는 햄릿의 심리는 상상계에 갇혔을 때 나타나는 '원초적 나르시시즘'(Primary Narcissism)이다. 그는 자신을 어머니와 동일시하기에 어머니의 연인인 삼촌을 죽이지 못한다. 삼촌은 어머니를 사랑하는 자신의 모습이기 때문이다. 이 원초적 나르시시즘 때문에 그는 삼촌이 원하는 것을 원한다. 삼촌의 음모로 배를 타고 죽음의 길을 떠나고 그가 펼쳐놓은 결투장에 임한다. 그리고 마지막 순간 레어티스의 독 묻은 칼에 맞으면서 비로소 상징계로 진입하여 아버지의 원수를 갚는다. 마지막 칼날을 거세의 상징으로 보고 욕망의 주체가 탄생하는 순간으로 읽은 것이다. 이처럼 라캉에게 문학작품은 증상이었다. 증상인 이상 문학은 언제나 분석자의 해석을 넘치고 해석은 반복될 뿐이다. 문학은 근원적 불안을 잠재우려는 어머니의 대체물이었다.

문학은 증상이지만 그렇다고 모든 문학이 라캉의 증상은 아니다. 문학 가운데 특히 라캉의 사유를 잘 보여주는 특정한 작품이 있고 시기별로 적절하게 들어맞는 작품들이 있다. 라캉의 연구자들에 의하면 그의 사상은 대략 다음과 같은 세 단계를 거치면서 변모한다. 세미나 제 10권까지는 상징계의 대타자와 무의식의 관계로서 욕망의 환유적 성격을 강조한다. 세미나 제 11권부터 20권까지는 두 번째 단계로 욕망의 주체보다 (죽음)충동과 실재계를 다룬다. 충동과 반복, 텅 빈 공허로서 대타자 주이상스, 그리고 무엇보다 주체가 충동을 어떻게 대면해야 파국을 피할 수 있는가에 초점을 맞춘다. 세상의 모든 창조물은 무에서 나왔다는 무로부터의 창조가 그의 지배적 사유다. 그러므로 이 시기에 그의 이론은 상징계의 승화와 환타지의 대상을 유지하고 있었다. 마지막 단계는 세미나 제 20권

이후의 마지막 단계로서 그 이전까지 유지해오던 보로메오 매듭이 해체된다. 세 개의 고리에서 네 개의 고리로 이행하여 소위 '네 번째 매듭'이 선을 보인다. 이 네 번째 매듭이론이 생톰으로서의 조이스문학이었다.

조이스 연구가이며 실제로 조이스 국제 심포지움에 참석했던 라바테(Jean-Michel Rabate)는 이런 변모를 다음과 같이 설명했다(2001a, 154-182). 라캉은 실재계, 상징계, 상상계가 하나로 묶인 (R-S-I) 보로메오 매듭을 1974년까지 지속했다. 세 개의 고리가 연결되어야만 정상적인 주체가 탄생한다. 그러나 1975년 오베르의 요청으로 심포지움에서 연설한 후 라캉은 네 개의 매듭이론을 제시했다. 심포지움에 관한 기사를 실으면서 신문은 'Joyce le Symbol'이라고 잘못 표기했고 이 일은 라캉에게 자극이 되어 다음 해부터 조이스 세미나를 하게 된다. 조이스 세미나에서 라캉은 네 개의 고리를 만들어내는데 이고리는 세 개의 매듭에서 상상계가 줄어들고 대신에 에고(ego)의 첫 글자인 E(혹은 시그마라고도 한다)가 상징계를 꽉 물고 있는 형태를 취한다. 조이스는 라캉이 자신의 마지막 이론을 완수하는 최후의 연인이었다.

프랑스어로 증상의 원래 표기법은 sinthome인데 이 단어는 동음이의어로 다음과 같은 의미를 갖게 된다. saint homme라고 표기하면 소리는 같지만 의미는 문학을 통한 속죄라는 뜻이 된다, 가톨릭 신부가 되기를 거부하고 속세의 신부인 예술가가 되려는 스티븐의 선택을 암시하는 부분이다. 루디네스코(Elizabeth Rudinesco)의 풀이에 의하면 증상의 고어인 생톰은 saint homme으로 표기되면 순교자 혹은 성자(holy man)의 의미를 지닌다. 순교자란 문학을 통한 속죄자를 뜻하는데 이것은 조국에 대한 조이스식 순교를 의미한다. "Home"은 영국으로부터 아일랜드의 독립을 원하는 구호인 "Home Rule"을 의미하기 때문이다. 또한 성자라고 말하면 에피퍼니를 의미한다. 현현의 원래 뜻은 동방박사 삼인이 하늘의 계시를 읽고 예수가 탄생한 마구간을 찾는 데서 나온 단어라고 한다. 이 뿐만이 아니다. 조이스의 미학에서 성인은 토마스 아퀴나스이다. St. Thomas 와 생톰은 동음이의다. 그러므로 조이스문학은 sinthomas aquinus이기도하다(371). 조이스가 아퀴나스가 말한 미의 세 번째 요소에서 에피퍼니라는 개념을 얻어오듯이 라캉은 증상의 고어인 생톰이라는 단어에서 에피퍼니를 얻어온다. 또한 생톰은 발음에서 saint homme이나 St. Thomas와 같기에 조이스의 글쓰기는 토마스 아퀴나스적 글쓰기가 된다. 그는 생톰적으로 글을 쓰고 아일랜드라는 조국을 아퀴나스의 방식으로 사랑했다는 것이다. 여기에서 sin은 죄를 의미하기에 속죄의 글쓰기가 되고 조이스 문학은 아일랜드라는 아버지를 거부한 죄를 속죄하는 글쓰기가 된다.

라캉과 조이스를 연결하는 비평가들 가운데 노부스(Dany Nobus)와 보르즈(Veronique Voruz)는 '문자' letter와 '문자의 태아' litter, (혹은 잡동사니)를 비교하면서 『피네건의 경야』를 논했다. 전기 작품들은 대부분 독서 후 독자의 깨달음을 유도하거나 작중인물의 깨달음을 독자가 함께 누리게 되는데 이 경우 에피퍼니는 내용을 전개하는 플롯 속에 함축되어 주제로서 전달된다. 반면에 문자의 형태가 파괴된 작품(litter)에서 언어는 상징질서에 정상적으로 진입하지 못하고 미숙아의 상태를 보여준다. 즉 언어가 생톰과 함께 나타난다는 것이다. 그렇다면 언어와 생톰이 함께 있는 litter의 경우 생톰의 정체는 무엇인가. 라캉은 litter를 몸의 언어, 혹은 주이상스가 보이는 언어, 혹은 사물의 실체를 그대로 보여주는 언어라고 말한다. 몸과 언어가 하나로 합쳐진 언어, 증상의 핵이 그대로 드러나는 언어가 생톰이라면 증상은 인간 삶의 언어요 생톰은 물질의 언어다. 정신분석에서 상징질서, 혹은 거세란 현실원칙으로 삶충동을 의미한다. 이에 비하여 억압되지 않은 언어는 충동의 언어요 만물이 모습을 드러내는 언어다. 증상의 핵인 생톰이란 죽음이요 무위자연이다. 에피퍼니란 만물의 실체가 무임을 드러내는 순간의 깨달음이다. 삶충동과 죽음충동은 하나의 리비도이다. 그런데 문자는 삶 충동의 실현이고 문자 이전의 태아, 혹은 한배 쌍둥이의 잡동사니litter는 삶과 죽음이 함께 있는 주이상스의 언어이다. 죽음충동이 얼굴을 드러내는 해골의 글쓰기이다. 이것이 무로서의 창조(creation ex nihilo)라고 부르는 증상으로서의 글쓰기이다.

증상은 삶충동이요 생톰은 죽음충동이다. 증상은 아무 것도 아닌 것이 환타지의 대상인 절대적인 대상으로 나타나는 것이고 생톰은 그 대상의 실체인 무위자연이다. 증상은 욕망의 대상이고 생톰은 충동의 대상이다. 라캉의 이론은 욕망에서 충동으로 옮아가고 이때 실재계(the Real)라는 용어가 등장한다. 조이스의 생톰은 실재계 논의가 있은 후에 시작되지만 실재계와 필연적으로 연결되어있다. 조이스의 에피퍼니를 이해하는 것은 곧 라캉의 실재계를 이해하는 것이다. 라캉의 실재계가 조이스의 에피퍼니라면 둘을 하나로 연결 짓는 매개자는 누구인가. 생토마(St. Thomas)인 토마스 아퀴나스이다.

아퀴나스의 미학과 에피퍼니

토마스 아퀴나스는 중세 신학자였다. 신학자가 어떻게 미에 관해 깊은 사유를 할 수 있었을까. 얼핏 생각하면 이상한 느낌이 들지만 그것은 오늘날 미학이 종교와 너무나 분리되었기 때문에 느끼는 감흥이다. 철학은 여전히 미학과 깊은 관련을 맺지만 종교가 미와 분리된 것은 근대의 산물이다. 어린 시절 조이스는 애국자였던 파넬이 여자문제로 반역자가 되는 것을 보았고 이것은 후에 스티븐 디달러스의 저항으로 이어진다. 아일랜드의 캐톨릭이 인간의 감흥을 지나치게 억압하고 욕망을 체벌로 다스리려고 한 것은 종교와 미가 분리 된 예들이었다. 일상에서 천상의 미를 찾으려했던 스티븐은 종교와 철학과 미가 하나였던 아퀴나스로 귀환한다. 중세 미학은 종교와 철학과 미가 하나였고 진, 선, 미를 구별하지 않았기에 근대미학과 달리 폭넓은 우주의 철학이었다. 자연과 동물, 인간과 대지가 하나였고 그 속에서 제각기 조화를 이루고 사는 것이 아름다움이었기에 미는 우주의 구성원리요 신의 뜻이 이루어진 현장이었다. 이런 맥락에서 신학자였던 아퀴나스가 미학을 논의한 것은 조금도 이상한 것이 아니었다.

신과 미가 하나였던 중세 미학에서 예술은 대상을 구조하는 기법일 뿐 특별히 아름다워야 하는 것은 아니었다. 마음을 기쁘게 하는 모든 것, 마음을 평화롭게 하는 모든 것이 미다. 아퀴나스의 미는 동물적인 충동을 만족시키거나 유용성과는 전혀 상관없는 폭 넓은 미학이었기에 마음을 가라앉히는 무심함(disinterest)의 미학인 것에서 아리스토텔레스나 칸트의 미와 같고 그런 우주의 조화가 반드시 대상을 향하고 형식 안에서 이루어진다는 점에서도 그 두 사람의 견해와 같다. 다만 아퀴나스는 인간의 창조물은 자연보다 더 아름다운 대상이라고 생각하지 않았다. 미적 감상의 대상을 인간의 창조물로 제한하고 자연의 미보다 인공적 미가 더 우월하다고 본 것은 근대의 산물이었다. 조이스가 근대를 뛰어넘어 아퀴나스로 향한 것은 그의 예술이 특정 국가, 종교, 이념을 넘어 우주를 지향했던 것과 같은 맥락이다.

우주의 생성원리가 미였기 때문에 아퀴나스의 미는 넘침이나 모자람이 아닌 절제와 균형과 조화였다. 이런 의미에서 중용을 미덕으로 삼은 고전 미학과 같다. 미의 형식은 질서와 균형과 조화가 인간에 의해 깨어지고 비극이 시작된 후 다시 우주가 하나로 통합되고 조화와 통일성을 되찾는 과정이었다. 이때 반드시 인간의 깨달음과 앎이 뒤따른다. 인간의 본능

속에는 늘 넘치려는 충동이 있어 우주의 균형을 깨트리는 오만을 낳는다. 진정한 기쁨과 평화는 신의 뜻을 따르는 길이고 그 길은 균형과 조화와 통일성이었기에 미는 우주의 섭리였다. 조이스가 스티븐의 말을 통해 전하듯이 미는 진과 선이 드러나는 방식이고 인간에게 지혜를 전하는 매개였다.

조이스는 『젊은 예술가의 초상』에서 아퀴나스미학을 기쁨을 주는 모든 것, 보고 듣는 모든 것이 미이고 그것은 진리요 선이라고 표현한다. 그러므로 미의 형식은 인간의 감각을 무시하지 않고 감각을 통해서 진리를 드러낸다. 이것을 깨닫는 순간이 아퀴나스 미학의 세 번째 요소인 '명징함'이라는 에피퍼니이다. 아퀴나스는 미의 세 가지 요소를 이렇게 정의한다.

> 미에는 세 가지 요소가 필수적이다. 첫째, 일관성 혹은 완벽함이다. 일관성이 결여된 것은 이런 이유로 추하다. 그리고 두 번째는 균형 혹은 조화이다. 그리고 마지막으로 명징성이다. 색깔이 밝게 빛날 때 우리는 아름답다고 말하기 때문이다(Eco 65).

스티븐은 바구니의 예를 들어 아퀴나스의 미에 대해 친구와 토론하는데 바구니가 지닌 다른 사물과의 조화와 바구니 그자체가 지닌 균형의 미를 강조한다. 통일성, 균형, 깨달음의 지혜는 반드시 미적 형식을 통해 드러나며 균형이라는 하나의 단어로 요약될 수 있다. 이것은 우주만물을 서로서로의 관계 속에서 바라보는 사유다. 타자와 조화를 이루면서 넘치거나 모자람이 없이 충만한 상태, 이것이 아퀴나스의 아름다움이요 이런 신의 원리를 형식을 통해 감상자가 깨우치는 순간이 현현이라는 미의 세 번째 요소이다. 말하자면 조화와 균형은 미적 형식이요 우주 만물의 본질인 것이다(69). 아퀴나스 미는 이처럼 만물이 존재하는 방식이요 신의 의지가 만물의 형식으로 나타나는 것으로 중세에 가장 널리 퍼진 미의 개념이었다. 그리고 이런 개념은 고전미학인 그리스 시대의 미덕이기도 했다. 여기에서 균형이란 두 개의 상반되는 것이 서로 조화를 이루는 것을 말한다. 이 균형은 형이상학적 균형으로 미와 추, 선과 악, 밤과 낮 등 만물이 조화를 이루는 것이다. 신의 창조물들은 닮은 것과 다른 것들로 무수히 태어나고 죽고 다시 태어나는데 이 생성의 원리는 서로 상반되는 것들이 조화를 이루어야만 가능하다. 신은 무에서 유를 창조한다. 물과 불, 하늘과 땅, 밤과 낮, 남성과 여성 등, 신의 창조물은 정 반의 관계 속에서 영원히 생성한다(83). 이 진행과정으로서 균형의 중요성을 이해하는 것이 아퀴나스 미학이고 조이스가 그의 문학에서 표현하려했던 예술의 본질이었다. 현현이란 결핍도 아니고 넘침도 아닌 우주의 섭리를 미의 형식을 통해 드러내는 계시와 통찰이다. 통찰과 깨달음은 어둠을 밝히는 빛이었다. 현현(claritas)을 빛과 명료함의 의미로 해석하는 것은 바로 통찰과 깨달음이었기 때문이다(a light which shows things forth 104). 미는 진리가 드러나는 방식이요 선을 실천하는 기쁨이었다. 아퀴나스가 제시한 미의 세 요소는 이후 우주의 아름다움과 조화를 진 선 미의 세 요소로 표현하게 된 근원이라고 볼 수 있다.

그러면 이제 아퀴나스의 현현, 혹은 조이스의 에피퍼니가 어떻게 라캉의 실재계(혹은 생톰)와 닮았는지 보자.

라캉은 에피퍼니를 두 개의 경험 속에서 드러난 틈새, 혹은 "무의식이 실재계와 매듭지어진 것"이라고 표현한다. 보르즈(Veronique Voruz) 역시 "무의식이 무에 닿는 것"이 생톰이라고 말한다. 무의식을 상상계라고 볼 때 상상계와 실재계가 연결되고 상징계가 빠진 것이 에피퍼니다. 상상계란 의식이전, 언어의 세계로 진입하기 이전이라는 가설의 영역이다. 이 가설이 중요한 것은 우리가 느끼고 살아가는 현실에서 꼭 필요한 삶의 조건인 환상을 제공해주기 때문이다. 상상계란 이상적 자아인 이마고가 형성되는 시기다. 이때의 이마고는 인간이 성장하여 현실 속에서 살아갈 때 삶에 목적을 부여한다. 즉 환상이 투사된 자아이상(대상 a, 혹은 오브제 프티 아)이 되는 것이다. 만일 상상계에서 이마고가 형성되지 않으면 상징계에서 온전한 꿈을 지니지 못한다. 그리고 상상계의 이마고가 삶의 목적이 되려면 반드시 상질 질서에 의해 억압이 일어나야 한다. 억압이 일어나지 않으면 사이코적 증상이 나타난다.

착각의 시기에 형성된 이마고가 훗날 삶의 목적이 되므로 그 목표물이란 환상이 투사된 허상이다. 절대적 대상이지만 그 실체는 아무 것도 아닌 이것이 실재계다. 승화(sublimation)란 허상을 절대적인 것으로 숭고하게 만드는 것이기에 목표물은 잡으면 아무 것도 아닌 것으로 드러난다. 아무것도 아닌 무가 모든 것인 양 보이기에 우리는 현실의 어려움을 헤치고 그 대상을 얻으려고 노력하는 것이다. 이 절대허상이 실재계이다. 우주 만물을 낳는 텅 빈 대지, 거대한 공허(Void)가 실재계이다. 프로이트의 용어로 리비도의 목적지인 죽음이라는 대타자이다. 실재계는 절대 허구(Supreme Nothing) 혹은 무(nonbeing)라는 불가능성이다.

무의식이 실재계와 맞닿는다는 것은 환상의 베일이 걷히고 환상의 핵인 해골이 드러나는 것을 의미한다. 상징계에 의해 승화되었던 베일이 걷히면서 대타자가 본래 모습인 무를 드러내는 것이 상상계가 실재계에 닿는 순간이다. 그리고 이 순간이 빛의 계시요 우주의 본 모습을 통찰하는 순간인 에피퍼니다. 라캉이 1976년 세미나에서 언급한 에피퍼니의 정의를 들어보자.

> 에피퍼니는 언제나 실재계라는 환상적인 것과 연결된다. 조이스 자신은 그것을 다른 방식으로 말하지 않는다. 에피퍼니는 오류 덕분에 무의식과 실재계를 묶어주는 어떤 것이라는 게 아주 분명하다. 그리하여 에피퍼니는 실재계와 상징계가 고리에서 서로 연결되는 지점에 위치한다(필자의 줄임, Morel, 27에서 재인용).

에피퍼니가 만물의 생성원리인 절대 허구를 드러내는 것이라면 그것은 실재계 혹은 생톰과 다르지 않다. 증상은 우리가 살기 위해 의지하는 절대적 대상이고 생톰은 증상의 핵인 무이기 때문이다. 생톰은 증상의 핵인 실재계이다. 즉 nonbeing이다(Thurston, 157).

이제 논의를 요약해본다. 아퀴나스의 미의 세 번째 요소인 명징함은 조이스의 에피퍼니이고 라캉의 실재계이며 생톰은 이 모든 것을 한꺼번에 함축하는 용어다. 생톰은 아퀴나스이고 아일랜드를 사랑하는 순교자 조이스이고 만물의 생성원리인 무를 드러내는 에피퍼니다. 조이스의 에피퍼니와 라캉의 생톰은 다음과 같은 루디네스코의 요약에서 서로 만나는 것이다. 에피퍼니란 일상 속에서 갑작스레 언어나 기억할만한 문구나 행위로 옮겨져 나타나는 정신적인 현현이다. 그것은 일상 속에서 어느 순간 갑자기 밝아지면서 사물의 본 모습을 그대로 드러내는 텅 빈 유령이다(Rudinesco 371).

아퀴나스 식 글쓰기, 혹은 증상으로서의 글쓰기

조이스의 단편, 「짝패들」(Counterparts), 중편 「죽은 자들」(The Dead), 그리고 장편 『젊은 예술가의 초상』을 통해 현현의 순간을 느껴보자. 이 세 작품은 지금까지 논의한 아퀴나스적 글쓰기를 잘 드러내는 조이스의 작품들로 생각된다.

단편 "Counterparts"라는 제목은 우리말로 옮길 마땅한 단어를 찾기 어렵다. 사전을 찾으면 "서로 너무나 닮아 착각할 정도의 어떤 것, 혹은 보완관계, 뗄 수 없는 상관관계"(something so like another as to be mistaken for it. something complementary to or correlative of another)라고 나온다.

제목의 의미를 분명히 하기 위해 서술 속으로 들어가 보자. 파링튼은 키가 크고 검고 붉은 피부에 눈망울이 튀어나온 등치 큰 남자다. 시내의 사무실에서 서류를 베끼는 일을 하는데 일이 느려서 상사의 독촉을 받는다. 그는 모욕감을 느끼면서 술 생각을 하고 마침내 서류 두 장을 슬쩍 감춘 뒤 퇴근한다. 자신에 대한 불만과 상사에 대한 증오심에 가득 차서 그가 달려가는 곳은 쾌락을 배출할 술집이다. 집에는 아내와 애가 다섯이나 되기에 늘 돈에 쪼들리는 그는 전당포에서 돈을 빌려 술을 마신다. 술이 취한 후 멋진 여자와 눈이 마주치지만 그녀는 가버리고 젊은이와 팔씨름에서 두 번이나 진다. 사무실의 상사, 멋진 모자 쓴 여자, 힘센 젊은이에게 모두 패배한 그는 굴욕감과 증오심을 풀지 못하고 집에 가서 아내에게 화풀이를 하려 하지만 아내조차 성당에 가고 없다. 드디어 불을 꺼뜨렸다는 핑계로 저녁식사를 준비하려는 아들을 지팡이로 마구 때린다. 아들은 공포와 고통 속에서 아버지를 위해서 성모를 위한 기도를 해주겠다고 소리치고 단편은 끝난다. 무슨 이야기일까.

파링튼은 증오와 폭력의 상징이다. 사회가 배출하고 그 자신이 보탠 복수심과 악의 상징이다. 프로이트가 말한 문명 속의 불만이다. 문명은 아들들이 폭력적인 아버지를 죽이고 질서를 위해 세운 토템이다. 그러므로 질서를 위한 제도와 법과 종교의 이면은 쾌락과 폭력과 증오이다. 선보다 악이 먼저 있었고 선과 악은 동전의 양면처럼 뗄 수 없는 관계이다. 니체가 말했듯이 악이 선의 일부가 아니라면 악은 이미 세상에서 자취를 감추었을 것이다. 아버지의 폭행과 증오에 대응하는 아들의 기도는 바로 악에 대응하는 선이고 이 둘은 너무나 닮았다. 글자 그대로 짝패다. 기도는 폭력에 대한 두려움에서 나오지만 그 둘은 한 뿌리에서 나왔기에 뗄 수 없이 하나이다. 이것이 보완관계다. 프로이트와 니체가 이어받았듯이 아퀴나스는 파괴와 건설의 양면, 선과 악의 균형을 우주의 섭리로 보았다. 악이 선의 이면이요 이 둘이 뗄 수 없는 양면이라면 평화는 이 둘의 균형에서 찾아야 한다는 것이다.

사랑의 반대는 증오가 아니라 무관심이고 악의 반대는 선이 아니라 "믿음"이라는 말은 아버지 파링튼의 폭력에 대응하는 아들의 찬송이 하나의 짝패를 이루기 때문이다. 문명이 폭력의 짝패일 경우 문명이 지나치면 테러가 되고 종교가 지나치면 폭력이 된다. 악을 제거하려던 선이 오히려 악이 되는 예를 역사는 끊임없이 보여준다. 절제 없는 자유도 위험하고 자유 없는 절제도 위험하다. 이 단편에서 아버지의 폭력과 아들의 기도는 서로 반대이지만 뗄 수 없이 하나이고 에피퍼니는 독자가 마지막 장면을 읽고 나서 합성해내는 통찰이요 깨달음이다. 이와 달리 독자가 작품 속에서 주인공과 함께 에피퍼니를 나누고 주인공의 깨달음에 동참하는 경우를 중편, 『죽은 자들』에서 느껴본다.

가브리엘은 아내와 함께 매년 열리는 미스 모건의 파티에 참석한다. 그는 대학에서 영문학을 가르치고 신문에 신간 서평도 쓰는 내성적인 지식인이다. 그는 파티에 참석한 사람들과 대화를 하는 가운데 아일랜드의 민족주의를 강력히 지지하는 미스 아이보즈와 부딪친다. 그녀의 질책에 가브리엘은 문학이 정치보다 우위라고 말해주려다 참는다. 자기 나라도 모르면서 남의 나라를 여행하려한다고 다시 질책을 받자 그는 드디어 "나는 우리나라에 진절머리가 나요"라고 소리친다. 그는 전통에 얽매이지 말고 오늘을 위해 살자는 멋진 연설을 하고 음식을 나누고 파티가 끝난다. 그때 가브리엘은 이층 발코니에 살짝 기댄 채 들려오는 노래에 귀를 기울이며 생각에 잠긴 아내의 매혹적인 모습을 보게 된다. 결혼 후에 잊고 지낸 아내의 아름다운 모습이 그의 열정을 새삼 끌어내면서 아내와 멋진 밤을 보내야겠다고 마음먹은 그는 서둘러 호텔로 간다. 그러나 도착한 아내는 열정의 밤을 꿈꾸는 그에게 과거의 아픈 사랑이야기를 들려준다.

그녀가 생각에 잠겨 듣던 노래는 그녀를 사랑했지만 폐병으로 죽은 연인 마이클 퓨리가 불러주던 노래였다. 가브리엘의 열정은 차갑게 식지만 그 대신 아내의 잠든 모습과 창 밖에 쌓이는 흰 눈을 바라보며 그의 눈에 눈물이 고인다.

> 가브리엘의 눈에 너그러운 눈물이 고였다. 그는 결코 한 번도 어떤 여자에게 그렇게 느껴본 적이 없었으나 그런 감정이 사랑이라는 것을 알고 있었다. 눈물이 눈에 흥건히 고인 채 그는 그늘진 어둠 속에서, 눈에 잘 띄는 나무 아래에 서 있는 한 젊은 청년의 형상을 상상해보았다. 다른 형상들이 다가왔다. 그의 영혼은 한 무리의 죽은 자들이 살고 있는 곳에 가까이 간 것이다. 그는 이리저리 빗나가고 흔들리는 그들의 존재를 의식은 했지만 붙잡지는 못했다. 그 자신의 정체성은 흐릿한 잿빛 세상 속으로 사라져갔다. 다시 말하면 이 죽은 자들이 한때 자라고 살았던 견고한 세상은 용해되어 점점 작아졌다(220).

열망과 동경이 좌절되면서 가브리엘이 잠든 아내의 얼굴에서 느낀 것은 타오르는 정욕이 아니라 타인에 대한 이해와 사랑이었다. 아내의 과거에서 아픔을 느끼게 되고 그의 이해는 아내를 사랑했던 남자에게 까지 확장된다. 인간에 대한 보편적 이해와 사랑에 도달한 그는 이제 하얀 눈이 산자와 죽은 자에게 똑같이 쌓이는 것을 바라본다. 이것이 에피퍼니의 순간이다.

가브리엘의 깨달음은 독자에게 전달되어 영혼을 넓혀주고 또 다른 에피퍼니를 선물한다. 아내의 가장 매혹적인 모습은 바로 죽은 자가 부르던 노래를 듣던 순간이고, 죽은 자를 생각하던 순간의 자태였다. 열정의 본질은 시체였다. 욕망의 대상은 그 본질이 죽은 자, 해골이었다. 증상의 핵은 죽음이라는 생톰이었다. 모든 동경의 부질없음을 깨닫는 것에서 한 걸음 나아가 절대허구를 깨닫는 순간이다. 대상의 본질은 무요 만물의 본질이 무라는 깨달음이다. 열정의 이면은 텅 빈 무였다. 열망과 죽음의 균형, 뜨거움과 차가움의 공존이 가브리엘과 독자가 나눈 우주의 섭리였다. 가브리엘이 경험한 숭고한 순간은 인간을 넘어 만물의 실재와 만나는 순간이었다. 그리고 이 명징한 실재가 아퀴나스가 말한 미의 세 번째 요소다.

『젊은 예술가의 초상』은 이런 명징한 순간을 한권의 장편 속에 담고 있다. 아일랜드의 종교와 민족주의를 넘어 우주의 섭리를 깨닫고 예술가로서의 소명을 얻어가는 주인공 스티븐은 다분히 조이스 자신의 모습이다. 종교(선), 진리 그리고 미의 분리는 예술가로서 스티븐이 벗어나야 하는 편협함이었다. 어릴 적에 경험한 수도원학교의 엄한 체벌과 그토록 기다리던 크리스마스 디너가 정치와 종교의 싸움으로 엉망이 되는 것을 경험한 스티븐은 순응적인 테니슨보다 반항적인 바이런을 더 위대한 시인이라고 믿는다. 그는 육체를 죄악시하는 종교의 억압에 한 순간 고해를 통해 죄를 벗어나려 하지만 결국은 죄를 짓고 함정에 빠지는 것이 인간적이라는 것을 깨닫는다. 그가 외부의 압력에 굴하지 않고 예술가로서 소명과 우주적 비전을 얻게 되는 것은 바닷가에서 한 소녀의 서 있는 모습을 보는 순간이었다. 이 장면이 에피퍼니라는 것은 이미 많이 언급되었기에 새삼스러울 것이 없지만 아퀴나스의 미와 생톰의 측면에서 잠깐 살펴볼 필요는 있다. 스티븐은 바닷가에 서 있는 한 소녀를 바라본다. 그녀가 치마를 엉덩이 부근까지 말아 쥐고 서 있는 모습은 마치 새와 같았다. 끝없이 펼쳐진 바다는 생명의 원천이요 천천히 흘러가는 구름은 자유를 상징한다. 그리고 아름다운 소녀는 새가되고 스티븐에게 비상의 즐거움을 선물한다. 인간과 동물과 자연이 분리되지 않고 조화를 이루는 광경(infrahuman odour of the sea 167)에서 스티븐은 소명의 소리를 듣는다 (168-170).

스티브니포로스!
　죽음의 몸체로부터 흔들리는 수의들이 아니고 그들이 무엇이었을까 – 밤낮으로 그가 걸으면서 느꼈던 두려움, 그를 에워쌌던 불안, 그를 안팎으로 부끄럽게 만든 수치심인 바로 그 무덤을 덮은 고운 천인 수의들이 아니고 무엇이란 말인가(170).

　스티븐이 바닷가에서 느낀 기쁨과 고양됨의 실체, 그를 부르는 소명은 바로 수많은 죽은 자들의 부름이었다. 바닷가에 떠밀려온 해초와 잔물결과 태양의 빛깔은 그에게 죽음이 부르는 소리가 되고 부활의 상징이 된다. 바다는 만물이 하나 되고 끝없이 생성하는 근원이라는 깨달음이었다. 그 불변의 진리가 다름 아닌 예술가가 그려야 할 미였다. 소녀의 모습에서 새를 본 것은 인간과 동물이 하나인 것뿐 아니라 자유로운 비상을 의미했다. 죽음의 장소가 곧 탄생의 장소라는 진리는 스티븐이 아일랜드를 사랑하는 방식이 된다. 아일랜드가 던진 그물을 넘어서는 방식으로 아일랜드를 사랑하겠다는 역설의 진리다. 인간은 자연의 일부이기에 오히려 죄를 지음으로써 인간임을 긍정하는 예술가로서의 소명이 스티븐이 깨닫는 통찰이요 기쁨이었다. 바다와 소녀와 새는 그에게 바이런과 같이 아버지의 이름을 거부하는 힘을 그에게 준 것이다. 그는 에피퍼니를 통해 관조와 평화를 경험한다. 미는 정욕과 증오를 부추기는 것이 아니라 그것을 가라앉혀서 마음을 맑게 정화시키는 것이고 자연스럽게 우리를 선으로 인도한다. 이것이 조이스가 스티븐을 통해 전달하는 마음의 매혹이요 (Enchantment of the heart), 천상의 삶에 이르는 황홀경이다(ecstasy of seraphic life). 아퀴나스의 미학은 예술은 즐거움을 주는 모든 것 – 그것이 보는 것이든 듣는 것이든 – 을 경험하는 것이었고 그것은 조이스와 라캉이 함께 나눈 미의 역할이었다.

맺음

 지금까지 라캉과 조이스가 어떻게 아퀴나스의 미학을 통해 서로 만나는지 살펴보았다. 라캉이 조이스와 닮은 점을 조이스의 에피퍼니와 라캉의 실재계(혹은 생톰)를 통해 알아보았다. 조이스가 왜 라캉의 증상이었고 자신의 이론을 조이스의 문학으로 매듭지으려 했는지 만물의 보편성에 이르는 과정을 통해 살펴보았다. 조이스의 권위 있는 전기 작가인 엘만(Richard Ellmann)은 조이스가 아퀴나스의 미학을 예술작품으로 승화하는 부분을 언급하면서 미가 추함을 포함한다고 인정했던 적이 있다 (..... he insists that beauty may often include what is commonly termed ugly 190). 우리가 라캉의 실재계와 조이스의 에피퍼니의 닮은 점을 살펴보면 엘만의 이 언급은 너무도 당연하게 느껴진다. 추함과 아름다움의 조화, 선과 악의 균형, 탄생과 죽음의 공존, 나아가 인간과 자연이 균형과 조화를 통해 영원히 생성한다는 우주의 섭리는 라캉과 조이스가 각기 이론과 예술에서 이루려고 했던 최후의 목표였다. 근대는 인간을 자연에서 해방하고 이성을 동물의 본능보다 우월하게 보아 문명을 창조하려 했다. 이것을 이해하면서도 그 문명이 언제나 불만을 품고 선은 악을 제거할 수 없다는 것을 라캉과 조이스는 통찰하고 있었다. 그 두 사람이 서로 공감했던 것은 자연과 인간의 평화로운 공존을 위해 근대를 뛰어넘어 아퀴나스로 탈출하는 것이었다.

 아퀴나스 미학은 균형과 조화에서 기쁨을 느끼는 미학이다. 인간 역시 자연과 조화를 이룰 때만이 기쁨과 숭고함을 맛볼 수 있다. 라캉이 정신분석을 심리의 차원을 넘어 자연과 조화를 시도하려 한 것은 산업사회의 도착적 현상이 인간의 질병을 부르고 엔트로피를 가속하여 불행한 지구의 미래를 불러올 것이라 예감했기 때문이다. 인간을 다시 자연과 연결시키려고 그가 시도한 소크라테스 이전의 그리스 자연철학과 중세로의 회귀는 아퀴나스미학에서 근대의 편협한 중심주의를 벗어나려했던 조이스의 회귀와 다르지 않았다. 조이스 역시 그리스 문학(율리시즈)과 중세로 회귀하여 인간중심의 문명에 대안을 모색했기 때문이다.

핵심단어(Key Word)
증상(symptom), 생톰(sinthome), 주이상스(jouissance), 토마스 아퀴나스, 에피퍼니, 실재계(The Real), 라캉, 조이스, 『더블린 사람들』, 『젊은 예술가의 초상』, 프로이트

참고 문헌

Aubert, Jacques. *Joyce Avec Lacan*. Paris: Navarin Editeur. 1987.
Eco, Umberto. *The Aesthetics of Thomas Aquinas*. Trans. Hugh Bredin. Cambridge: Harvard University Press. 1988.
Ellmann, Richard. *James Joyce*. Oxford: Oxford University Press, 1959, 1982.
Evans, Dylan. *An Introductory Dictionary of Lacanian Psychoanalysis*. New York: Routledge. 1996.
Freud, Sigmund. "Uncanny." *Standard Edition*, 17(1919): 217-252.
____. "Inhibitions, Symptoms, and Anxiety." *Standard Edition*. 20(1926): 111-143.
____. "Civilization and Its Discontents." *Standard Edition*. 21(1930): 64-145.
Garcia, German. "Psychoanalysis and Literature." *lacanian ink*. 1.2(1990): 54-57.
Joyce, James. *A Portrait of the Artist as a Young Man*. New York: Penguin Books. 1916.
____. *Dubliners*. New York: Penguin Books, 1914(original), 1957, 1975.
Lacan, Jacques. *The Seminar of Jacques Lacan Book 2*, 1954-1955. Ed.

Jacques Alain Miller. Trans. Sylvana Tomaselli. Cambridge: Cambridge University Press. 1988.

Miller, Jacques-Alain. "Lacan's Later Teaching." *lacanian ink*. 21(2003): 4-41.

Morel, Genevieve. "A Young Man without an Ego: A Study on James Joyce and the Mirror Stage." *Art, Sublimation or Symptom.* Ed. Parveen Adams. New York: Other Press. 2003, 124-145.

Nobus, Dany, "Illiterature." *Reinventing the Symptom: Essays on the Final Lacan*. Ed. Luke Thurston. New York: Other Press. 2002, 19-44.

Rabate, Jean-Michel. *Jacques Lacan: Psychoanlysis and the Subject of Literature*. New York: Palgrave. 2001.

____. *James Joyce and the Politics of Egoism.* Cambridge: Cambridge University Press. 2001.

Ragland- Sullivan, Ellie. "Psychosis Adumbrated: Lacan and Sublimation of the Sexual Divide in Joyce's *Exiles*." *JJQ*. 29.1(1991): 47-62.

Rudinesco, Elizabeth. *Jacques Lacan: Outline of a Life, History of a System of Thought*. Trans. Barbara Bray. New York: Columbia University Press. 1997.

Thurston, Luke. "Ineluctable Nodalities: On the Borromean Knot" *Key Concepts of Lacanian Psychoanalysis.* Ed. Dany Nobus. New York: Other Press. 1999.

Voruz, Veronique. "Acephalic Litter as a Phallic Letter." *Reinventing the Symptom.* 111-140.

인간과 사회

5. 꿈을 꾸는 주체:
"아버지 제가 불타고 있는 게 안 보이세요?"

밤늦도록 조선시대 말기 어느 화가의 삶을 다룬 영화를 가물가물 보다가 퍼뜩 꿈에서 깨어나듯 정신이 드는 대목이 있었다. 늦가을 쌀쌀한 저녁 하늘에 기러기들이 떼지어 어디론가 날아가는 것을 바라보던 늙은 화가의 눈가에 눈물이 빤짝인다. 그리고 이어서 창이 구성지게 들리는데….

꿈이로다, 꿈이로다, 모두가 꿈이로다
떠돌아도 꿈 속이요, 이내 자신이 꿈이로다,
꿈 깨이니 또 꿈이요, 깨인 꿈도 꿈이로다.
꿈에 나서 꿈에 살고, 꿈에 죽어가는 인생
……깨려거든 꿈은 꾸어서 무엇을 할 꺼나.

이 따스하고 슬픈 꿈 이야기가 우리에게만 있는 정서는 아니다. 난해하기로 소문난 자크 라캉의 글을 가물가물 되씹다보면 어느 순간 퍼뜩 정신이 드는 때가 있다. 그도 역시 삶이 꿈이라고 계속 말하고 있기 때문이다. 라캉이 살아 생전에 『에크리』 이후 처음으로 펴낸 책은 사위 자크 알랭 밀러가 편집한 세미나 11권이다. 그리고 이 책은 꿈에 관한 이야기다. 『정신분석의 네 가지 기본 개념』이란 제목의 이 책은 1964년경에 그가 했던 세미나의 글들을 거의 십 년이 지난 1973년에 모은 것이다. 그는 왜 그렇게 늦게야, 아니 자신의 살아생전에 거의 출판을 하려들지 않았을까. 루디네스코에 의하면 라캉은 늘 누군가가 자신의 세미나 내용을 훔쳐갈까 봐 두려워했고 이것이 출판 거부의 이유 가운데 하나일 것이라고 암시한 적이 있다. 예를 들어 『앙티 오이디푸스』에서 들뢰즈는 "욕망하는 기계"라는 용어를 사용하는데 바로 그것이 자신의 것이었다고 라캉이 섭섭히 느꼈다는 것이다(Rudinesco 348). 그러나 라바테(Jean-Michel Rabaté)가 언급하듯이 라캉은 지식이 상품화되는 것이 싫어서 자신의 글들을 출판하지 않았을 가능성이 더 크다. 그는 대학에서 생산되는 지식담론이 상품화되어 빠르게 순환되는 것을 싫어했다(Rabate 3). 상품의 순환주기를 늦추듯이 지식의 순환주기도 늦추고 싶었기에 예순이 훌쩍 넘어 출판사의 권유로 『에크리』를 출간했다. 사후 25년이 되어가는 현재 그의 사위인 자크 알랭 밀러는 여전히 생전의 세미나들을 아주 천천히 조금씩 출판하고 있다. 반쯤이나 출간되었을까. 마치 천천히 재해석되어 길게 살고 싶다는 삶충동을 반영하는 것 같다. 세미나 11권은 바로 그런 책이다. 상품의 순환주기를 늦추는 일은 바로 강박적인 반복충동을 늦추는 일이요, 그 일을 실재계의 기능으로 본 것이 이 책의 중심 논제이다.

세미나 11권에 라캉이 숨겨놓은 서사의 실마리는 무엇일까. 무엇이 그 책을 끌어가는 동인일까. "아버지 제가 불타고 있는 게 안 보이세요?" (Father, can't you see I'm burning?)이라는 아들의 말 한 마디다. 이 한 마디는 반복되어 나타나며 책 전체의 서사를 이끌어간다. 그러면 제목이 명시하는 정신분석의 네 가지 기본 개념은 어디에 있는가. 바로 그 말 속에 있다. 아들의 말 한 마디가 다르게 반복되면서 무의식, 반복강박, 전이, 죽음충동이 설명된다. 매번 조금씩 다르게 반복될 때마다 정신분석의 개념들을 설명해내는 그 말은 도대체 무엇이고 왜 그렇게 라캉에게 중요한가. 라캉은 왜 그런 식으로 네 가지 개념을 풀어 가는가. 그것이 상품사회의 순환 늦추기 또는 민주주의의 권력순환과 어떤 관계가 있는 것은 아닐까. 더 나아가 계절의 순환이나 생명체의 순환까지도 단 한 마디의 말에서 추론해낼 수 있다.

아버지 제가 불타고 있는 게 안 보이세요?

위의 물음은 원래 프로이트가 『꿈의 분석』 제 7장에서 소개한 어느 아버지의 꿈 내용에 나온다. 오랫동안 아들의 병상을 지키던 아버지는 아들이 죽자 다른 사람에게 침상을 부탁하고 옆방에서 잠깐 잠이 든다. 아버지는 꿈속에서 살아 있는 아들의 목소리를 듣는다. "아버지 제가 불 타고 있는 게 안 보이세요?" 아버지는 아들의 말을 듣고 황망히 잠이 깨어 옆방에서 실제로 불이 붙는 소리를 듣는다. 침상를 지키던 노인이 잠이 들었고 그 사이 촛대가 쓰러지면서 죽은 아들을 덮고 있던 시트에 불이 붙어 타고 있었다. 아버지는 왜 그런 꿈을 꾸었을까. 꿈은 현실에서 이루지 못하는 소망을 충족하는 길이라고 믿었던 프로이트는 아버지의 꿈을 아들이 살아있기를 바라는 간절한 마음으로 분석했다. 실제로는 죽었지만 꿈속에서는 살아 있던 아들의 음성, 그 음성을 들을 수 있기에 아버지의 꿈은 현실에서 이루지 못한 소망을 충족하는 왕도였다. 꿈을 소망충족으로 보았던 프로이트의 분석에 대해 라캉은 그렇지 않다고 말한다. 라캉은 프로이트의 소망 충족설을 몇 번 씩이나 거부한다. 그리고 다른 해석을 내리면서 세미나 11권을 끌어간다. 그는 선배의 무의식으로 돌아갔지만 그것을 그대로 반복하는 것이 아니라 자기 식으로 재창조하는 과정을 보여주고 있는 것이다.

 라캉은 불에 타는 아들의 음성을 듣고 잠이 깬 아버지의 꿈에서 꿈을 꾼 사람의 심리를 분석하는 것이 아니라 꿈을 깨운 아들의 말에 초점을 맞춘다. 죽은 자의 그 말은 햄릿에 나오는 아버지의 유령과 같다. 둘 다 시체의 말이요, 텅 빈 유령의 말이기 때문이다. 그러나 『햄릿』의 서사는 바로 그 말 때문에 지속된다. 갑자기 독살되어 죄를 짓고 죽은 아버지의 유령은 아들에게 복수를 원하고 아들은 범인인 삼촌을 여러 가지 굴곡 끝에 죽이면서 복수의 극이 끝난다. 텅 빈 유령의 말이 서사를 끌어간다. 그것은 오이디푸스의 경우와 같다. 텅 빈 신탁의 말이 오이디푸스의 비극을 끌어가는 실마리다. 신탁의 저주를 벗어나기 위해 버려지고 다시 그 저주를 벗어나기 위해 양부모를 떠나 테베로 오지만 그런 삶의 여정은 바로 그 신탁을 실천하는 길이었다. 그렇다면 같은 원리에서 꿈속에서 아들이 했던, "아버지 제가 불에 타고 있는 것을 모르세요?"라는 말은 아버지의 삶을 끌어가는 동인이다.

 무의식은 꿈이 아니라 실제로 세상을 움직이는 동인이다. 꿈은 소망충족이 아니라 현실이다. 아들의 침상을 지키지 못한 아버지의 죄는 아들의 원망스런 말이 되고 꿈속의 그 말은 실제로 현실에서 일어나고 있었다. 촛대가 쓰러지는 소리, 시트에 불이 옮겨 붙는 부스럭 소리…… 꿈은 소망충족이 아니라 현실에서 일어나고 있었다. 라캉은 프로이트와 달리 꿈과 현실의 경계를 무너뜨린다. 삶은 꿈이다(34-37).

 삶이 꿈이라면 현실이 미망이라면 이것은 서구의 이론이라기보다 동양에 가깝다. 라캉은 삶은 꾸벅 꾸벅 졸다가 퍼뜩 깨어 현실이 견딜 수 없어 다시 꾸벅 꾸벅 조는 것이라고 말한 적이 있다(S2: 233). 왜 그는 삶과 꿈을 구별한 프로이트와 달리 삶 그 자체가 이미 꿈이라고 말하는가. 그리고 이런 이론에 정치성이나 사회성이 있을까. 라캉이 말하는 아버지의 꿈 이야기를 더 들어보자. 프로이트는 도라의 신경증을 분석하면서 상흔을 무의식에 가장 깊숙이 억압된 K부인에 대한 사랑이라고 말했다. 동성애다. 그 시절에 가장 금지되었던 동성애가 신경증의 원인이었다는 결론이다. 그러나 라캉은 이런 해석을 욕망의 보편적인 현상으로 확대한다. 도라는 K부인을 사랑한 아버지와 자신을 동일시하여 K부인을 사랑했다. 그녀는 상징계의 대타자인 아버지의 욕망을 모방한 것이다. 그러므로 욕망은 대타자의 욕망이다. 햄릿이 아버지의 복수를 지연하는 것도 바로 어머니를 욕망하는 삼촌의 욕망이 자신의 욕망이었기 때문이다. 아니 삼촌을 욕망하는 어머니의 욕망을 모방한 것이다.

대상을 직접 욕망하는 것이 아니라 대타자의 욕망이라는 매개를 통해 욕망이 결정된다는 것과 꿈이 곧 현실이라는 것은 어떤 관련이 있는가. 대상이 정말 자신이 원하는 것이 아니라 대타자에 의해 매개된 것인데 정말 자신이 원한다고 믿고 얻으려 하니 그 대상은 얻으면 빗나간다. 자꾸만 빗나가는 대상, 그러면서도 우리는 대상에 대한 욕망 없이는 살지 못한다. 그러기에 삶은 죽음이 우리를 완벽히 충족시킬 때까지 미끄러지면 다시 일어서는 신기루를 잡는 미망이요 꿈이다. 여기에서 중요한 것이 바로 이 빗나감, 혹은 미끄러짐의 윤리이다. 다시 아버지의 꿈을 깨운 꿈속의 말로 돌아가 보자.

세미나 11권에서 "아버지, 제가······" 라는 꿈속의 말이 다시 반복되는 것을 아리스토텔레스의 "우연한 만남 tuche"과 "자동 반복 automaton"이라는 용어로 풀어보자. 이 두 용어를 라캉은 쾌락원칙 너머에 죽음충동이 있다는 말에 연결한다(The real is beyond the automaton.)(53). 자동적인 반복너머에 실재계와의 만남이 있다는 것이다. 강박적인 자동 반복이란 동어반복(tautological repetition)이다. 이것은 잉여를 모르고 상징계를 반복하는 것으로 도착적 반복이다. 이때 왜 실재계와의 만남이 필요한가. 반복을 늦추기 위해서다.

전이란 잉여를 인정하는 반복이고 이런 반복은 언제나 앞선 것을 똑같이 반복하는 것이 아니라 다르게, 새롭게 반복하는 것으로 재해석이요, 창조다. 이것이 실재계와의 만남이 반복에서 중요한 이유다. 실재계는 잉여요 자동반복을 늦추어 다르게 반복하게 만드는 기능을 한다. 실재계, 혹은 상징계로 진입한 죽음충동은 전이와 손을 잡고 반복을 일으키며 삶을 지속시킨다. 이것이 죽음을 지연하는 삶충동이다. 전면적인 죽음충동을 파편화하여 삶충동으로 바꾸는 기능이 바로 세미나 11권이 보여주는 반복 늦추기, 혹은 실재계와의 만남이다.

꿈속에서 살아 있는 아들을 만난 아버지는 꿈에서 깨고 싶지 않다. 꿈을 연장하고 싶다. 그러나 "아버지, 제가…"라는 아들의 음성이 그를 깨운다. 촛대가 쓰러지는 소리, 시트가 부스럭거리는 소리는 모두 아버지를 깨우는 소리다. 그러나 그 소리는 아버지의 꿈을 연장하는 길이다. 삶은 꿈이다. 그 꿈에서 가능한 오래 머물려면 아들의 말이 필요하다. 실재계는 삶이라는 꿈을 연장하는 기능이다. 도착적인 반복은 삶이라는 꿈에서 영원히 깨어나는 죽음의 직행이다. 영원한 죽음을 피하고 영원한 삶을 위해 우리는 아들의 음성이 필요하다. 실재계와의 만남이라는 잠정적 깨어남 때문에 삶은 연장된다. 아들의 음성은 서사를 지속시키던 유령의 음성처럼 삶을 지속시키는 동인이다. 그것은 오이디푸스의 삶을 길게 늘인 신탁이다. 꿈의 기능은 소망충족이 아니라 꿈을 연장하는 것이었다(57).

"아버지 제가 불타고 있는 게 안 보이세요?"라는 아들의 말은 세미나 11권에서 이런 식으로 반복된다. 물론 반복은 매번 다르게, 책이 끝나는 순간까지 되풀이된다.

기표의 순환, 권력의 순환

세미나 11권에서 아들의 음성이 다시 들린다 (58면). "아버지 제가...." 아버지는 잠결에 촛대가 쓰러지는 소리, 시트에 불이 옮겨 붙는 부스럭 소리를 들으며 꿈에서 깨어난다. 그의 죄의식은 아들이 그만 일어나라고 질책하는 소리로 들린다. 아들이 불에 타는 것은 침상을 지키라고 부탁한 대리인이 깜빡 잠이 들었기 때문이다. 잠든 그 노인은 누구인가. 왜 라캉은 그 노인 때문에 아버지는 꿈속에서 아들의 질책하는 음성을 듣게 된다고 말하는가. 노인과 아버지 사이에서 실재계와의 만남이 일어난다(59)는 뜻은 무엇인가.

아들의 음성은 아버지를 꿈에서 깨우지만 영원히 빗나간다. 여전히 지키는 노인이 자고 있고 아들의 시체는 실제로 불에 타고 있기 때문이다. 시체가 불에 타는 것은 꿈을 지속하는 길이다. 시체는 노인이 잠이 들었기에 탄다. 우리의 삶이란 죽은 시체가 불에 훨훨 타며 말을 하는 것이 아닐까. 죽은 시체가 불에 타면서 말을 하는 것이 우리의 삶이요 언어다. 죽음충동을 삶충동으로 바꾸는 것은 지키는 자가 잠이 들었기 때문이다. 신이 죽었기 때문이다. 아니 단 하나의 절대 신은 죽음이기 때문이다. 프로이트가 말했듯이 대타자는 죽음이다. 죽은 아들이 말을 하게 만든 것은 노인이 잠이 들었기에 가능하다. 대타자가 죽음이기에 삶은 죽음을 조각으로 잘게 부수어 실재계로 바꾼다. 그리고 영원히 빗나가는 파편으로 만들었다. 이것이 부분충동(partial drive)이다. 그렇다면 "아버지 제가...."라는 아들의 말은 부분충동이고 퍼뜩 깨어나는 순간은 아버지가 부분충동이라는 실재계와 만나는 순간이다. 그런데 깨어나도 실제로 시체가 불에 타고 있으니 아버지는 여전히 꿈속에 있고 그것이 현실이다. 프로이트가 말했던 소망충족이라는 꿈을 라캉은 뒤집어서 꿈이 오히려 현실을 지속시키는 동인이라고 재해석한다. 무의식은 삶을 지속시키는 동인이다.

침상을 지키는 노인의 잠은 우리가 꿈을 연장하는 길이다. 우리는 여기에서 라캉의 다른 글인 타조의 정치학을 떠올리게 된다(S2: 203). 타조의 정치학을 살펴보려면 먼저 기표의 순환을 다룬 「'도둑맞은 편지'에 대한 세미나」를 보아야 한다. 두 글은 왜 잠든 노인과 꿈을 꾸는 아버지 사이에서 죽은 아들의 음성이 들리는지 증명한다. 그 사이에서 들리는 아들의 음성은 바로 권력이 어떻게 자리를 바꾸는지 보여주기 때문이다.

이미 많은 학자가 지적했듯이 「'도둑맞은 편지'에 대한 세미나」에서 여왕과 장관과 뒤팽의 자리를 바꾸는 편지는 기표, 권력, 진리를 상징한다. 그것은 알맹이가 중요한 것이 아니라 누가 소유했는가가 중요하다. 그러므로 기표, 권력, 진리는 속은 텅 비었으나 서사를 움직이는 아버지의 유령이요, 죽은 신의 말씀인 신탁이다. 편지는 권력으로 세 인물들 사이에서 자리를 옮긴다. 서사는 주체를 바꾸는 편지에 의해서 지속된다. 권력의 방향을 바꾸고 권력의 역전을 일으키는 동인이 편지다. 그러므로 편지는 "아버지 제가..." 라는 아들의 말이요, 실재계다. 라캉은 여기에서 편지가 자리를 옮기는 데 한 가지 조건을 부여한다. 우리에게 익숙하게 알려진 것처럼 소중한 보물은 어딘가에 깊숙이 감추어진 것이 아니라 이미 거기에 드러나 있다는 것이다. 진리는 추구하는 것이 아니라 그저 거기에서 발견되기를 기다리고 있을 뿐이다(S11: 7, 216).

라캉과 에드거 앨런 포우의 「도둑맞은 편지」는 최고의 궁합이었다. 도둑맞은 편지는 프로이트의 죽은 아버지요, 덧없는 말이요, 권력이요 지식이다. 여왕은 왕에 알면 안 되는 편지를 가지고 있었는데 왕이 보는 앞에서 장관에게 도둑맞는다. 여왕은 경감을 시켜 장관의 집안을 뒤지지만 찾지 못한다. 경감은 탐정, 뒤팽에게 부탁한다. 탐정은 장관처럼 진리는 어딘가 숨어있지 않고 표층 위에 있어 발견될 뿐이라는 피카소의 진리를 안다. 장관의 응접실에서 편지를 훔친 탐정은 돈을 받고 여왕에게 돌려준다. 이로써 편지는 여왕의 손으로 다시 돌아간다. 이런 줄거리에서 라캉이 발견한 것은 무엇인가.

여왕은 왕이 보면 안 되는 편지를 가지고 있었다. 왕은 소중한 것은 깊이 감춘다고 믿기에 여왕의 편지를 보지 못한다. 이때 마침 장관이 들어서고 그는 왕과 달리 소중한 것은 이미 거기에 드러나 있다는 것을 안다. 여왕은 뻔히 보는 앞에서 장관에게 편지를 빼앗긴다. 이 장면을 불타는 아들의 시체에 대입해보자. 왕은 침상을 지키는 대리인, 잠든 노인이다. 여왕은 왕이 잠이 들었기에 편지가 안전하다고 믿는 아버지다. 그리고 장관은 여왕이 안심한 사이에 편지를 빼앗아가는 제3의 인물이다. 왕은 죽은 신이요, 여왕은 꿈을 꾸는 우리요, 장관은 그 꿈을 연장하려고 편지를 훔치는 불타는 아들이다. 그리고 편지는 그 아버지의 잠을 깨우는 아들의 음성이다. 편지는 죽은 시체가 한 말, "아버지, 제가…"라는 실재계다.

편지는 그런 식으로 장관에게서 듀팽으로, 그리고 다시 여왕으로 자리를 옮긴다. 편지는 반복할 때마다 주체가 다르고 상황이 조금씩 달라진다. 반복은 매번 다르게 반복한다. 장관은 여왕의 편지를 뒤집어 여성에게서 온 것처럼 꾸며 거실의 벽난로 위에 놓았다. 그리고 이번에는 순진무구한 왕 대신에 길거리에서 소란이 일어난다. 듀팽은 장관에게서 언젠가 모욕당한 일이 있다. 그러기에 복수의 내용을 담은 편지를 장관의 거실에서 바꿔친다. 물론 그 바꿔친 편지가 다시 여왕의 손에 들어갈 때 듀팽이 얻은 것은 현상금이라는 돈이다. 반복은 새로움을 요구한다(61). 바로 이 새로움이 전이다. 전이 없는 반복은 동어반복이요 삶을 단축하는 도착적 반복이다. 편지는 전이를 일으키는 실재계다. 마찬가지로 아들의 음성은 전이를 가능하게 하는 실재계다. 전이가 수반되는 반복은 권력의 주체를 바꾸기에 역전이요 순환이다. "아버지 제가…" 라는 아들의 말은 아버지의 꿈을 연장하여 영원히 살게 하는 순환의 동인이다.

여기에서 데리다가 비판했던 편지의 마지막 행방, 삼각형의 꼭지점에 대해 잠깐 생각해보자. 라캉은 세미나를 이렇게 끝맺는다. "편지는 언제나 다시 종착지에 도착한 것이다." 그러므로 라캉은 보수주의자인가. 아니다. 편지를 소유한 여왕은 왕의 밑에 있다. 그녀는 왕의 몸이다. 그런데 왕은 잠든 노인이다. 편지가 잠든 노인 밑에 있는 한, 그것은 언제나 자리를 옮긴다. 왕은 신탁처럼 텅 빈 권력이고 실세는 편지를 소유한 여왕이다. 왕은 기표요 여왕은 몸이다. 권력은 여왕이라는 몸에 속하고, 권력의 행세는 왕에 속하기에 그것은 언제나 자리를 옮긴다. 여왕이라는 몸은 언제나 왕이라는 상징계 속에 있기에 실재계가 된다. 상징계는 잠든 노인이다. 그러므로 몸은 상징계 안에 있을 때만 꿈을 꾼다. 이처럼 대리인이 잠든 사이에 아버지의 꿈이 연장된다. 그러므로 삼각형의 꼭지점은 고정체가 아니다. 실세는 여왕(몸)이고 상징적 권력은 왕이기 때문이다. 그러나 바로 그런 체제가 꿈을 연장한다. 만일 편지가 몸에 있지 않고 왕에게 있으면 전이가 일어나지 않고 실재계가 빗나가지 않기에 왕의 권력은 독재가 되고 종말은 빠르게 온다. 도착적 반복이다.

대리인인 노인은 편히 잠을 자니 좋고, 아버지는 차가운 시체인 죽은 아들이 뜨겁게 타오르며 말을 하는 음성을 들으니 좋다. 둘 다를 만족시키는 아들의 음성은 동양의 도에서 말하는 무위(無爲)이다.

장자의 시 가운데 "아침에 셋"이라는 우화가 있다.

> 사물의 대립되는 양면이 원래 하나였음을 모르고
> 한 쪽에만 고집스레 매달려
> 마음을 지치게 하는 것을 '아침에 셋'이라 부른다.
> '아침에 셋'이라는 게 무엇인가?
> 어느 원숭이 조련사가 원숭이들에게 말했다.

"너희에게 밤을 줄 텐데, 아침에 세 되 주고 저녁에 네 되 주마."
그러자 원숭이들이 모두 화가 났다.
그래서 그는 말했다.
"좋아, 그렇다면 아침에 네 되 주고 저녁에 세 되 주지."
그러자 원숭이들은 만족해했다.

둘의 경우 밤의 수량은 변함이 없었지만, 한 쪽은 원숭이들을 화나게 했고, 다른 쪽은 만족하게 했다. 조련사는 원숭이들이 원하는 대로 자신의 결정을 바꾸었다. 그랬다고 잃은 것은 없지 않은가!

정말 현명한 사람은 어느 한 쪽으로 치우침 없이 문제의 양면을 들여다보고, 도의 관점으로 둘 다를 본다.
이것을 '두 길을 동시에 따른다'고 말한다.

(2편 4절, 『장자의 도』, 37-38면) 머튼 44

왕도 좋고 여왕도 좋은 것이 무위다. 무위가 가능한 것은 왕이 잠이 들었기 때문이고 실세는 여왕이기 때문이다. 이것이 이상적인 분권이 아닐까. 왕은 상징계의 수호신이다. 그러나 그는 실권이 없다. 여왕은 실권이다. 그러나 왕의 권력에 억압된 몸이다. 그래서 꿈속에서 아들의 음성을 들으며 여전히 꿈을 꿀 수 있다. 음성이라는 실재계는 권력의 자리를 바꿀 뿐 여전히 꿈을 꾸게 한다. 왕의 상징계는 다르게 새롭게 반복하는 권력의 전이와 역전을 통해 지속된다. 그러면 언제 권력의 역전이 일어나는가. 편지가 자리를 옮기는 순간을 살펴보자.

편지가 자리를 옮기려면 잠이 든 노인처럼 왕이 순진무구해야 한다. 여왕은 왕이 보지 못하니 안심을 한다. 바로 그때 장관이 편지를 훔친다. 그러나 장관 역시 그 편지를 영원히 소유하지 못한다. 그는 편지를 뒤집어 주소를 다시 쓰고 다른 편지처럼 위장하여 벽난로 위에 꽂아 놓는다. 듀팽이 보고 있지 않다고 마음 놓고 그가 거리의 소란을 구경할 때 듀팽이 장관의 편지를 훔친다. 라캉은 세미나 제 2권에서 이것을 타조의 정치학으로 비유했다. 첫 번째 타조가 흙에 머리를 박고 있으니 두 번째 타조는 아무도 보지 않는다고 마음을 놓는다. 바로 그때 세 번째 타조가 두 번째 타조의 꼬리털을 조용히 뽑는다.

> 그의 실수는 무엇인가? 만일 경감이 편질 찾지 못했다면 그것이 발견되지 않아서가 아니라 경감이 다른 것을 찾았기 때문이라는 것을 잊고 있었던 것이다. 타조는 그가 머리를 모래 속에 박고 있어 자신이 안전하다고 느낀다. 다시 말하면 그는 완벽한 타조다. 다른 타조, 이상적 타자가 모래 속에 머리를 박고 있기 때문이다. 그리고 그때 세 번째 타조가 그의 엉덩이에서 깃털을 뽑아 권력을 소유한다(S2: 203).

꼬리털은 권력이요 진리다. 권력의 역전은 왕이 순진무구하고 노인이 잠이 들었을 때 가능하다. 이것을 도사상의 음양의 순환에 적용해보자. 음지가 양지되고 양지가 음지되는 것은 낮이 밤이 되고 밤이 낮이 되는 것만큼 자연의 순리다. 왕은 양지와 음지를 다 품고 있는 대타자이다. 그것은 만물을 품어 안는 죽음의 신이요 흙이다. 순진무구하게 잠이 든 노인이다. 그것은 보이지도 들리지도 않지만 하지 않는 것이 없는 도이다. 만물이 되돌아가는 고향이고 만물이 다시 태어나는 근원이다. 그런데 만물의 순환은 음지와 양지가 순환하여 지속된다. 음과 양이 마주보며 서로자리를 바꾼다. 역전이 일어나는 순간이 세 번째 타조가 두 번째 타조의 꼬리털을 뽑는 순간이다. 첫 번째 타조는 흙이다. 두 번째 타조는 권력을 한창 누리고 있는 양지다. 양지는 첫 번째 타조가 머리를 흙에 박고 있으니 마음을 놓는다. 양지의 권력이 마음 놓고 무르익은 지점에서 세 번째 타조인 음지가 양지의 꼬리털을 조용히 뽑는다. 이제 권력을 물려받은 음은 양이 되어 무르익고 마음을 놓은 절정의 순간에 꼬리털을 뽑힌다. 이것이 민주주의다.

두 개의 대립되는 정당인 민주당과 보수당이 서로 음과 양이 되어 마주본다. 민주당이 권력을 잡으면 한창 무르익은 절정에서 공화당에 꼬리털을 뽑힌다. 권력을 잡은 공화당이 안심하고 마음을 놓는 순간 민주당이 다시 꼬리털을 뽑는다. 이렇게 두 개의 정당이 개혁과 보수의 정치를 교환할 수 있는 것은 머리를 흙에 박고 있는 잠든 노인 때문이다. 권력의 역전이 일어나서 급진과 보수가 용해되어 개혁의 속도가 조절되는 것, 동어반복이 아니라 잉여를 인정하는 다르게 반복하기가 되는 이유는 첫 번째 타조가 흙에 머리를 박고 있기 때문이다. 세 번째 타조에게 꼬리털을 뽑히는 순간은 두 번째 타조가 권력을 한창 누리는 절정에 이르러서다. 마치 한낮의 태양이 절정에 이른 순간 기울기 시작하고 한여름의 더위가 절정에 이른 중복의 새벽에 칼날처럼 차가운 공기가 배꼽 위를 스치고 지나가는 것처럼 공화당이 권력의 절정에 이르렀을 때 민주당이 꼬리털을 뽑는다.

세미나 11권에서 아버지를 깨우는 아들의 음성은 계속된다. 이번에는 응시의 애원(solicitation of the gaze)이다(70). 아버지는 죽은 시체가 아니라 옆방의 침상에서 불에 훨훨 타는 아들을 본다. 꿈은 현실에서 계속된다. 응시는 꿈속의 것이 현실 속에서 보이는 것이다. 죽은 시체가 훨훨 타오르는 것이 응시다. 라캉은 응시를 장자의 나비 꿈으로 설명한다. 장자는 자신이 나비가 되어 훨훨 나는 꿈을 꾸었다. 퍼뜩 잠이 깬 그는 장자가 나비 꿈을 꾸었는지 나비가 장자의 꿈을 꾸고 있는지 반문한다. 그에게 꿈과 현실은 같다. 나비와 인간의 경계가 무너지듯이 꿈과 현실의 경계가 무너진다. 삶은 꿈이다. 그리고 장자는 나비였는지도 모른다. 아니 죽어 나비로 다시 태어날지도 모른다. 만물이 흙으로 돌아가고 흙에서 다시 태어나므로 장자와 나비사이에는 경계가 없다. 라캉이 삶은 꿈이라고 말하는 것과 장자가 나비와 자신을 구별하지 않는 것은 같다.

정말로 그는 옳다. 이중으로 그렇다. 우선 그것은 그가 미치지 않았다는 것을 증명한다. 그는 자신과 장자를 절대적으로 일치시키지 않는다. 두 번째로 그는 자신이 얼마나 옳은지 충분히 알지 못하기 때문에 그렇다. 사실 그것은 그가 자신의 정체성의 뿌리들 가운데 하나로 나비를 보았던 순간이었다. 다시 말하면 그는 이전에, 그리고 현재 그의 본질 속에 자신만의 색깔로 스스로를 색칠한 나비였고 나비이고, 정말로 그렇기에 그는 장자다(76).

나비는 장자가 되고 싶고, 갖고 싶은 욕망의 대상이다. 그것은 봄날 화려하게 반짝이는 환타지의 대상이다. 그것은 대리인이 잠이 들었기에 꿈에 아들이 불타는 것을 보고 잠을 깨는 아버지요, 그 아버지가 갖고 싶은 아들의 불타는 모습이다. 꿈은 소망충족이 아니라 현실을 사는 방식이다. 우리는 꿈을 꾸지 않고는 살지 못한다. 욕망의 대상은 실제로 얻는 순간 아무것도 아닌 것으로 드러난다. 아무 것도 아닌 것이 우리를 살게 만든다. 아버지의 유령이 햄릿을 살게 하고 신탁이 오이디푸스를 살게 하듯이 아무 것도 아닌 무가 찬란히 빛나는 것이 "오브제 프티 아"라는 욕망의 미끼다. 죽은 아들의 차가운 시체가 불이 붙어 훨훨 타고 아들이 살아서 말을 한다. 이것이 오브제 아라는 환타지의 대상이고 그것이 아버지를 살게 만든다. 장자의 나비는 현실에서 본 꿈이다. 아버지가 눈을 뜨고 본 불타는 아들의 시체요, "아버지, 제가..."라는 아버지가 간절히 듣고 싶은 욕망의 말이다. 그렇다면 나비는 꿈을 연장시키는 반복의 동인이다. 이처럼 모든 서사와 담론과 지식은 아무 것도 아닌 무(라캉은 이것을 구멍, 텅 빈 공간, 틈새, 해골 등으로 표현한다.)에서 시작되고 다시 무로 돌아가서 다르게 반복된다. 원시적 아버지에서 문명의 아버지로, 그리고 다시 분노의 아버지로 변하는 과정에서 중요한 것이 실재계의 기능이다. 자아반복적인 오토마통을 간섭하고 늦추는 기능을 투체가 하듯이 실재계는 "불가능성"으로 잠정적 간섭을 한다(14).

실재계는 아무 것도 아닌 무(nothing)이지만 재창조를 하게 만드는 순환의 동인이다. 그것은 '숨쉬는 공간'이다(breathing space). 하나님이 여섯째 날까지 창조를 했지만 일곱 째 날에 쉬는 것은 바로 재창조와 순환을 위한 새로운 시작을 위해서다. 그러므로 일요일은 실재계와 같은 공간(the Void)으로 숨찬 반복을 늦추고 새롭게 시작하는 기능을 한다. 숨 쉬는 공간이란 불타는 아들이 아버지의 꿈을 연장하려고 "부스럭" 소리와 함께 꿈을 깨우는 순간이다.

아버지는 아들의 시체가 훨훨 타는 모습과 아버지를 원망하는 아들의 음성을 듣고 싶다. 차가운 시체를 외면하고 싶다. 우리의 삶이란 그런 것이다. 아무 것도 아닌 무에서 태어나 훨훨 타오르다가 다시 차가운 시체로 돌아가고 다시 새롭게 다른 형태로 태어난다. 이것이 순환이다. 아니 생 자체도 그렇게 유지된다. 우리는 불에 타는 시체다. 삶의 목표를 정하고 그것을 향해 가지만 막상 그것을 잡으면 그 순간뿐, 다시 마음은 공허해진다. 그래서 다시 욕망의 대상을 세우는 것이 삶의 행로다. 그리고 마침내 죽음이라는 마지막 대상을 잡으면 인간으로서의 삶이 끝난다. 타오르는 시체는 생을 지속시키는 욕망의 동인이다. 이것이 실재계와의 행복한 만남이다. 불행한 만남은 불길이 꺼지고 차가운 시체 그 자체를 대면하는 것이다. 라캉이 생전에 즐겨 친했던 초현실주의 화가 달리는 바로 꿈의 세계를 재현한다. 꿈이 현실이기 때문이다.

아들의 음성을 들으려면 노인은 잠이 들어야 한다. 그리고 음양은 서로 마주보고 춤을 추어야 한다. 민주주의도 두 개의 정당이 마주 보고 춤을 추는 것이다. 남녀가 마주보고 춤을 추고, 해와 달이 마주보고 자리를 바꾸고 밤과 낮이 마주보고 자리를 바꾼다. 만물은 이렇게 잠든 노인과 꿈을 꾸는 아버지와 원망하는 아들의 음성으로 구조된다. 왕과 여왕과 편지로 구조된다. 들뢰즈의 맹렬한 비판과 달리 이런 삼각구조가 성립되지 않으면 음양의 순환이라는 뫼비우스의 구조가 성립되지 않는다. 이런 구조 안에서만 편지는 권력의 주체를 바꾸는 동인이 된다. 순진무구한 왕인 도는 음양을 낳고, 이것이 만물을 순환시키는 무위를 낳는다. 하나가 둘을 낳고 둘이 셋을 낳고 셋이 만물을 낳는다. 이것이 중국의 고대 천문학이라고 라캉이 지적한 도사상의 핵심이다. 라캉은 이것을 구조주의에서 출발하여 구조주의를 극복하는 방식으로 해석한다. 우선 만물을 두 개의 대립구조로 보자. 음양, 남녀, 차가움과 뜨거움 등 만물은 정반의 구조로 되어있다. 그런데 이 대립구조는 반드시 서로 "마주보아야" 한다. 그럴 때 춤을 추게 된다(151). 춤을 춘다는 것은 밤과 낮의 순환처럼 대립구조가 마주보고 자리를 바꾸는 것이다. 물론 그때마다 시간이 흐르고 세월이 가니 세상이 달라진다. 밤과 낮은 매번 새롭게, 다르게 되풀이된다.

> 당신은 중국의 천문학이 기표들의 놀이에 기초를 두고 있으며 머리부터 발끝까지 정치학, 사회구조, 윤리학, 그리고 아주 사소한 행위의 규범들 속에서도 그것이 반향되고, 그럼에도 불구하고 아주 좋은 천문과학이라는 것을 알게 될 것이다(S11: 151).

세미나 11권에서 들리는 아들의 음성은 이렇게 고대 중국의 천문학에 대한 라캉의 아쉬움에 이른다. 고대 중국의 사상은 기표의 놀이(순환)에 기초를 둔다. 그것은 무위, 아니 실재계의 역할을 중시했다. 그때에 실재계의 기능은 순수했다. 그것은 우주의 원리를 설명하는 모델이었을 뿐 아니라 정치 사회, 그리고 남녀의 성에 이르기까지 모든 것을 설명하는 모델이었다. 그런데 오늘날 서구 사회는 실재계의 정치, 실재계의 사회가 아니라 어느 한 쪽으로 치우쳐 기둥(pole)을 세우는 쪽으로 오염되었다는 것이다. 편지가 권력의 주체를 옮기는 기표의 놀이와 고대 중국의 사상을 같게 보면서 라캉은 오늘날의 서구사회를 비판한다.

고대 중국의 도를 그대로 실천한 동양인은 드물다. 도는 사회를 지나치게 조직화하고 서열로 체계화하던 공자의 유교에 반발한 사상이다. 인간을 만물의 일부로 본 이상론이다. 인간은 마음으로는 자연의 일부라고 믿고 흙에서 낳아 흙으로 돌아간다는 것을 알지만 자연의 이치를 그대로 실천하고 살기는 쉽지 않다. 인간의 욕망은 언제나 분석담론보다 주인담론으로 가려는 경향이 강하기 때문이다. 사도-마조히즘은 인간의 근원적 충동으로 자리 잡고 있기에 응시를 낮추기는 쉽지 않다. 예술과 교육이 바로 이 응시를 낮추는 일을 하지만 사회는 아도르노가 보았듯이 파시즘에서 자유롭지 못하다. 라캉이 그림의 기능을 객관적 재현이 아니라 응시 낮추기로 본 것도 반복의 속도를 늦추고 실재계와의 불행한 만남을 늦추기 위해서이다.

생전에 출판을 즐겨하지 않았던 라캉은 『에크리』 이후 처음으로 세미나 11권을 출판한다. 이 책에서 그는 "아버지 제가 불타고 있는 게 안 보이세요?"라는 아들의 음성을 다르게 반복하여 서사를 이끌어간다. 실재계는 반복을 일으키고 동시에 전이를 통해 반복을 늦춘다. 아들의 음성인 꿈의 소망은 현실을 지탱하는 방식이었다. 현실이 곧 꿈이었다.

라캉은 "삶은 꿈"이라고 몇 번씩 말하지만 그 말은 허무나 추상적 한탄이 아니다. 주체의 본질이요, 욕망의 실체이며 권력의 이동과 관련된 대단히 실질적이고 사회적인 말이다. 이런 맥락에서 세미나 11권의 제목은 "정신분석의 네 가지 개념들"이지만 그 속내에는 삶의 준엄성과 그 삶에 지나치게 집착하지 말라는 이중적 의미가 담겨있다.

삶은 꿈이다. 허무한 꿈이면서 동시에 준엄한 현실이다. 권력과 사랑과 부귀가 모두 한낱 물거품과 같지만 그렇다고 아무렇게나 살아서는 안 된다. 꿈의 질서는 만물의 질서만큼 정확하기 때문이다. 우리는 이런 양면을 알고 지혜롭게 살아야 한다. 이것이 평생 동안 동양과 서양의 사상을 연결하려고 애쓴 라캉이 세미나 11권에서 정말 하고 싶은 이야기가 아니었을까 생각해 본다.

참고 문헌

토마스 머튼 번역. 『장자의 도』. 권택영 옮김. 은행나무 출판사. 2004.

Deleuze, G. & Felix G. *Anti-Oedipus: Capitalism and Schizophrenia.* Minneapolis: University of Minnesota Press. 1983.

Derrida, Jacques. 'The Purveyor of Truth', *The Purloined Poe: Lacan, Derrida & Psychoanalytic Reading.* Trans. A. Bass. Eds. J. P.Muller & W. J. Richardson. Baltimore: The Johns Hopkins University Press. 1988, 173-212.

Freud, Sigmund. 'The Interpretation of Dreams', Ed. J. Strachey, *The Standards Edition of the Complete Psychological Works of Sigmund Freud*, 4 and 5. London: The Hogarth Press. 1900.

____. 'Fragment of an Analysis of a Case of Hysteria', 1905. SE, 3: 7-122.

Lacan Jacques. *Four Fundamental Concepts of Psycho-Analysis.* Trans. A. Sheridan. Ed. J.A. Miller. New York: W.W. Norton. 1981.

____. *The Seminar Book ll: The Ego in Freud's Theory and the Technique of Psychoanalysis* Trans. Sylvana Tomaselli. Cambridge: Cambridge University Press. 1988.

____. 'Seminar on 'The Purloined Letter',' *The Purloined Poe.* Trans. J. Mehlman. Eds. J. P. Muller and W.J. Richardson Baltimore: The Johns Hopkins University Press. 1988, 28-54.

Rabate, J.M. 'Lacan's turn to Freud'. *The Cambridge Companion to Lacan.* Ed. J.M. Rabate. Cambridge: Cambridge University Press. 2003, 1-24.

Rudinesco, Elizabeth. *Jacques Lacan: Outline of a Life, History of a System of Thought.* Trans. Barbara Bray. New York: Columbia University Press. 1997.

____. *Psychoanalysis?* Trans. R. Bowlby. New York: Columbia University Press. 2001.

6. 예술가의 증상 1: 이상의 『종생기』

자크 라캉은 프로이트의 무의식을 기호학이나 (후기)구조주의 맥락에서 재발견하면서 정신분석을 환자의 심리치료를 넘어 동서사상과 예술의 영역으로 확장했다. 프로이트 역시 문명의 시작과 언어, 예술에 깊은 관심을 보였지만 그는 무의식의 발견자였기에 인간의 심리 분석에 더 초점을 맞추었다. 그러나 라캉은 "그가 정신과 의사였어?"라고 반문할 정도로 현대 사상과 미학에 영향을 미친다. 프로이트가 오이디푸스 신화는 말할 것도 없이 셰익스피어의 걸작『베니스의 상인』에서 죽음충동의 근원이 되는 글,「세 상자의 주제」를 만들어냈듯이 라캉은 포우의 단편,「도둑맞은 편지」에서 기표의 자리바꿈이라는 핵심 사상을 만들어냈다. 특히 그는 후기에 제임스 조이스 학회에서 「증상으로서의 조이스」(Joyce le Symptom) 라는 제목의 강연을 하고 그 후 몇 편의 조이스 세미나를 남겨 라캉 연구에서 빠트릴 수 없는 영역을 마련한다.8) 구조주의에서 출발하여

---

8) 라캉은 자크 오베르가 주최한 조이스 국제 학술대회에서 '증상으로서의 조이스' (Joyce le Symptom)라는 기조연설을 했고 1975년 11월 제18회 세미나와 이듬해인 1976년 1월 세미나에서 "Le sinthome"을 발표했다. Jacques Aubert가 1987년 편집한 책 *Joyce Avec Lacan*. 22-67쪽에는 위의 관한 세미나들이 실려 있다. 아직

후기 구조주의 사상에 중요한 기여를 한 라캉의 이해에서 증상으로서 조이스 문학에 대한 이해는 정신분석이 문학과 깊은 관련을 맺고 있음을 다시 한 번 확인하는 계기를 마련한다.

영미문학에서 가장 난해한 작품을 쓴 조이스에게서 라캉은 자신의 얼굴을 보았다. 조이스의 문학과 라캉의 글은 너무도 닮은 쌍둥이다. 그리고 이 둘을 연구하다보면 한국문학에서 난해하기로 이름 높은 이상의 문학을 연상하게 된다. 왜 그들은 난해한 글을 즐겼을까. 그들 사이에 어떤 공통점이 있을까. 이 글은 이런 의문에서 시작한다. 증상으로서 이상문학을 이해하고자 「종생기」를 선택한다. 난해한 이 글 속에는 마치 화로 속에 묻힌 작은 불씨처럼 이상 자신의 예술관이 묻혀 있기 때문이다. 「종생기」를 통해 이상의 예술관을 이해하고 그것이 왜 증상으로서의 글쓰기인가 밝힌다. 그리고 근대적 자아의 문제점을 화두로 삼은 이상 문학은 라캉의 개인적 자아와 어떤 관계인지 생각해 보는 것이 이 글의 목적이다.

위와 같은 연구를 위해 이 글은 우선 증상이라는 개념을 살펴본다. 프로이트는 어떤 맥락에서 그 말을 정의했고 라캉은 그것을 어떻게 발전시키는가. 그리고 이상의 문학은 왜 증상인가? 정신분석에서 말하는 증상의 개념을 알아보고 나서 본론인 이상의 「종생기」를 살펴본다. 이상 문학이 지닌 난해함의 베일을 걷어 내고자 자세히 내용을 풀어본 후 마지막으로 그런 증상으로서의 글쓰기가 지닌 문학적 가치를 생각해 볼 것이다. 난해한 글쓰기는 조이스처럼 이상이 실험했던 모더니즘 문학의 가장 중요한 특징이었다. 과연 자신의 생애를 마감하는 「종생기」는 근대적 자아를 풀어내는 열쇠가 될 것인가.

영어번역은 나오지 않은 상태지만 위의 세미나는 라캉을 문학과 연결 짓는 중요한 글로 특히 최근에 많은 비평서가 다투어 언급하고 있다. 라캉의 후기 사상에 대한 이해에서 이 글은 필수적이다.

증상으로서의 글쓰기

프로이트는 그의 글, 「금지, 증상, 그리고 불안」(Inhibitions, Symptoms, and Anxiety)(1926)에서 그때까지 신경증의 한 증상으로 여겨져 왔던 불안을 다르게 해석했다. 불안은 인간이 어머니의 몸에서 떨어져 나오는 순간, 탄생과 함께 자리잡는 근원적인 것이다. 울음을 터트리는 순간 몸 안에 자리잡는 불안은 비록 유아기, 혹은 무의식의 단계에서는 의식하지 못한다 해도 근원적 어머니의 몸을 대가로 지불하고 태어나는 인간의 삶에서 피할 수 없는 결핍이다. 어머니와 여전히 한 몸이라고 착각했던 유아기를 지나 아이는 억압 혹은 거세 컴플렉스를 통해 사회 속으로 진입한다. 그리고 바로 이 억압이 증상을 낳는다. 증상은 어머니를 포기하고 대체물에 의지하는 현상이다. 불안을 메우는 어머니 대체물인 증상에는 공포증, 강박증, 연물 집착, 패러노이아와 같은 치유해야 하는 병적인 것도 있지만 이념, 연인, 삶의 목표물, 신과 같은 승화된 증상도 있다. 꼬마 한스의 말(馬)공포증은 부모를 향한 흠모와 증오의 양가성이 제대로 억압되지 못했을 때 나타나는 증상으로 아버지의 도움으로 극복된다. 자꾸만 손을 씻는 강박증, 부친살해의 죄의식, 슈레버의 망상증 등, 억압이 제대로 이루어지지 않았을 때 나타나는 비정상적 증상은 치유해야 하지만 정상적인 증상은 오히려 제거하면 안 된다.

증상은 불안이라는 공허(void)를 채운 대체물이기에 증상을 제거하면 죽음에 이른다. 증상은 텅 빈 공허(무)를 메운 찬란한 대상이기에 그것을 제거하면 삶의 목표가 사라지고 살 이유가 없어진다. 인간은 불안과 증상에서 벗어날 수 없다. 그러므로 그것을 제거하려들면 텅 빈 나락이 모습을 드러낸다.9)

---

9) Sigmund Freud, *Standard Edition*, Vol. 20, 87-172.

이처럼 후기에 프로이트는 불안과 증상을 신경증의 한 가지 현상으로 축소하지 않고 죽음과 삶, 타나토스와 에로스라는 넓은 의미로 확장하여 치유해야 하는 증상과 그렇지 않은 경우로 구분했다. 증상은 불안을 억압한 결과로 나타나는 삶 충동이다. 프로이트가 후기에 발견한 죽음충동을 여기에 대입하면 죽음을 억압한 것이 증상이다. 텅 빈 해골을 아름다운 얼굴로 대치하여 죽음을 삶으로 바꾼 것이 증상이라면 증상의 제거는 검은 나락인 죽음에 이르는 병이다. 죽음과 삶이 하나의 리비도요, 증상의 이면이 해골이라는 것이 후기 프로이트 사상이었다. 프로이트가 언급한 증상 가운데 가장 대표적인 것은 문명과 언어다. 유명한 글, 『토템과 타부』에서 그는 문명의 시작을 부친 살해로 규명했다. 원시시대에 아버지가 쾌락을 독점하자 아들들이 아버지를 죽이고 대신에 질서유지를 위해 만든 것이 토템과 터부라는 상징질서이다. 이것이 문명의 시작이다. 그러므로 문명의 이면은 텅 빈 해골이요 불만이다. 죽음과 불만이 억압된 증상이 문명인 것이다. 그러면 라캉은 프로이트의 증상을 어떻게 재해석하는가.

라캉은 우리를 살게 만드는 동력을 욕망이라는 단어로 표현했다. 욕망은 자신의 결핍을 완벽히 충족시켜 줄 것 같은 대상을 얻으려는 리비도다. 그런데 그 대상은 자체로는 아무 것도 아니지만 그런 위치에 올라있어 숭고해진 대상이다. 그러므로 그 대상을 얻는 순간 결핍은 다시 생기고 살기 위해서 우리는 완벽한 듯 보이는 또 다른 숭고한 대상을 흠모한다. 숭고한 대상이 얻는 순간 아무 것도 아닌 것으로 바뀌는 것은 그것이 실재 (Reality)이기 때문이다. 실재(혹은 실재계)는 죽음이 억압되어 나타난 증상이다. 아무 것도 아닌 혼돈에 질서를 주는 것이 바로 "오브제 프티 아"라는 숭고한 대상이고 이런 경우의 증상은 프로이트가 말한 승화된 증상이다.

증상이 승화되지 못할 경우, 억압이 일어나지 않고 여전히 거울단계에 머물게 된다. 자아가 타자를 인정하지 못하고 대상과 거리를 갖지 못하는 경우, 자아는 대상과 동일시하여 승화가 일어나지 않고 흠모와 증오라는 양가적 감정에 빠지게 된다. 어떤 결정도 내리지 못하는 강박증이나 과대망상증, 사도-마조히즘, 관음증, 노출증, 그리고 자의식 과잉 등은 모두 비정상적인 증상으로 억압이 제대로 이루어지지 못한 결과이다. 억압이 적절하게 이루어진 승화에서 자아(self)는 적절한 자의식을 갖게 된다. 이 적절한 자의식이 "타자 의식"이고 이때 자아는 주체(subject)와 타자(other)로 분리되며 둘 사이의 공존이 이루어진다. 주체는 욕망의 대상이 자신의 결핍을 잠정적으로 충족시키는 미끄러지는 대상(a)이라는 것을 알면서도 살기 위해 그 대상을 추구한다. 다시 말하면 대상은 절대적이지만 텅 빈 기표라는 것을 아는 주체다. 그것이 무엇이든지 숭고한 위치를 차지할 때 욕망의 대상이 되기 때문에 '텅 빈 절대성'은 바로 아버지의 법이고 언어다. 우리가 이상의 문학을 증상으로 읽는 이유는 바로 이런 언어관 때문이다. 이상 문학으로 들어서기 전에 조금 더 증상에 대해 알아보자.

기호학자요 (후기)구조주의자였던 라캉은 프로이트의 문명, 혹은 "죽은 아버지"에 소쉬르 언어관을 대입하여 "원초적 기표"(Primordial Signifier)라는 개념을 만든다. 라캉에게 최초의 증상은 언어이다. 그리고 그 언어는 단 하나의 객관진리를 지칭하는 절대적인 기표가 아니라 수많은 기의가 드나드는 텅 빈 기표다. 상상계 혹은 억압이 일어나지 않은 거울단계의 자아는 언어의 세계에 진입하지 못하기에 상징질서가 배제된 증상으로 나타난다. 억압이란 아버지의 법인 상징질서로 진입하여 대상과 거리를 유지하고 대상을 승화할 수 있는 주체가 되는 길이다. 이때 언어는 기표와 기의의 틈새가 자의적으로 결합되어 그 틈새가 무한히 열려있고 시간에 따라, 주체의 입장에 따라, 같은 기표가 다른 기의를 지닌다. 기표와 기의가 결합되는 순간은 영원하지 않고 잠정적이다. 언어는 그 자체로는 텅 비었기에 오직 잠정적인 의미만을 생산한다.[10] 라캉이 조어 만들기를 즐기고 동음이의어(pun)를 즐기는 이유는 기표와 기의의 틈새가 무한히 열려있다는 것을 '즐기기' 위해서이다. 물론 이런 즐김에는 깊은 의미가 있고 그 이상의 숨은 뜻이 있을 것이다. 모더니스트였던 조이스도 동음이의어를 즐겼다. 그리고 자세히 논의되겠지만 사실주의 문학에 저항한 이상 역시 동음이의어를 즐긴다. 라캉의 동음이의어는 어떤 숨은 뜻을 갖는가 보자.

라캉이 말년에 즐겨 쓴 동음이의어, Freud[frɔid], fraud[frɔ:d]의 경우를 보자. 두 단어의 발음은 거의 같다. 그러나 앞의 단어는 프로이트라는 정신분석자이고 뒤의 단어는 가짜, 사기꾼이라는 의미이다. 두 단어는 소리는 비슷하지만 의미는 정반대이다. 프로이트라는 진실 추구자와 가짜, 사기꾼. 그러나 이 두 단어의 기의는 정말로 정반대일까? 혹시 겉보기에는 정반대이지만 사실은 하나가 아닐까? 프로이트의 정신분석은 허구를 인정하는 진실 찾기이다. 그렇다면 사기꾼의 진실과 전혀 다른 것은 아니다. 진리에 허구가 개입된다는 것을 밝힌 프로이트는 진실하다. 그는 자신이 가짜라는 것을 인정했기 때문이다. 다시 말하면 Freud와 fraud의 의미는 서로 반대가 아니라 뫼비우스의 띠처럼 하나로 연결되어 있다는 것이다. 소리는 같지만 의미는 반대이다. 그런데 그 반대의미는 뫼비우스의 띠처럼 연결되어 있다. 이것이 라캉이 동음이의어를 즐기는 이유다. 이것을 주체와 타자에 대입해보자. 상상계와 상징계는 서로 반대이다. 그런데 이 둘이 뫼비우스의 띠처럼 연결되어 있다. 그렇다면 라캉이 즐기는 주체와 타자는 동음이의어이고 증상이다.

---

10) 라캉은 1936년 '거울단계' "Mirror Stage"라는 글을 발표함으로써 무의식을 재해석하기 시작한다. 이후 1953년부터 시작한 세미나들은 제 3권에서 정신병, 11권에서 오브제 프티 아와 실재계 논의로 발전된다. 그리고 기표와 기의의 잠정성은 『에크리』*Ecrits*에서 주로 논의된다. 그는 결코 자신의 사상이 프로이트의 어떤 부분을 재해석하는지 밝힌 적이 없다. 오직 익숙한 독자들만이 그것을 발견하도록 난해한 글을 썼기 때문이다.

동음이의어에서 어느 한 쪽을 지나치게 주장하면 다른 쪽이 얼굴을 내민다. 진실과 허구가 뫼비우스의 띠처럼 연결되어 있을 때 진실을 지나치게 주장하면 가짜(사기꾼)가 얼굴을 내민다. 자의식 과잉이란 어느 한 쪽이 지나치게 주장될 때 나타나는 증상이다. 동음이의어는 기표가 단 하나의 기의와 결합되지 않고 시간과 장소와 입장에 따라 무수한 기의가 가능하기에 기의가 잠정적이라는 것을 증명한다. 절대적 언어와 진리란 없고 언제나 허구가 개입된다. 겉보기에는 정반대의 뜻을 가진 두 단어가 사실은 하나의 끈으로 연결된 것, 죽음과 삶이 하나의 리비도로 연결된 것이 라캉이 추구한 언어요 진리였다.

같은 맥락에서 조이스와 이상도 동음이의어를 즐겼다. 동음이의어는 논리가 아니고 증상이다. 한 쪽을 억압했을 때 나타나는 반대쪽이기 때문이다. 라캉의 실재, 혹은 '실재계'란 무엇인가, 상상계와 상징계가 뫼비우스의 띠처럼 연결된 것이 실재계라면 정 반이 하나의 끈에 연결된 것과 무엇이 다른가. 다시 말하면 라캉에게 동음이의어의 매력은 바로 정반이 뫼비우스의 띠처럼 하나로 연결된 실재였기 때문이고 이것이 증상이기 때문이었다. 진실에 허구가 개입될 수밖에 없기에 논리를 거부하고 합리성에 저항한 모더니스트들은 증상이다. 그들은 증상으로 존재하고 증상으로서 글쓰기를 했다. 주체는 텅 빈 가짜인데 다만 살려고 진실한 척하는 것이다. 「오감도」의 '시제 4호'에서 책임의사 이상이 진단한 환자의 병은 죽음(0)이었다. 김명환이 밝히듯이 4라는 숫자는 죽음의 死이기도하다.[11]

언어가 증상이듯이 문명도 증상이요 아버지의 법도 증상이다. 문명과 법은 삶의 질서를 위해 죽은 아버지를 토템으로 형상화한 것이기 때문이다. 텅 빈 해골로부터 문명과 언어와 법이 시작된다. 죽음이 있던 자리에서

---

11) 김명환." 이상의 시에 나타나는 수학 기호와 수식의 의미" 『이상문학 연구 60년』 (서울: 문학사상사, 1998), 165-182면 참조.

삶이 시작되고 끝은 새로운 시작이다. 이것이 프로이트에서 라캉이 재해석한 증상이고, 조이스에서 발견한 증상이다. 어린 아이의 의미를 가진 동해(童孩)는 해골의 의미를 갖는 조어 "동해"(童骸)와 동음이의어이다. 그리고 동시에 증상이다. 어린아이는 탄생이요 동해는 죽음이다. 삶과 죽음이 한자리에 있고 시작이 끝과 하나로 연결되어 있다. 이상은 증상으로 존재하고 그의 문학은 시작과 끝이 뫼비우스의 띠처럼 연결된 증상이다. 단하나의 정답을 주장하지 못하는 증상으로서의 문학은 조이스의 문학처럼 끝없는 해석을 낳기 때문에 정답을 찾는 해석이 아니라 정답을 찾는 과정이다. 그래서 증상은 즐기는 것이지 종결을 짓거나 제거해야 하는 대상이 아니다. 증상을 파고들면 텅 빈 해골이 나타나기 때문에 지젝(Slavoj Zizek)은 '증상을 즐기라'고 말한다. 지젝은 이데올로기를 절대적인 것으로 주장하지 않고 숭고한 대상인 증상으로 보았다. 죽음충동을 메운 찬란히 빛나는 숭고한 대상인 이데올로기는 절대적이 아니라 텅 빈 해골이지만 우리는 그 것 없이 질서를 유지하지 못하고 그것 없이 상징계는 유지되지 못한다.

　이상은 증상이다. 李箱, 以上, 異常, 理想,... 그의 이름은 기표다. 그는 흔적이다. 그리고 그의 문학도 증상이다. 이제 '증상으로서의 이상'을 살펴보고자 그의 예술관이 압축된 작품, 「종생기」를 자세히 살펴본다.

이상의 「종생기」

　이상이 1936년 11월 20일 일본에서 「종생기」를 썼을 때 그의 나이는 26살 2개월이었다. 그리고 작품 속의 이상이 묘비명을 쓴 나이는 25세 11개월로서 종생한 때는 1937년 3월 3일이었다. 묘비명을 새긴 후 해골로 이상이 산 것은 26세 3개월이다. 종생 후 4개월 후로 1937년 7월 3일이다.

자신이 죽을 나이와 죽고 나서 허수아비로 살면서 종생기를 쓸 나이를 미래로 구성한 이 작품은 김윤식 교수가 언급했듯이 "묘비명 이후의 생애까지 그리고자 한 것이 이 작품의 놀랄 만큼 기발한 착상"이다.12) 그것이 왜 기발한 착상이고 어떤 의미를 지니고 있는지 작품 속으로 들어가 보자.

난해한 소설의 줄거리를 간추려본다. 소설은 우선 작가와 인물의 경계를 허물고 소설가 이상 자신이 주인공으로 등장한다. 그러므로 자신의 예술에 관한 소설, 혹은 소설에 관한 소설이다. 그는 우선 자신이 비록 남루하지만 죽은 후에 봉황이 와 앉으려면 산호채찍을 단단히 쥐고 죽어야 한다고 말한다. 산호가 아닌 산호채찍인 것에 주목하자. 산호는 알맹이, 진리 그 자체지만 산호채찍은 죽은 시체에 봉황을 유인하는 어떤 것이다. 이어서 톨스토이의 종생은 실패한 것으로 자신은 그런 종생을 되풀이하지 않겠다고 말한다. 뒤에 도스토예프스키와 자신을 일치시킨 것을 볼 때 우리는 이상의 문학이 톨스토이식 사실주의가 아니라는 것을 알게 된다. 이어서 이상은 단 하나의 <나>가 아니라 여러 개의 <나>가 와글와글 들끓고 원숭이가 사람 흉내를 낸다고 알지만 사실은 사람이 원숭이 흉내를 낸다고 하면서 주체의 고귀함이나 절대성을 와해하고 대신에 주체가 자의식적임을 암시한다.

이제 소설가 이상은 자신의 작품에 나오는 여성인물이나 사랑 이야기가 현대인의 자의식 과잉을 보여주려는 "어마어마한 세간사리"라고 엄살을 부린다. "사치한 소녀는 해빙기의 시냇가에 서서 입술이 낙화지듯 좀 파래지면서…" 이것이 그가 장만한 소설의 소재다.

---

12) 김윤식 편저. 『이상문학전집의 제2권』의 소설 편에 실린 마지막 작품 「종생기」 (375-397면)와 김윤식의 해제 참조(401면). 이로부터 이 책에서의 인용은 (면수)로만 밝힘.

이만하면 완비된 장치임에 틀림없으리라. 나는 내 종생기의 서장을 꾸밀 그 소문 높은 산호채찍을 더 여실히 하기 위하여 위와 같은 실로 나로서는 너무나 과감히 사치스럽고 어마어마한 세간사리를 장만한 것이다(378).

여기서 우리는 이상의 여성인물이 실존하는 사람들을 연상시킨다 해도 그것은 실제인물이 아니라 산호채찍을 꽉 잡으려고 이상이 마련한 작중인물이라는 것을 알 수 있다.[13]

노옹이 된 만 25세 11개월의 미소년은 날마다 운명한다. 저녁이면 잠이 들고 아침이면 깨어나기를 반복하는 하루하루 아무것도 이루지 못하고 늙어버렸다. 이렇게 자조한 후 예술가로서 자신의 삶을 햄릿에 비유한 이상은 다시 연애이야기로 들어간다. 햄릿은 "죽느냐 사느냐 그것이 문제로다."라는 독백으로 유명하다. 이상 역시 현재 자신의 처지가 예술가로서 죽느냐 사느냐의 기로에 서 있다. 그래서 다시 힘을 내어 연애이야기를 마련한다.

나는 가을. 소녀는 해빙기.
어느 제나 이두 사람이 만나서 즐거운 소꿉장난을 한번 해보리까.

나는 유서를 쓰고 있는 노옹이고 소녀는 이제 막 피어나는 해빙기에 있다. 그래서 두 연인은 영원히 만날 수 없다. 여기에서 나를 소설가요 소녀를 소설가가 포착하려는 실재(reality)라고 본다면 이상은 지금 자신의 예술론을 펼치고 있는 셈이다. 소녀와의 만남이 어긋나면 어떻게 실재를 포착하여 사실주의를 쓸 수 있는가. 러시아의 망명 작가 블라디미르 나보

---

[13] 이상의 아내 김향안은 훗날 회고의 글에서 이상이 자신을 연상시키는 여성인물을 소설에 등장시키고 자신과 나눈 대화를 소재로 쓴 것에 배신감을 드러낸다. 그리고 「날개」를 제외한 대부분의 후기 소설들을 잡문으로 평가 절하했다. 그러나 이것이 오해임을 우리는 「종생기」를 통해 확인할 수 있다. 김향안. "이상이 남긴 유산들." 『문학사상』, 1987년 1월호, 114면.

코프는 그의 소설, 『롤리타』에서 이와 비슷한 실험을 했다. 언어가 자의적인 기표일 때 어떻게 예술가가 실재를 포착하여 매끄러운 사실주의 소설을 쓸 수 있느냐. 이런 주제를 그는 험볼트의 이룰 수 없는 사랑이야기로 승화했다.

자신의 유서에 대해 불만을 느끼는 이상은 마침 소녀의 편지를 받는다. 그에게 사랑을 맹세하는 19세의 정희는 다른 두 남자와는 관계를 끊었다고 고백한다. 소녀의 편지가 거짓임을 알면서도 이상은 속기로 한다. 소녀를 만나러가는 자신의 행위를 자의식적 시선으로 보면서 지금까지 남들 앞에서 꾸며온 허세를 드러낸다. 도스토예프스키의 『지하생활자의 수기』를 연상케 하는 부분이다. 매사를 자율적으로 결정하지 못하고 언제나 타인의 눈치를 보며 허세를 부리는 허영에 가득 찬 주인공은 자아가 텅 비었기에 기준이 타인에게 있다. 그래서 타인을 흠모하지만 증오하고 그런 자신을 또 증오한다. 도스토예프스키는 흠모하기에 증오하는 이런 주인공들을 통해 19세기 봉건사회에서 20세기 산업사회로 옮아가던 시기의 빗나간 자의식을 비판했다. 자의식 과잉이란 텅 빈 자아가 가치의 기준을 타인에게 두고 흠모와 질투가 교차하는 승화되지 못한 증상이다. 민주사회가 이런 자아로 가득 차면 시민의식은 증발하고 원숭이의 흉내만 남는다. 자아는 원숭이가 되고 욕망이 빠르게 감염되어 사회는 파시즘의 온상이 된다. 주체가 홀로 설 수 없을 때 근대화란 공포이다. 이제 허영에 찬 이상은 "남들 보라고 낮잠을 잔다."(382).

겉을 화려하게 꾸미고 그녀 앞에 나타난 이상은 "설마가 사람을 죽이느니" 하면서 딴청을 부린다. 소녀를 의심하면서도 그녀의 명령을 거부하지 못한 자신에 대한 방어다. 그런데 소녀는 대답이 없다. 무관심으로 위장한 쪽이 이기는 게임이기에 그는 대답 없는 소녀에게 패한 것처럼 불안하다. 그는 가겠다고 허세를 부리며 발길을 돌리고 상심한 척한다. 이제는 종생이다. 그의 엄살은 이윽고 묘비명까지 마련하는 지경에 이른다. 그리고는 자신의 천재성과 겸손함도 은근히 자랑한다. 그리고 서술을 계속하기 위해 정희의 뒤를 쫓아간다. 아까 장만한 세간살이를 차근차근히 풀어놓고 살림살이를 해 볼 참이다. 이상은 자신의 예술이 현실을 반영하는 톨스토이식 사실주의가 아니라 자의식으로 가득 찬 텅 빈 주체임을 보여주기 위해 작위적 배경과 소재를 택하고 있다.

이제 서술은 반전을 맞아 말이 없던 정희가 "봄이 왔군요"라고 대응을 한다. 그는 자신이 위장하듯이 정희도 위장하고 있다고 믿는다. 그래서 당당하게 그녀를 사랑하지 못하고 이번에는 실컷 자신과 작품에 대해 냉소적으로 비아냥거린다. 자신의 작품을 믿지 못하듯이 그녀의 말을 믿지 못하기에 자기 비하와 거부의 반응만이 유일하게 허영심을 채우고 그녀에게 상처를 주는 길이다. 그러나 정희 역시 만만치 않은 적수다. "당신의 그 어림없는 몸치렐랑 그만 두세요. 저는 어지간히 식상이 되었습니다"(391). 정희가 자신의 응큼한 간계를 요만큼까지 간파한 것을 알고 그는 자신의 종생이 회춘을 못할 것 같다고 엄살을 부린다. "이상 그러지 말고 시험삼아 한 발만 한 발자국만 저 개흙밭에다 들여놓아보시지요." 소설가 이상이 자신을 인물로 세우고 자신의 예술관을 말하고 있음이 잘 드러난다. 연애이야기는 곧 예술론이며 맞수인 정희와 연애에서 그녀를 이겨내는 길은 곧 종생하여 회춘하는 길이다. 그녀의 고백을 가장 무참히 좌절시키는 길은 가장 적절한 순간에 나는 너에게 관심이 있는 척할 뿐이라는 것을 드러내는 길이다.

도스토예프스키와 고리키는 아름다운 문장을 쓸 듯 말 듯하면서 끝내 꼬랑지를 보이지 않았기에 기교가 한층 더 진보된 것이며 그런 만큼 효과가 두고두고 후세의 독자들을 속일 수 있는데 나는 왜 미끈한 근대 건축의 위용을 보면서 철근과 시멘트와 모래에 감응하느냐. 그는 자조 섞인 독백을 늘어놓는다. "나는 오늘 미문을 피하고… 숙명의 슬픈 투시안은 깨끗이 벗어놓고… 외로우나마 따뜻한 그늘 안에서 생명을 바치겠다." 이어서 정희의 위장과 속임수에 자신이 "속은 후에 또 속았다. 또 속은 후에 또 속았다." 고 말하며 예술가가 실재를 포착하지 못하기에 자신도 그에 맞서 자조와 위장으로 가득 찬 작품을 쓸 수밖에 없다고 암시한다. 그렇다면 나와 정희의 연애는 예술가와 실재의 연애요 잡고 잡히지 않는 맞수의 싸움이다.

> 심판이여! 정희에 비교하여 내게 부족함이 너무나 많지 않소이까? 비등비등? 나는 최후까지 싸워보리라……. 나는 내 마지막 무장을 전장에 내어세우기로 하였다. 그것은 곧 酒亂이다(395).

정희를 이겨내려고 그는 술을 먹고 토하고 난간을 잡아 흔들며 추태를 부린다. 추태는 그녀를 숭고하게 여기지 않는다는 몸짓이다. 그런데 그녀는 나를 말리는 데 안 말리는 것 같기도 하다. 그녀의 몸에서 편지가 툭 떨어진다. 바로 헤어졌다던 사내에게서 온 편지로 정희는 어젯밤에도 그와 만났던 것이다. "공포에 가까운 변신술이다". 게임은 끝났다 누가 이겼는가. 정희다. 자신이 또 속았으니 그의 추태는 보기 좋게 한 방 먹은 것이다. 그래서 그는 혼절하고 죽는다. 25세 11개월에 요절, 아니 老死다. 그런데 게임은 아직 끝나지 않았다. 비록 그가 눈을 떴을 때 정희는 그 사내의 품으로 갔지만 그는 '종생기'를 쓴다. "나의 종생은 끝났으나 나의 종생기는 끝나지 않는다". 정희는 계속 속옷을 벗을 것이고 그것이 바로 나의 종생기가 끝나지 않은 이유다(396). 왜 그럴까.

작품의 마지막 부분에서 그는 질투와 분노를 삭이고 평화를 찾고자 시체가 된다. 그리고 바로 이 시체가 되는 것이 '종생했지만' 그 후 '종생기를 쓴' 깊은 뜻이다.

정희, 간혹 정희의 후틋한 호흡이 내 묘비에 와 슬쩍 부딪는 수가 있다. 그런 때 내 시체는 홍당무처럼 화끈 달으면서 구천을 꿰뚫어 슬피 號哭한다(397).

위의 인용문은 소설의 반전이고 이상 소설론의 핵심이다. 죽어 해골이 되고 시체가 되어 종생기를 쓴 것은 해골이 글을 쓴 것이므로 텅 빈 주체가 쓴 언어다. 텅 빈 주체가 쓴 글은 증상이다. 해골을 메운 언어는 라캉이 말하는 원초적 기표요, 시간과 장소와 입장에 따라 끝없이 다르게 반복되는 언어요 글쓰기다. 이상은 죽은 후에 시체가 되어 글쓰기를 하였으니 시대에 따라 해석이 달라지는 영원히 되풀이되는 글을 남긴 셈이다. 그러므로 게임은 다시 한 번 끝났다. 이번에는 누가 이긴 것일까.

증상을 즐겨라

최후의 승리자는 예술가다. 정희의 변신술과 속임수, 위장은 당해낼 재주가 없어 소설가를 속이지만 소설가는 과감히 속고 또 속아 아예 죽어버린 후 종생기를 남겨 거꾸로 그녀를 패배시킨 것이다. 그녀는 소설가 이상을 속인 죄로 이 사내 저 사내 앞에서 계속 속옷을 벗을 것이다. '실재'는 속임수에 가득 찼기에 텅 빈 기표가 되고 시간과 장소에 따라 다르게 해석된다. 그러므로 그녀를 그렇게 만든 것은 이상이라는 해골, 혹은 흔적으로서의 예술가다. 이상이라는 이름을 동음이의어로 사용한 것은 바로 주체가 텅 빈 해골이라는 것이다. 자신도 정희도 동해(童孩)요 동해(童骸)이다. 도스토예프스키가 암시하듯이, 프랑스 소설 이론가 지라르(Rene Girard)가 밝혔듯이 산업화가 발전되고 도시화가 시작되고 민주화가 시작되던 20세기 초, 근대정신은 만인의 신이 아니라 자신만의 신을 요구한다. 자율성이요 주관성이다. 그런데 주체가 스스로 설 수 있는 힘이 없고 타인의 욕망을 모방하면 사회는 불안에 빠진다. 대상을 흠모하고 질투하여 속임수와 위장이 자기를 지키는 무기라고 착각하게 되기 때문이다. 특히 자유연애란 자율성이 없이 텅 빈 주체, 즉 허영에 빠진 주체에게 고통이 된다. 프로이트가 원초적 나르시시즘(Primary Narcissism)으로 불렀고 라캉이 거울단계라고 부른 주체 형성, 혹은 억압 이전의 자아에게는 대상의식이 없다. 그런데 이런 성향이 상징질서에 들어와서도 제거되지 않고 남아있기 때문에(억압은 제거가 아니다) 여전히 대상을 사랑하면서도 증오하게 된다. 이것이 자의식이다. 자의식은 자신이 텅 빈 주체임을 알기에 절대논리를 거부하고 올바른 대상의식을 가질 수 있는 근대적 주체의 필수적 요건이다. 그러나 동시에 자의식은 과잉되면 인간을 사도 마조히즘의 함정에 빠뜨리는 원인이 되기도 한다.

다시 종생기의 마지막 장면으로 돌아가 보자. 정희의 속임수와 위장에 패배한 이상은 오히려 스스로 죽음으로서 패배를 승리로 역전시키는 예술가가 된다. 마지막 대반전이요 역설이다. 그리고 한술 더 떠서 '나의 관심은 네가 아니라 내 예술이었소'라고 밝히는 셈이니 정희가 알았다면 분통이 터질 일이다. 응큼한 이상은 그녀를 사랑하는 척했을 뿐 정말 사랑한 것은 자신의 예술이었고 연애이야기인 척했을 뿐 그것은 실재와 그것을 재현하려는 예술가의 싸움이었다. 산호채찍을 꽉 쥐려는 방편이었다. 그의 소설에 나오는 여성 인물들과 연애이야기는 미학적 장치였다. 그렇다면 이런 무관심만큼 정희를 분노에 떨게 하는 것은 없을 것이다. 연애에서 무관심이 무기라면 그보다 더 큰 무관심은 없을 것이다.

실재의 속임수를 긍정하고 오히려 그것에서 예술의 영원성을 얻은 이상은 죽더라도 산호채찍만은 꽉 쥔 것이다. 그러면 산호가 아니라 산호채찍을 쥔 것은 무엇을 의미하는가. 다시 말하면 어린이 해골이 지닌 미학적 윤리는 어디에 있는가. 이미 봉황이 앉는다든가 묘비명에 정희의 몸이 부딪칠 때마다 의미가 생성된다는 식으로 암시했지만 이제 본격적으로 텅 빈 주체, 즉 자의식적 주체의 윤리를 살펴보자. 이상은 「오감도」에서 "무서운 아해"와 "무서워하는 아해"가 있고 길은 막다른 골목이어도 좋고 뚫린 길이라도 좋다고 표현한 적이 있다. 이미 많은 비평가가 언급했지만 이상문학에서 삶과 죽음이라는 정반의 대립은 뫼비우스의 띠처럼 연결되어 하나의 리비도로 묶여있다.14) 바라봄과 보여짐이 한 자리에 있고 죽음의 자리에서 삶이 태어나기에 정반의 대립은 순환의 관계 속에 놓이게 된다. 주체가 이렇게 타자와 뗄 수 없이 하나의 리비도일 때 자의식이 태어난다. 그러므로 자신을 돌아보는 또 하나의 자아를 인정하는 자의식은 도시가 발달되기 시작하던 근대적 주체의 필수적 조건이었다. 문제는 이런 자의식이 어떤 방식으로 존재해야 사회가 불안에 덜 빠지고 개인의 공포와 불안이 덜 하겠느냐는 것이다. 주체가 증상이라면 증상은 어떻게 존재해야 하는가. 윤리적 주체가 되려면 증상은 어떤 방식으로 존재해야 하는가.

    주체는 억압을 통해 사회로 진입한다. 이때 원초적 나르시시즘은 억압될지라도 제거되지 않고 여전히 주체의 리비도로 작용한다. 그러므로 억압이 잘 되는 것, 즉 승화가 필요하다. 신을 흠모할 때는 신과의 거리가 멀어 마음이 평화롭고 그의 욕망을 모방하는 것은 윤리적이다. 그러나 신이 사라진 시대에 인간은 평화를 얻기 어렵다. 너와 내가 평등해지면 서로가 라이벌이 되어 불안과 증오에 빠진다. 이제 평범한 대상을 신처럼 숭고한 위치로 올려놓는 승화가 요구된다, 대상과 적절한 거리를 유지하는

---

14) 이상의 의식구조를 합리주의에 대한 거부의 맥락에서 뫼비우스의 띠로 해석한 경우는 많다. 예를 들면 김용운의 「이상문학에 있어서의 수학.」 『이상전집 제4권』, 230-233면. 황도경, 「다원화되고 복합적인 심리체계의 반영: 모더니즘의 공간성」 『문학사상』, 1998년 3월호, 47면, 김민수, "절대적인 것에 대한 상대적 가치, 즉 이성적인 것과 비이성적인 것이 서로 별개의 영역에서 따로 존재하는 것이 아니라 통합되어야 함을 제시." 『이상문학 연구 60년』, 216면 등.

승화는 주체가 자율성을 갖는 데 필요한 것이지 그 대상이 신이기 때문이 아니다. 절대 신이 사라진 자리에 텅 빈 신이 필요하다. 신은 사라졌지만 신은 여전히 존재해야 한다. 라캉의 숭고한 대상인 "오브제 프티 아"는 절대 신이 사라진 시대에 건전하고 자율적인 근대적 주체를 위해 존재하는 텅 빈(잠정적) 신이다. 승화란 상징계가 인정하는 대상을 숭고한 위치에 놓고 그의 욕망을 모방하는 것이다.

주체가 타자를 승화하지 못하고 억압이 정상으로 일어나지 못할 때 주체는 타자의식이 없이 거울단계에 빠지거나 도착증에 빠진다. 둘 다 건전한 타자의식, 대상의 승화를 갖지 못하고 원초적 나르시시즘으로 퇴행하는 경우다. 자의식이 없거나 자의식의 과잉이다. 자의식이 없으면 바라봄만 있고 절대논리를 믿는 도착증이 되고 자의식이 과잉되면 대상을 승화하지 못하고 대상과의 거리가 없어지므로 흠모와 증오에 빠진다. 도스토예프스키의 지하생활자나 이상의 연애 소설에서 이런 자의식 과잉이 잘 나타난다. 흠모하기에 질투하고 사랑하기에 파괴하려는 이런 자의식 과잉, 혹은 거울 단계의 과잉에서 사랑은 이기느냐 지느냐의 승부욕이 되고 위장과 속임수가 심해진다. 그리고 주체는 사도-마조히즘의 불안과 증오로 추락한다. 주체가 타자를 품고 있을 때 승화가 아닌 관음증과 노출증의 함정에 빠지면 개인과 사회는 불안과 증오에 휩쓸린다. 관음증은 몰래 훔쳐보는 행위로 '보여지는 것'을 거부하고 노출증은 보여지는 쾌감으로 '바라봄'을 거부한다. 전자는 바라보는 응시의 과잉이고 후자는 보여지는 응시의 과잉이다. 여기에서 벗어나 대상을 승화하는 것은 곧 자신을 승화하는 것이기 때문에 승화는 주체의 정화이다.

이런 관계를 이상의 작품 「종생기」로 돌아가서 살펴보자. 서술은 처음부터 거의 마지막에 이르기까지 두 연인의 승부욕을 다룬다. 정희의 위장, 이상의 냉소적 자조와 속임수가 연애이야기의 전부다. 이것은 자의식 과잉이다. 자신을 승화하지 못하고 냉소적으로 자조하기에 정희 역시 숭고한 대상이 되지 못하고 승부욕의 대상으로 전락한다. 톨스토이처럼 자의식 없음에서 도스토예프스키의 자의식 과잉이 된 것이다. 그런데 마지막 반전을 통해 이상은 정상적 자의식을 성취한다. 다시 말하면 정희와의 승부에서 지는 순간 자의식 과잉의 냉소적 자아가 죽는다. 그리고 다시 태어나는 텅 빈 주체, 노옹, 해골, 종생기를 쓰는 허수아비의 주체는 정상적 자의식의 주체다. 제대로 억압이 이루어진 주체다. 예술가를 흔적으로, 주체를 동해로 인정하고 동음이의어를 즐기는 새로운 주체다. 이렇게 증상을 즐기는 주체는 윤리적이다. 동음이의어 "동해"는 죽음과 삶이 하나로 연결되어 영원히 다르게 반복될 것을 아는 주체이고 바로 산호채찍을 쥔 흔적으로서의 이상이다.

이제 라캉의 실재계로 이상의 자의식적 주체를 해석해보자. 실재계는 상상계와 상징계가 뫼비우스의 띠처럼 연결된 것이다. 라캉이 본 '실재'란 그것이 주체이든 대상이든 언어이든 이런 식으로 구조되어 있다. 그러므로 실재는 동음이의어로 동해다. 아이와 해골이 함께 있는 증상이다. 이때 상징질서에 제대로 진입하지 못하고 거울단계에 빠지면 대상 인식이 없고 자아와 타자를 동일시하게 된다. 흠모와 증오가 한 자리에 있고 정당한 의사소통이 흐려진다. 나와 대상의 구별이 없고 나는 만물과 동일시하여 순환이 빨라진다. 라캉은 이렇게 극단적인 병적 증상을 정신병으로 보았다. 자의식 과잉은 거울단계의 과잉이다. 이상의 서술양식에서 이 단계는 「지도의 암실」이나 「지주회시」처럼 띄어쓰기가 거의 없다. 언어와 의사소통이 정상적으로 이루어지지 않고 흠모와 증오의 교차와 순환이 빠르다.

    活胡同是死胡同是胡同是活胡同 (「지도의 암실」, 170)

두 번 째, 거울단계는 억압되었으나 여전히 상징질서보다 우세할 경우에 나타나는 서술 양식이다. 대상과 의사소통은 이루어지지만 대상이 승화되지 못하고 거리가 좁아 흠모와 증오의 교차는 속임수와 위장으로 나타난다. 이상의 글에서 띄어쓰기는 되었으나 문장이 자의식적이고 동음이의어 등의 말장난을 하며 속임수와 위장이 심한 연애이야기들이다. 「실화」,「환시기」,「종생기」 등이다. 정도의 차이가 있을 뿐 위의 두 단계는 자의식 과잉에 속한다.

이와 달리 마지막 단계는 거울단계의 억압이 제대로 이루어지고 타자를 인정하는 서술이다. 「날개」와 「봉별기」가 여기에 속한다. 서술은 매끄럽고 대상을 향한 속임수와 위장도 없다. 대상을 흠모하거나 증오하지 않는다. 다만 서로 만날 수 없는 어긋나는 사랑을 슬퍼할 뿐이다. 예를 들어 날개의 주인공은 박제된 천재다. 그는 아스피린인지 아달린인지 구별하지 못하는 어렴풋한 주체지만 서술은 "커피", "티룸" 등 지적이고 매끄럽다. 그리고 삶의 통찰력을 지닌 지성인이다.

> 우리 부부는 숙명적으로 발이 맞지 않는 절름발이인 것이다. 내가 아내나 제 거동에 로직을 붙일 필요는 없다. 변해할 필요도 없다. 사실은 사실대로 오해는 오해대로 그저 끝없이 발을 절뚝거리면서 세상을 걸어가면 되는 것이다. 그렇지 않을까? (343)

위와 같은 맥락에서 「봉별기」 역시 서술이 정상이다. 만나면 헤어지는 삶의 진실을 꿈처럼 노래한다. "속아도 꿈결 속여도 꿈결 굽이 굽이 뜨내기 世上 그늘진 心情에 불질러버려라 云云"(355). 삶은 꿈이다. 만나면 헤어지고 다시 만나면 헤어지기를 반복하니까. 아무 것도 아닌 허무를 찬란하게 승화시켜 동경하지만 꿈이 이루어져 만나는 순간 우리는 이별을 해야 한다. 숭고한 대상이란 텅 빈 무라면 삶이 꿈이 아니고 무엇이랴.

"살아있는 골목이 죽은 골목이요, 죽은 골목은 산 골목이다."15)

맺음

이상의 띄어쓰기는 증상이다. 그것은 적절한 자의식과 자의식의 과잉을 구별하는 증상이다. 병적 증상과 정상적인 증상을 구별하는 글쓰기다. 「종생기」는 자의식적 과잉의 주체가 죽고 정상적 자의식의 주체가 태어나는 글쓰기다. 임종국은 이것을 '일상의 자아'가 죽고 '본래의 자아'가 태어난 것으로 해석했지만 필자는 이것을 '자의식 과잉의 자아'가 죽고 '적절한 자의식의 주체'가 태어난 것으로 재해석해본다. 전자는 동어 반복이어서 순환이 빠르게 일어나고 후자는 적절한 반복과 순환을 즐긴다. 증상으로서의 글쓰기는 텅 빈 기표를 찬란히 승화시켰기에 제아무리 해석해도 여전히 여분이 남는다. 여분을 인정하는 주체가 타자의식이고 종생기를 쓴 이상의 주체다.

여분이 남는 주체, 언어, 그리고 글쓰기는 시대에 따라 입장에 따라 다르게 반복된다. 그의 묘비명에 정희(실재)가 부딪칠 때마다 슬픈 곡소리를 낸다. 모더니즘이론으로 읽으면 황도경이 언급하듯이 "공간적 글쓰기"가 되고 다다이즘으로 해석하면 죽음과 無를 강조하는 실존적주체가 태어나고 후기구조주의 이론으로 읽으면 증상이 된다. 끝없는 잉여의 글쓰기는

---

15) 김주현은 그의 글, 「텍스트부터 잘못되어 있다」에서 「지도의 암실」에 나오는 구절, 活胡同是死胡同 死胡同是活胡同을 한문이 아니라 백화문으로 쓰인 것으로 해석하여 "살아 있는 골목은 죽은 골목이요, 죽은 골목은 산 골목이다"로 해석되어야한다고 말한다.(『이상문학 60년』, 395면). 필자는 위에서 "살아있는 골목은죽은골목이요죽은골목은살아있는골목이다"로 붙여 쓰는 것이 원문에 더 충실하지 않을까 생각한다. 띄어쓰기 자체가 이미 증상이요, 이상문학의 일부이기 때문이다. 다만 같은 문장을 띄어 쓸 경우에는 정상적 자의식의 주체가 되므로 필자는 본문에서 띄어쓰기를 하였다.

완벽한 설명을 거부하고 독자에게 완벽한 설명을 요구하지도 않는다. 그저 보고 느끼는 글쓰기이다. 수학과 도해, 그리고 띄어쓰기에 신경을 쓴 그의 시각적 실험은 증상으로서의 문학이다. 독자는 그런 증상들을 해결하거나 제거하려 하지 말고 즐겨야 한다. 라캉과 조이스와 이상의 글은 언제나 여분이 남는 해석이기에 끝나지 않는다. 시대에 따라 실재의 존재방식이 변하면 패러다임이 달라지고 새로운 패러다임이 그의 묘비명에 닿으면 다시 찬란한 곡소리를 내기 때문이다. 그러기에 '증상으로서 읽는 이상문학'은 후기구조주의 해석의 한 방법일 뿐이다.

핵심단어(key words)
증상(symptom), 실재계(The Real), 동음이의어(pun), 후기구조주의(Poststructuralism), 죽음충동(death drive) 거울단계(the mirror stage), 이상, 종생기, 라캉, 도스토예프스키. 자의식 과잉.

참고 문헌

권택영. 「속임수, 욕망, 그리고 소설: 르네 지라르의 소설이론」. 『소설을 어떻게 볼 것인가』. 문예출판사. 1995.
김명환. 「이상시에 나타나는 수학기호와 수식의 의미」. 『이상문학연구 60년』. 문학사상사. 1998. 165-182면.
김향안. 「이상이 남긴 유산들」. 『문학사상』. 1987년. 1월호. 114-12면.
김용운. 「이상문학에 있어서의 수학」. 『이상문학전집 제4권』. 1995. 211-237면.
김민수. 「시각예술의 관점에서 본 이상시의 혁명성」. 『이상문학연구60년』. 183-238면.
김윤식. 「해제」, 『이상문학전집 제2권』. 문학사상사. 1991. 401면.
김주현. 「텍스트부터 잘못되어 있다」. 『이상문학연구60년』. 387-408면.
이 상. 『이상문학전집 제2권』. 김윤식 엮음. 문학사상사. 1991.
임종국. 「이상연구」, 『이상문학전집 제4권』. 김윤식 엮음. 1995. 61-94면.

황도경. 「다원화되고 복합적인 심리체계의 반영: 모더니즘과 공간성」. 『문학사상』. 1998년. 3월호. 42-53면.

Sigmund Freud. "Inhibitions, Symptom, and Anxiety." *Standard Edition*. 20: 75-174.

____. "Totem and Taboo." *Standard Edition*. 13: 1-161.

Jacques Lacan. *Ecrits: A Selection*. Trans. Bruce Fink. New York: Norton. 2002.

____. *The Seminar of Jacques Lacan Book XI. The Four Fundamental Concepts of Psychoanalysis*. Trans. Alan Sheridan. New York: Norton. 1978.

Slavoj Zizek. *Enjoy Your Symptom!: Jacques Lacan in Hollywood and Out*. New York: Verso. 1992.

7. 예술가의 증상 2: 이청준의 "분석담론"

　일생동안 쉼 없이 장, 단편 소설을 발표하고 고르게 평판을 유지해온 이청준은 흔히 쉽게 읽히지 않는 작가로 알려져 있다. 현실을 비판하고 명쾌한 답을 원하는 '사실주의'의 입장으로는 관념적으로 느껴지고 삶을 직접적으로 반영하면서 감동을 원하는 독자에게는 모호하고 난해하게 느껴진다. 심지어 전문가의 시선으로 보아도 실마리가 숨어있어 해석이 각기 다르다. 그리고 한 비평가의 시각으로도 시간과 경험에 따라 조금씩 읽기가 달라진다. 그 뿐만이 아니다. 첩첩히 엮인 작품의 결은 어떤 이론으로 읽어도 말이 된다. 실존주의, (후기)구조주의, 정신분석, 현상학, 신마르크시즘, (포스트)모더니즘 등, 어떤 이론을 대입해도 논의가 가능하고 어느 한 이론에 늘 여분을 남긴다. 그 이유는 무엇일까. 해석이 끝없이 되풀이 되는 이유는 그의 소설이 하나의 '증상'(symptom)으로 존재하기 때문이다. 증상이란 해석의 잉여 때문에 정답이 없는 징후다. 해석의 문이 열려있는 증상으로서의 글쓰기가 이청준 문학의 독특함이다.
　증상은 그의 글쓰기 특징일 뿐 아니라 실제로 인물들에게도 나타난다. 그의 소설에는 유난히 정신과 의사의 진단을 받는 환자라든가, 의사와의 대화, 혹은 병원에는 가지 않아도 다분히 현실에 적응하지 못하는 이상한 인물들이 많이 나온다. 소설의 결말이 독자로 하여금 고개를 갸웃하게 만드는 이유 중 하나는 바로 이런 증상이 속 시원히 해결되지 않거나 그런 증상에 정답이 없기 때문이다. 중·단편들 가운데 증상으로 떠오르는 독특한 인물을 몇 사람 꼽아본다. 우선 「귀향연습」의 주인공은 어릴 적의 '배앓이'로부터 시작하여 온갖 질병들을 섭렵한다. 그의 배앓이는 그 원인이 단순히 생물학적이거나, 물리적 이유 때문이 아니라 심리적인 반응으로 나타난다. 그외 다른 병도 마찬가지다. 『조율사』의 화자에게 증상은 '단식'이다. 그는 현실의 문제에 부딪칠 때마다 단식을 내세운다. 이런 반응 역시 그의 몸이나 건강이 특별히 나쁜 것이 아니라 상황에 대응하는 심리적 반응에 속한다. 이보다 조금 더 심각하여 병적인 증상으로 '실종'을 꿈꾸는 인물이 있다. 「소문의 벽」의 인물 박준은 거짓 죽음을 욕망한다. 소위 '가사'(假死) 상태를 반복한다. 정도의 차이는 있지만 이외에도 이청준 소설에서 병적이든 아니든 증상에 시달리는 인물들은 적지 않다. 증상은 어디에서 오고 그런 인물을 통해 그가 전달하려는 주제는 무엇일까. 말의 탐구와 소설의 탐구로 논의된 그의 작품들은 증상과 어떤 연결점을 갖는가.

 정신분석은 환자의 병적인 증상을 과거의 기억을 더듬어 대화로 풀어내는 치유법이다. 이때 과거란 현재 속에서 재해석되기 때문에 의사는 이런 '전이'를 인정하면서 환자를 집착에서 해방시킨다. 의사와 환자가 서로 응시를 길들이는 과정을 라캉은 '분석담론'(Analyst's Discourse)이라 불렀다. 이청준의 소설은 '중층의 분석담론'이다. 첫째, 작품 안에서 환자의 증상을 풀어가는 정신과 의사가 등장한다. 둘째 작품의 최종적 의미 산출자인 내포저자(implied author)[16]가 실패하는 의사의 분석과 다른 해석을 암시

---

[16] 내포작가란 미국의 서사이론가인 웨인 부스(Wayne Booth)가 1961년에 펴낸 책,

한다. 이때 암시는 중층구조를 이루기 때문에 아주 미묘한 한 두 문장으로 표현되고 독자는 이 실마리를 놓치면 안 된다. 이 대조를 찾아내는 독자가 결국 최종 분석자가 된다. 해석의 '잉여' 때문에 끝없이 다시 읽히는 소설은 그 자체가 증상이고 꼼꼼히 읽는 독자는 분석담론의 분석자에 해당된다. 그러므로 분석담론은 서사를 읽는 방법이다. 이와 같은 가정아래 본 논문은 위의 세 편의 중·단편을 골라 증상으로 본 이청준의 작품이 어떤 시대적이고 보편적 의미를 갖는지 밝히려 한다. 우선 증상은 무엇이고 왜 오는지, 그리고 라캉이 말하는 분석담론의 특징은 무엇인지, 그것이 주인담론(Master's Discourse)과 어떻게 다른지 알아본다.

주인 담론과 분석담론

증상은 '불안'(anxiety)에 대한 반응이다. 인간의 실존을 규명하는 단 하나의 용어가 있다면 그것은 존재의 두려움과 불안이다. 우리는 얼마나 포착되지 않는 현재와 존재하지 않는 미래에 대해 공포를 느끼는가. 불안은 인간이 숨을 쉬는 대가로 지불한 텅 빈 공허(the Void)라는 원초적 상흔이다. 무의식을 발견한 프로이트 역시 당시 실존주의 맥락에서 불안을 해석했고 그것에 대한 대응 방식을 삶이라 규명한다. 인간의 꿈과 행동, 그리고 병적 증상의 원인을 꿈의 분석을 통한 유아기 경험(약 3세까지)에서 찾으려 했던 프로이트는 차츰 그런 경험들이 의식에 억압된 무의식(공허)이기 때문에 마치 잃어버린 과거를 탐색하는 것처럼 모호하다는 것을 깨닫는다.

『픽션의 수사학』Rhetoric of Fiction에서 사용한 용어이다. 저자는 그가 지은 한 권의 소설에서 어떤 기법을 사용하든 그것은 모두 독자를 설득하려는 저자의 수사적 장치이며 따라서 독자가 추론해낸 의미는 모두 저자의 것이라고 부스는 말한다. 이때 작품의 의미가 귀속되는 저자를 실제 저자와 구별하여 내포저자라 부른다.

1914년 「기억하기, 반복하기, 그리고 문제풀기」에서 그는 이미 상흔 (trauma)의 허구성을 암시했고 이어서 『쾌락원칙을 넘어서』(1920)에서 이 허구성의 실체를 '반복강박'이라 이름 붙인다. 상흔이란 분석자가 찾을 수 있는 근원이 아니라 그 이후 반복되는 행동에서 유추되고 이것은 무의식 너머에 죽음충동이라는 반복강박이 존재하기 때문이라는 가설이다.

1926년 오토 랑크(Otto Rank)가 발표한 『탄생의 트로마』(The Trauma of Birth, 1924)는 이런 입장에 처한 프로이트에게 다시 한 번 불안과 증상에 대한 실존적 자각을 준다. 불안은 유아기 이전 우리가 어머니의 몸에서 떨어져 나오는 순간 이미 자리잡는 근원적 상흔이라는 것이다. 프로이트는 1926년의 글, 「금지들, 증상들, 그리고 불안」에서 불안을 이렇게 정의 내린다. 불안은 신경증의 한 증상이 아니라 불안을 피하고자 증상이 생성되므로 증상은 삶에 대한 가장 원초적 반응이다. 다시 말하면 증상은 환자의 불안에 대한 반응만이 아니라 정상인을 포함한 인간 모두의 문제였다. 인간은 원초적 불안에 대해 자아를 방어하고 사회적으로 억압되는 본능을 충족하려고 어떤 식으로든지 대체물을 만들어 그것에 의존한다. 정상적인 인간의 꿈과 목적 역시 삶의 증상이다. 훗날 지젝이 "여성은 남성의 증상"이라든지 "증상을 즐기라"고 말할 때 그 증상은 신경증 환자의 병적 증상뿐 아니라 정상인의 증상이다. 그것은 상실한 '어머니 대체물'(mother surrogate)이었다.17)

리비도가 불안으로 변형된다는 이론을 버리고 불안이 먼저 있고 그것을 억압할 때 증상이 나타난다는 프로이트의 가설은 정신분석이 거둔 또 하나의 수확이었다. 그것은 말 공포증이나 강박증처럼 치료를 해야 하는

---

17) 증상에 관한 프로이트의 글은 "Inhibitions, Symptoms, and Anxiety," *Standard Edition*, 20: 111-143 참조, 지젝은 *Enjoy Your Symptom!* Routledge, 1992, 14, 154 등 참조. 라캉은 세미나 23을 조이스 문학에 받치는데 이때 그가 붙인 제목이 "Joyce le Symptom"이었다.

경우도 있고 이데올로기나 삶의 목적처럼 그냥 두어야 하는 경우도 있기 때문이다. 우리가 추구하는 욕망의 대상이나 지젝의 숭고한 이데올로기는 모두 살려고 매달리는 증상들이다. 마음 한 가운데의 텅 빈 무無는 연인이든 이념이든 무엇인가에 매달리지 않고는 덮을 수 없는 나락이다. 병적인 증상과 정상인의 증상은 가름하기 힘들고 이것을 무리하게 가름할 때 위험이 따른다. 증상은 제거하면 텅 빈 무, 혹은 불안 그 자체를 드러낸다. 그러므로 병적 증상은 치유해야 하지만 그 치유란 제거가 아니라 오직 정상적인 증상으로 대체될 뿐이다.

 인간은 증상 그 자체이다. 그리고 이런 주제는 이청준 문학의 중요한 모티프다. 그의 문학은 어떤 식으로든지 증상보다 더 위험한 것은 그것을 제거할 수 있다고 믿는 우리의 신념과 확신이라는 점을 암시하기 때문이다. 병적인 증상, 이상한 반응을 보이는 이해하기 힘든 인물들 속에서 그는 그것에 대처하는 의사의 방식이 왜 실패하는지 암시한다. 그리고 자신의 치유를 신념과 투쟁이 아닌 예술작품으로 암시한다. 그가 한국전쟁이후 여전히 계속되는 신념과 이념의 대립, 증오와 적대감을 실증주의 방식으로 치유할 수 없던 것은 삶을 증상으로 보았기 때문이다. 증오와 원한 역시 제거할 수 없는 증상이기에 이를 지울 수 있다고 믿는 어떤 주장이나 신념은 삶의 목적을 빼앗는 폭력이 된다. 이청준 문학이 지닌 모호성은 원한과 적대감을 증상으로 볼 때 오직 예술만이 치유에 가장 근접할 수 있다는 믿음 아닌 믿음에서 연유한다.

 삶이 증상이라면 삶은 이미 그자체가 문학, 혹은 예술의 형식으로 존재한다. 어머니가 아니라 어머니 대체물에 의존하여 불안을 다스리기 때문에 증상은 넘치거나 모자라는 잉여(혹은 결핍)를 피할 수 없고 이 여분이 증상을 끝없이 다시 읽히게 만든다. 증오와 적대감은 가장 근원적 삶의 모습이기에 분석자의 역할은 환자가 빗나간 증상에서 인정받는 증상으로 옮아가도록 돕는 것이다. 증상과 분석담론은 뗄 수 없는 관계요, 크게 다르지 않다. 전자는 해석의 대상이고 후자는 그것을 풀어가는 과정이다. 말은 증상이요 소설은 분석담론이다. 그러기에 이청준은 소설을 말에 대한 탐구로 보았다. 말을 기표와 기의로 나눌 때 하나의 기표에 대한 기의가 무수히 변하는 것은 언어가 증상이기 때문이다. 또한 너의 기표와 나의 해석이 다른 것도 언어가 증상이기 때문이다. 기의가 시간과 상황과 발화자와 수화자에 의해 달라지는 것은 언어의 잉여(혹은 결핍) 때문이다. 결핍인가 잉여인가는 상황에 따라 달리 표현될 뿐 근본적으로 다르지 않다. 라캉은 주체의 욕망을 말할 때는 결핍(lack)이란 용어를 사용하지만 주체를 넘어 사회, 물질성, 그리고 자연철학으로 범위를 넓혀갈 때는 잉여라는 용어를 사용한다. 분석담론은 주체를 포함하여 사회적이고 자연적인 현상들까지 포괄하는 용어이기에 잉여 혹은 여분(remains)으로 보는 것이 더 적절하다.

    분석담론은 인간의 삶을 증상으로 보는 담론이다. 그리고 분석담론을 대표하는 상징체계는 예술, 혹은 문학이다. 라캉은 세미나 17권에서 인간이 의미를 전달하는 방식을 주인담론과 분석담론으로 구별했다. 그는 프랑스 68혁명 당시 캠퍼스를 뛰쳐나가 혁명의 현장으로 나가자는 학생들의 구호를 들으면서 마르크시즘 대신에 말의 의미를 강조했다. 그가 말하는 말은 구조주의 언어이므로 의미가 기표를 넘치는 말이다. 오직 대화만이 문제의 해결이라는 것을 강조하면서 그는 마르크시즘 이데올로기나 구호, 주장을 담은 언어를 주인기표(master's signifier)라 부르고 여기에 헤겔의 주인과 하인의 변증법을 적용하여 주인담론을 만든다. 헤겔은 『정신의 현상학』에서 삶은 주인인 것 같지만 사실은 죽음이 부르면 언제든지 숨을 거두어야하는 하인에 불과하다고 말한다. 이런 가설은 프로이트의 죽음충동과 흡사하다. 그러나 아우츠비츠의 비극 이후 죽음충동이나 헤겔의 변증법이 재해석되어야 한다고 믿은 라캉은 죽음이 주인이 되는 담론을 '주인담론'으로 위험하게 보았다.

라캉이 변증법에서 가장 위험하게 본 것은 역사가 진보한다는 헤겔의 믿음이었다. 헤겔은 후기의 글, 미학이론에서 미의 발전을 세단계로 구분하고 독일 낭만주의 미학을 최고의 위치에 놓는다. 이것은 초기의 혁신적인 열린 사유를 닫는 결과를 초래한다.18) 죽음은 주인이고 삶은 그것에 종속된 하인이다. 그리고 죽음이 있어야 새로운 삶이 시작된다. 그러나 이런 엄연한 사실에도 불구하고 라캉은 주체가 주인이어야 한다고 주장한다. 이 말은 논리적으로 모순되게 들린다. 그러나 주인담론을 사도-마조히즘으로 풀이하면 이해가 된다. 주체가 죽음충동에 종속되어 쾌락의 노예가 되면 영화, 『감각의 제국』이 보여주듯이, 혹은 모든 파시즘 담론이 그렇듯이, 주체의 종말을 재촉하게 된다. 인간은 어차피 죽음이 부르면 언제든지 하던 일을 거두지만 그 죽음이 주인이 되어 주체가 죽음에 봉사하면 사도 마조히즘의 쾌락에 굴복하게 되어 죽음을 인위적으로 재촉하게 된다. 죽음을 절대 주인으로 모시지만 그 모시는 주체는 인간이 되어야만 삶이 잉여에 의해 지속된다는 것을 깨닫게 된다. 분석담론은 주인담론의 반대 짝이다. 즉 프로이트가 쾌락원칙 넘어 죽음충동이 있다고 말할 때 그 충동의 본질은 쾌락이었다. 쾌락이 가속화 될 때 그 충동의 본성은 사도-마조히즘적 폭력이다. 상관의 명령에 절대복종하는 파시즘은 대표적인 주인담론이다. 그때의 언어는 잉여를 인식하지 못하기 때문에 역설적으로 잉여에 의해 희생된다. 분석담론은 이런 인간의 충동을 알기 때문에 죽음을 주인으로 대접하면서 동시에 주체가 주인이 되는 '꼬인 담론'이다. 라캉은 이것을 $\$ \lozenge a$ 라는 공식으로 표시하여 주체가 죽음에 의해

---

18) Hegel의 초기 저작, *Phenomenology of Spirit*(1807)과 후기의 미학강의노트, "Lectures on Fine Art 1835-1838"의 차이를 살펴보면 헤겔의 사상이 어떻게 변모하는지 알 수 있다.

거세되었기에 대상은 늘 빗나간다고 설명한다. 잉여를 모를 때 주체는 오히려 죽음의 노예가 되어 a◇$ 라는 공식으로 표현된다. 이것이 도착증이고 파시즘이다. 라캉이 68혁명에서 캠퍼스를 뛰쳐나가는 학생들에게 혁명(구호)이 아니라 대화로 풀자고 말할 때 그것은 주인담론이 아니라 분석담론으로 문제를 풀자는 의미였다. 이제 이청준의 작품을 통해 증상을 풀어내는 독서과정이 곧 분석담론임을 확인해 본다.

증상의 분석

이청준의 소설 가운데 1970년대 초 중반에 걸친 작품들은 당시의 정치적 상황과 뗄 수 없지만 동시에 그런 특수성을 넘어 보편적 인간의 문제를 제시한다. 예를 들어 소문으로 존재하는 언어 때문에 진술의 공포를 겪는 작가의 소명의식을 다룬 「소문의 벽」, 도시에 적응하는 어려움을 고향에 대한 환상으로 감당해 나가는 「귀향연습」, 글다운 글을 쓰지 못하고 조율만하는 예술가의 고통인 『조율사』는 모두 현실에 적응하는 방식과 관련된다. 주인공들은 한결같이 원인을 모르는 증상에 매달린다. 증상들은 다양하지만 모두 불안을 메우는 대체물이기에 치유를 찾기는 쉽지 않다. 불안은 숨 쉬는 대가로 지불한 원초적 상흔이지만 우리가 그것을 의식하는 것은 바라보기만 하는 무의식의 단계에서 타인에 의해 보여짐을 의식하는 자의식의 세상으로 들어 설 때 느끼게 된다. 그러기에 진술을 강요하는 세상으로 들어서면 불안은 고조되고 진술의 강요가 폭력이 되면 불안이 폭발한다. 이런 불안을 막으려고 우리는 무엇인가 안전한 대상에 매달리게 된다. 이청준 자신이 말하듯이 인간은 어머니의 품안과 같이 아늑한 고향을 원하면서도 타인의 시선에 노출되는 상징질서 속에서 자신의 몫을

찾아야만 한다.[19]

　사회가 비정상적일 때, 숨 막힐 때, 진술을 강요할 때, 병적 증상은 늘어난다. 「귀향연습」의 화자는 배앓이를 비롯한 온갖 질병에 시달린다. 늑막염, 폐렴, 기관지염, 인후염, 대장염, 방광염, 전립선염, 피부염, 각막염 등 그가 도시에서 살면서 얻은 각종 질병은 한결같이 적응이 힘들 때마다 나타난다. 병의 시작은 어릴 적 고향에서 납부금을 내지 못해 선생님으로부터 독촉을 받을 때마다 배가 아프다고 핑계를 대고 조퇴를 한 것에서 비롯된다. 시간이 흐르면서 꾀병은 진짜 배앓이로 변하고 이후 도시에 적응하면서 민망하거나 난감할 때면 각종 잔병에 시달린다. 마침 고향부근에서 과수원을 하는 친구, 기태의 권유를 받은 화자는 병의 치유에 도움이 될까하여 그곳으로 향한다. 과수원에는 고향을 갖고 싶어 찾아온 정은영과 어릴 적부터 자꾸만 넘어져서 골절상을 입는 사내아이가 머물고 있었다. 도시에서 자란 정은영은 사랑했던 연인이 늘 고향을 자랑할 때마다 부러움 속에서 그곳에 데려가 주길 원했으나 연인은 그녀의 부탁을 거절하고 떠나버렸다. 그러나 정은영은 치유에 실패한다. 그리고 화자는 사내아이도 치유에 성공하지 못할 것이라고 암시한다. 화자는 고향에 가는 것을 미루면서 다시 서울로 올라오는 것이 대략의 줄거리다. 말 속에 숨겨진 욕망과 기표의 잉여를 표현해야 하기 때문에 이청준의 소설은 언제나 암시로 가득 차 있다. 이제 자세히 읽는 독자로서 '증상을 치료하는 인물'과 '그의 치료법을 거부하는' 내포저자가 충돌하는 중층 공간을 찾아보자.

---

19) 이청준은 단편 「황홀한 실종」의 뒤에 붙은 '작가노트'에서 인간은 유년기의 아늑한 고향과 자연 속에서 유폐되기를 원하지만 어쩔 수 없이 현실 속에서 타협하며 살아가야 한다고 언급한다. 『이청준 문학전집: 중단편소설 제 7권』, 열림원, 1998, 231-236. 본 논문에 쓰인 그의 소설들의 출처는 도서출판 열림원 간행의 『이청준 문학전집』이다. 단편 「소문의 벽」은 『이청준 문학 전집: 중단편 소설 7권』 41-153면, 장편 『조율사』는 같은 전집의 장편소설 제 3권(서울: 열림원, 1998), 「귀향연습」은 같은 문학전집 중단편소설 5권, 2000, 145-224 면에 실려 있다.

과수원은 화자의 농담처럼 일종의 "정신요양원"인 셈이고 기태는 원장에 해당되고 세 사람은 환자들이다. 그 가운데 서술자인 <나>는 기태의 치유방식을 비판적으로 통찰하는 내포저자의 음성으로 다른 환자들 보다 인식론적인 우위를 차지한다, 이청준이 즐겨 다루는 정신과 의사와 환자의 관계가 이 소설에도 밑그림으로 내포되어있는 셈이다. 원장에 해당되는 기태가 실패하는 이유는 그에게 고향이라는 환상이 없기 때문이다. 그는 고향을 한 번도 떠난 본 적이 없기에 고향의 의미를 모른다. 그러기에 정은영의 바다를 향한 꿈꾸는 듯한 시선을 참지 못하고 현실을 비껴가는 은영의 응시를 가짜라고 말한다. 그는 아마도 자신이 갖지 못한 동경의 시선을 질투하고 그녀의 처녀성을 빼앗았는지도 모른다. 기태에게 '사실은 그저 사실로만 존재할 뿐' 동경이나 환상은 거짓이었다. 이와 대조적인 인물이 사내아이다. 도시의 아이는 구체적 사실을 넘어 먼 상징과 신화의 세계만 본다. 추상적이고 허망한 상징들로 가득 차서 그 아이는 눈앞의 사실을 간과하기에 자꾸만 넘어져 골절상을 입는 것이다. 사실적 구체성만 지닌 은영이 환상을 얻으려 했고 환상만 있는 아이가 사실성을 얻으려 했으니 둘은 절묘한 짝인데 은영이 실패하여 마을을 떠났으므로 아이 역시 실패할 것이다. 기태를 향해 그런 암시의 말을 던진 후 화자는 당분간 고향인 동백골이 그를 속이도록 놔두겠다고 말한다. 자신의 잔병들을 제거하려기보다 그것들이 현실에 적응하는 데 피할 수 없는 증상들이었음을 깨달은 것이다

> 이제부턴 그런 걸 불편스럽게 여기거나 부끄러워하지도 않을 것 같애. 나에게 그 밖에 남은 게 없거든. 어떻게 보면 나는 그 많은 증세들 때문에, 그것을 건강삼아 지금까지 살아왔던 것 같기도 하구. 고칠 수도 없고 굳이 고치려고 하지도 않겠어. 마음에 들진 않지만 이게 살아있는 내 진짜 얼굴이거든(222).

현실의 동백골은 바다가 보이는 아름답기만 한 곳은 아니다. 기태가 보여주듯이 질투와 폭력과 증오가 도사린 곳이다. 그러나 그곳을 떠나 도시로 가면 아름다운 그림이 되고 그악스런 서울사리를 견디는 꿈이 된다. 기태를 통해 고향의 실상을 경험한 화자는 자신의 증상들을 피할 수 없는 실재로 받아들인다. 증상을 제거하면 동경도 사라지기 때문이다. 증상은 현실 속에 뻥 뚫린 불안이라는 괴물을 메운 베일이었다.

화자가 자신의 배앓이를 받아들이면서 도시로 귀환하는 이 단편은 기태의 잘못된 방식을 암시하는 측면에서 중층이고 분석담론이다. 해석의 잉여이기 때문이다. 기태는 은영의 증상을 가짜라 여기고 그것을 참지 못하여 그녀에게 성적 폭력을 가한다. 증상은 가짜다. 그것은 어머니 대체물이기 때문이다. 그러나 진짜보다 더 진짜다. 그것이 없으면 살 희망이 없기 때문이다. 환상과 꿈은 가짜지만 아무 것도 아닌 우리를 그 무엇으로 만드는 욕망의 동인이다. 사내아이처럼 환상만 있어도 살 수 없고 기태처럼 사실만 있어도 살 수 없다. 삶은 무를 화려하게 덮은 얇은 베일 자체였다. 삶에서 사실과 허구는 뫼비우스의 띠처럼 뗄 수 없이 하나였다.

같은 해(1972)에 발표된 「소문의 벽」에서 박준의 증상은 배앓이보다 더 심각하다. 그는 죽음을 가장하는 가사상태, 혹은 현실로부터 '실종'되기를 소망하기에 의사의 치유를 필요로 하는 중증 신경증 환자다. 작가와 독자의 요구, 작가와 시대적 상황 등, 다양한 문제점을 암시하는 이 소설에서 화자는 잡지사 편집인이다. 그는 글다운 글이 모이지 않아 고민하면서 늘 주머니 속에 사표를 넣고 다닌다. 어느 날 밤, 술에 취한 그는 집 앞 골목에서 괴상한 옷차림의 사내와 부딪친다. 그 사내는 "나는 지금 쫓기고 있다"면서 도움을 청하고 화자는 그를 방 안에 들여 하룻밤을 보낸다. 전등불을 계속 켜놓고서야 잠이 드는 괴상한 버릇의 사내는 새벽에 홀연히 사라지고 화자는 이웃 정신병원에서 그의 정체를 알아낸다. 박준이라는 소설가였다. 화자는 어딘지 낯익은 사내의 몰골에 끌려 그에 관한 정보를 추적하기 시작한다. 박준이 쓴 두 편의 글들은 출판을 거부당하는데 이들은 서로 상반되는 내용이었다. 「벌거벗은 사장님」이란 원고는 정치적 현실을 비판하기에 출판이 어렵다는 편집자의 견해이고 「괴상한 버릇」은 정반대로 정치적 현실을 비판하지 않고 사적인 이야기로 독자를 기만한다는 이유로 거부되었다. 각기 상반된 이념을 가진 편집인에 의해 진술이 막혀버린 것이다. 화자는 지난 신문 속의 인터뷰 기사, 두 편의 미발표 소설, 그리고 정신과 의사인 김 박사와의 면담 내용 등을 추적하고 독자는 이런 화자의 서술을 면밀히 따라가면서 박준이라는 소설가의 증상을 이렇게 종합한다.

박준의 작품 속 인물 가운데는 자신의 낭패감을 "나는 죽었다"고 믿으면서 죽음을 가장하는 가사상태, 혹은 광속에 들어가 잠을 자는 실종의 습관을 가진 인물들이 있고 화자는 이를 저자와 동일시한다. 화자가 무엇보다 주목하는 것은 박준의 과거 인터뷰에서 그가 어릴 적에 전짓불에 대한 공포를 경험한 사실이다. 6·25 전쟁 당시 집으로 갑자기 들이닥친 군인들은 전짓불을 들이대면서 신분을 요구하는데 어둠속의 심문자가 어느 편인지 몰라 진술자는 공포를 느낀다. 그의 목숨과 직결된 전짓불 뒤의 어둠은 그에게 실체를 알 수 없는 공포의 어둠이었다. 화자는 이런 자료들을 조사하면서 박준의 문제에 접근하고 이와 달리 "정중하고 신뢰감"이 가는 김 박사는 화자의 방식에 동의하지 않는다.

김 박사는 박준의 불안은 스스로 "미친 척" 하는 노이로제에 속하므로 치유가 쉽다고 말한다. 정신병은 충격으로 인한 현실감 상실이어서 미쳤다는 것을 모르지만 죽은 척한다든지 미친척하는 것은 신경증으로 치유 가능하다는 것이다. 환자에 대한 자료들을 신뢰하지 않는 의사의 확고한 신념에 대해 화자는 점차 의심스런 눈길을 보낸다. 특히 박준의 전짓불

공포에 관한 인터뷰와 여동생과의 대화 등은 김 박사의 분석과 대조되어 독선을 드러낸다. 그리고 소설은 김 박사의 확신이 실패하는 것으로 끝난다. 그는 박준에게 전짓불을 강하게 들이대어 그의 의식을 깨우치려했고 이 치료법으로 박준은 병원을 뛰쳐나가 종적을 감춘다. 다시 말하면 증상을 제거하려던 의사의 지나친 확신은 오히려 환자를 더 큰 불안으로 몰아넣는다.

그렇다면 그토록 자료를 추적한 화자는 왜 박준을 구하지 못하는가. 이 부분은 이청준 소설이 지닌 중층구조와 긴밀히 연결되는 것으로 하나의 결론을 뒤엎으면서 다시 결말을 열어놓는 미학적 장치에 해당된다.[20] 정신병원에서 탈출한 박준은 화자에게 두 번째 도움을 청하고 그에 대해 화자는 이렇게 다그친다. "내가 누군지도 모르면서 도움을 청하려고 하지요?"(138). 이런 다그침은 화자 역시 박준에게 또 다른 전짓불 뒤의 심문관이었다는 암시를 낳는다. 화자는 진정으로 박준을 이해하고 염려했다기보다 자신의 고민에 대한 답을 그에게서 구하려했다. 그는 글다운 글이 모이지 않는 잡지사 일을 그만 두려고 사표를 넣고 다니다가 박준을 만나고 그에게서 진술의 의지가 좌절된 편집자로서 자신의 모습을 발견한다. 첫 번 만남에서부터 그는 박준이 어딘지 낯익다고 느낀다. 다시 말하면 "나에게 이미 자신의 진술이 길이 막혀있었던 것"(145)이 박준에게 관심을 불러일으켰고 그에 관한 자료들을 수집케 했으며 그 자료들의 분석도 객관성을 잃은 자의적인 것일 수 있다는 추론이다.

전짓불은 타인에 의해 보이는 상징질서를 의미한다. 타인과 접촉하면서 자신의 욕망을 실현해야하는 세상에서 진술이란 단순히 소설가의 진술만은 아닐 것이다. 누구나 상대방에게 어떤 말을 해야 그의 마음에 들

---

[20] 권택영. 「이청준 소설의 중층구조」, 『이청준 깊이 읽기』, 권오룡 엮음, 문학과 지성사, 1999, 161-191.

것인가를 생각하면서 말을 한다. 그러므로 말은 투명하게 의미를 전달하기보다 욕망에 채색된 '소문'으로 존재한다. 소문이란 떠도는 말들로 전짓불 뒤의 어둠처럼 불투명하다. 만일 상징질서가 권력과 지배욕으로 적대감에 가득 찰 때 어둠의 공포는 증폭된다. 박준이 가사상태를 원하는 것은 그만큼 세상이 공정하지 못하고 자유롭지 못하고 소문으로 가득 차있기 때문이다. 진술이 거부될수록 그는 자신만의 아늑한 공간을 원하기 때문에 박준의 증상이 비정상적이라는 것은 현실이 비정상이라는 뜻이다. 이런 공포의 현실에서 전짓불의 세기를 높인 김 박사의 치유는 치명적이었다.

　전짓불은 상징질서이기에 완전히 제거되지 못하지만 그 세기를 줄일 수는 있다. 사회가 경직되지 않고 다양하게 타인의 의견을 수렴하는 타협의 세상에서 진술의 공포는 줄어들 것이다. 「소문의 벽」은 진술의지가 막혀버린 공포의 시대를 암시한다. 김 박사는 가장 강한 전짓불로 박준을 쫓아냈고 화자는 그보다 낮았으나 역시 그를 구하지 못한다. 전짓불은 이미 주체의 내부에 타자로서 자리 잡기에 인간은 저마다 자신의 전짓불에서 완전히 자유롭지 못하다. 두 편집인들이 서로 대립하여 박준의 진술을 막는 것처럼, 김박사와 화자가 대립하여 전짓불이 되는 것처럼, 전짓불은 지울 수 없는 타자이다. 다만 전지불의 농도를 낮추어서 정상인의 증상으로 전환하는 길이 있을 뿐이다.

　인간은 언어가 소문으로 존재하는 사회 속에 살고 있다. 욕망에 침투된 투명하지 않은 말을 투명하게 씻어 낼 수는 없다. 김 박사의 실패는 투명한 언어, 투명한 수사, 투명한 법이 가능하다는 것을 믿은 오판의 결과였다. 박준의 증상은 전짓불의 농도를 높이는 것이 아니라 낮추어서 그에게 예술가로서의 소명의식을 심어주는 것이었다. 사회가 두 개의 이념으로 첨예하게 대립될 때 글다운 글은 나오지 않는다. 이청준의 소설은 이런 의미에서 관념적인 듯 보이지만 소설은 시대(소설이 나온 1972년의 상황)를 떠나 존재하지 않는다는 것과 소설의 역할은 서로의 응시를 낮추고 폭력을 승화하는 것이라는 보편적 메시지를 전달한다. 김 박사와 화자의 실패를 통해 독자는 무엇이 잘못되었는지를 발견하고 올바른 분석의 공간이 아주 좁다는 것을 깨닫는다. 김박사와 화자는 정도의 차이가 있을 뿐 주인담론에 속한다. 전짓불을 낮추는 일은 응시를 낮추는 일인데 김박사는 오히려 반대로 응시를 최대로 높여 환자를 광기로 몰아넣는다. 그는 증상이 제거될 수 있다고 믿기에 증상을 키운 것이다. 그의 실패가 어디에서 오는지 이해하는 독자는 인물의 행동을 증상으로 대접하고 분석담론으로 읽어내는 독자다.

지금까지 살펴보았듯이 상징질서가 경직되거나 독선적이거나 이해와 타협이라는 자유의 공간을 내주지 못할 때, 증상은 병적이 된다. 다시 말하면 주인공의 증세는 그가 살고 있는 사회를 반영한다. 이청준의 소설에 유난히 실종, 혹은 유폐되고자하는 소망이 강한 인물들이 자주 나오는 것은 부패한 현실, 불공정함과 적대감이 가득 찬 사회를 암시하고 그것의 치유를 개인의 깨달음 속에서 얻으려는 의도 때문이다. 주인담론은 숨막히는 담론이다. 전짓불의 응시를 낮추어 분석 담론으로 전환될 때 다양성과 열림의 공간이 생긴다. 저마다 소유한 전짓불의 응시를 낮출 때 유아기 기억 속으로 퇴행하면서 현실을 부정하거나 현실에서 실종되는 병적 증상을 정상적인 증상으로 대체할 수 있을 것이다. 이런 이유로 조율사는 연주를 미룬다.

『조율사』의 주인공은 단식이라는 증상으로 조울증을 치유하려 한다. 잡지사에 근무하는 화자는 소설가이지만 소설을 쓰지 못한다. 아니 주변의 누구도 글다운 글을 못 쓴다. 팔기는 유려한 문체로 독자를 매혹했지만 이제는 더 이상 소설을 못 쓰고 신문사 문화부장은 신문사를 그만둔다. 송교수, 지훈 모두 연주는 못하고 조율만 하는 조율사들이다. 그런데 조율만

하던 평론가 지훈이 한국지식인의 비극에 관한 통쾌한 글을 발표한 후 스스로를 유폐한다. 그러기에 화자는 어떤 결정도 내리지 못한다. 은경을 사랑하지만 자신과 미국행 사이에서 저울질하는 그녀에게서 도망치고, 가난한 고향의 어머니와 형수에게서 도망치고, 소설쓰기에서 도망친다. 연주를 못하고 조율만 한다. 그는 현실에서 유폐되고 싶은 소망과 강한 조울증의 쾌감을 즐긴다. 그런데 그에게는 배앓이나 위궤양 같은 증상 외에 유독 매달리는 증상이 하나 있다. 그것은 어릴 적에 그에게 평화를 주었던 외종형을 만나고 싶은 소망이다. 외종형은 불사조처럼 죽었다가 다시 살아나는 구원의 화신이다(81). 그를 둘러싼 소문들은 확인된 것이 없지만 계속 다르게 반복된다. 태평양 전쟁 전에 무역선을 타고 남양 군도에 갔다가 남지나해 복판에서 미국비행기에 의해 폭격 당했다는 소문, 대구 근처에서 수복직후 인민군 측에 복역한 죄로 개처럼 끌려다니다가 총살당했다는 소문, 몇 년 후 부산근처에서 당당한 모습으로 활보하는 것을 보았다는 소문. 확실한 소식을 모르는 외종형은 화자에게 환상의 대상이요 삶의 목적과 같다. 화자는 드디어 그를 만나러 부산으로 내려가서 광고를 내고 여관방에서 엉뚱한 사람을 만난다. 다시 한 번 외종형과의 만남은 지연된다. 그가 이렇게 조율만 하는 이유는 무엇일까.

지훈의 적대감과 자폐증적 불안은 더 이상 매달릴 증상을 잃었기 때문에 나타난 위험한 증세다. 그것은 마치 평화를 사랑하는 사람들이 거문고의 무현을 없앴더니 실제로 전쟁이 일어났다는 옛이야기와 같다. 전쟁과 폭력은 지루한 삶을 해체하고 흙으로 돌아가려는 죽음충동의 표출이다. 그러므로 이것을 제거하려 하면 더 빨리 본래 모습인 무(無)를 드러낸다. 죽음의 증상인 적대감을 삶의 증상으로 바꾸는 것이 승화(sublimation)이다. 무현을 제거하면 오히려 전쟁이 일어난다는 이야기는 오직 예술(여기에서는 음악)만이 폭력과 적대감을 승화하는 길이고 병적인 증상을 치유하는 길이라는 암시일 것이다. 화자가 매달리는 외종형은 도시에서 그가 느끼는 불안을 메워주는 아늑한 고향과 유년기의 평화요 환상의 대상이다. 외종형을 만나려는 욕망은 그에게 삶의 목적을 주는 긍정적 증상이다. 그 증상은 소문으로만 존재하기에 잡으려면 멀리 사라지는 욕망의 대상이다. 결코 포착할 수 없는 환상이기에 매번 다르게 반복되는 외종형은 화자가 도달하려는 삶과 소설의 목표다. 삶은 죽음이라는 텅 빈 공허를 덮은 얇은 베일의 환상에 지나지 않는다. 그러므로 자유를 향한 문은 죽음과 삶이 공존하는 아주 좁은 공간이고 이 공간이 반복을 낳는다.

외종형과의 만남이 지연되자 그는 단식에 매달린다. 그가 단식을 하려는 것은 외종형을 만나지 못한 텅 빈 자리를 대신 채우려는 증상이다. 단식은 죽음의 고통에 이를 때까지 위를 텅 비우는 것이다. 육체에 가하는 일종의 가학행위지만 이것은 노폐물을 씻어내고 다시 살아나는 소생의 의식이기에 힘들지만 의미가 있다. 단식은 텅 빈 무를 맛보고 삶이 죽음 위에 지어졌다는 것을 깨닫는 의식이다. 빈 공터를 경험하고 새로운 생명의 순환을 이루려는 단식은 지훈의 경우처럼 한 번의 통쾌한 연주가 아니라 다름을 반복하는 조율사가 되려는 행위와 같다. 단식은 조율사가 선택한 삶과 그가 쓰는 소설을 상징하는 은유다. 단식을 하는 동안 그의 곁을 지키는 사람은 형수의 아들인 신이다. 이것은 그가 고향의 흔적을 지니면서 도시에서 살아남으려고 단식을 한다는 것을 상기시킨다. 이런 맥락에서 신이는 외종형의 분신으로 화자에게 주어진 또 다른 증상이다.

조율사는 정답이 있다고 믿었던 주인담론(지훈의 경우)과 정답이 끝없이 지연된다는 것을 경험하는 주인공(분석담론)을 대조하면서 진리가 아니라 '소문'으로 존재하는 암울한 사회에서 누구나의 가슴 속에 있는 전지불의 위협을 승화하는 한 가지 방식을 보여주고 있다. 고향의 환상을 상징하는 외종형의 분신으로 신이가 곁에서 지켜주는 한, 단식의 위험도 견딜 수 있다는 암시다. 이것이 작가자신의 모습은 아닐까.

맺음

조율사는 암울한 시대를 견디는 이청준의 자화상이다. 산호채찍을 쥔 「종생기」의 주인공처럼 조율사는 예술가의 자화상이다. 어떤 의미에서 그들은 모두 작가 자신의 이야기다. 소설을 쓰지 못하면서 소설 쓰기를 멈출 수 없는 작가는 현실에서 도피하고 싶은 충동에 시달리고 불안을 메우는 증상들에 매달린다. 그 가운데는 병적인 증상도 있고 치유가 가능한 긍정적 불안도 있다. 「소문의 벽」의 박준처럼 병적인 증상인 경우에는 의사의 지나친 확신과 신념에 의해 파괴된다. 그리고 누구나의 가슴 속에 전짓불이 있다는 것을 깨닫지 못한 화자에 의해 실종된다. 인물들은 실패하지만 오히려 이런 암시를 읽어내는 독자에 의해 문학은 증상으로 존재하고 사회는 치유의 빛을 찾게 된다. 이에 비하여 「귀향연습」과 『조율사』의 화자는 스스로 구원의 길을 찾는다. 그들은 소설 속의 다른 인물과 달리 자신의 증상이 삶의 필수적 조건임을 깨닫고 다시 사회 속으로 귀환하거나, 귀환하려는 준비를 한다. 그들은 삶이 끝없이 고향과 도시를 오가는 귀향연습이고 자꾸만 연주를 미루는 조율사라는 것을 안다. 그리고 이런 반복 행위가 한 편의 서사를 창조한다. 불안은 오히려 한권의 소설을 창조하는 동인이 된 것이다.

작가에게 글쓰기는 불안을 메우는 증상이고 이것은 숭고한 행위이다. 숭고함이란 폭력과 증오를 바람직한 욕망의 대상으로 전환하는 것이고 예술행위는 대표적인 승화의 길이다. 이청준은 이런 소설들에서 진실은 확신이나 구체화된 행동이 아니라 모호함 그 자체를 인정하고 불안을 긍정적 증상으로 바꾸는 것에 있음을 보여준다. 만일 불안이 창조의 동인이라면 미는 불안을 메우는 증상이고 미적행위는 분석담론이다.21) 이청준의 소설이 시대와 삶에 관한 이야기이면서 동시에 소설 쓰기에 관한 소설이 되는 이유는 잉여를 인정하는 분석담론으로 존재하기 때문이다. 그러므로 어떤 기법이든, 그것이 관념적이든 아니든, 분석담론은 삶과 예술, 더 나아가 자연과 우주의 보편진리를 아우른다. 이것이 궁극적인 미의 보편성이다. 삶은 유아기의 아늑한 소망과 엄연한 현실의 어느 한쪽도 희생할 수 없는 양면적인 것이고 미 역시 관능과 이성을 조화시키는 것이다. 진실의 창조는 단일한 공간이 아니라 둘 사이의 공간에서 태어나고 이것이 열림과 반복을 낳는다.

주체는 증상이다. 그리고 글쓰기와 글 읽기는 이런 증상들을 해석하는 분석담론이다. 누구나의 가슴 속에는 전짓불이라는 타자가 존재한다. 그것이 피할 수 없는 삶의 조건이라는 것을 알 때 주체는 증상을 껴안고 살 수 있다. 이청준의 소설에서 정신과 의사들은 대부분 증상을 제거하려는 주인담론의 경향을 띤다. 주인담론은 확신과 신념에 차서 전짓불을 높이기에 우리를 매혹한다. 이청준의 소설은 분명한 어조로 확신에 찬 신념을 보이지 않기에 독자를 단숨에 매혹하지 않는다. 그와 반대로 망설이게 하고 그런 다음에 참을성 있게 들여다보고 면밀히 읽고 생각하게 만든다. 그리고 시간이 흘러 다시 읽으면 또 달리 읽힌다. 모호하고 관념적이고 꼬인 듯한 그의 서술은 어떻게 해서든지 주인담론의 파국을 피해

---

21) 라캉은 미학과 윤리를 다룬 세미나 7권에서 예술의 의미를 일화로 암시한다. 어느 우울증 환자가 병이 재발한다. 그녀의 집안 벽에는 친척인 유명한 화가의 그림들이 붙어있었는데 그중 하나가 떨어져나갔다. 그녀는 그 공간에 똑같은 물감으로 그림을 그려 넣는다. 후에 그 화가가 그림을 보고 감탄한다. 이 우화는 예술은 우울증의 승화이며 텅 빈 공간을 채운 "그 무엇"이라는 것을 암시한다. 지젝은 아마 이 일화에서 힌트를 얻어 숭고함은 그 자체가 숭고해서가 아니라 "바로 그 자리"에 있기 때문이라고 말한 것 같다. *The Ethics of Psychanalysis 1959-1960*, 117.

보려 애쓴다. 이것이 이청준의 소설이 지닌 '증상의 윤리'가 아닐까 생각해 본다.

핵심단어(Key-words)

이청준(Chung-Jun Lee), 증상(symptom), 불안(anxiety), 분석담론(analyst's discourse), 주인담론(master's discourse), 잉여가치(surplus value),

참고 문헌

1. 단행본

이청준 지음. 『조율사』. 이청준 문학전집: 장편소설 3권. 도서출판 열림원. 1998.

_____. 「소문의 벽」, 『소문의 벽』. 이청준 문학 전집: 중단편소설 7권. 열림원. 1998. 41-153면.

_____. 「귀향연습」, 『눈길』. 이청준 문학전집: 중단편소설 5권. 열림원. 2000. 145-224면.

권오룡 엮음. 『이청준 깊이 읽기』. 문학과지성사. 1999.

현길언 편집. 『본질과 현상』. 14권 이청준 특집. 2008(겨울). 통권 14호.

Aubert, Jacques. *Joyce Avec Lacan*. Paris: Navarin Editeur. 1987.

Hegel, G.W.F. *Phenomenology of Sprit*. Trans. A.V. Miller, New York: Oxford University Press. 1977.

_____. "Lectures on Aesthetics."*Continental Aesthetics: Romanticism to Postmodernism*. Ed. Richard Kearney & David Rasmussen. Blackwell. 2001, 99-126.

Lacan, Jacques. *The Ethics of Psychoanalysis 1959-1960: the Seminar of Jacques Lacan Book VII*. Trans. Dennis Porter. Ed. J-A Miller. New York: Norton. 1992.

_____. *The Four Fundamental Concepts of Psycho-Analysis*. Trans. Alan Sheridan, Ed. J-A Miller. New York: Norton. 1978.

____. *The Other Side of Psychoanalysis: The Seminar of Jacques Lacan, Book XVII*, Trans. Russell Grigg. Ed. J-A Miller. New York: Norton. 2007.

Zizek, Slavoj. *Enjoy your Symptom !* New York: Routledge. 1992.

2. 논문 및 기타자료

이청준. 「작가 노트」, 『이청준 문학전집: 중단편 소설 7권』. 1998. 231-236.

이청준-권택영. 「대담: 이청준-권택영」, 『라쁠륨』. 문화공간. 1997(여름호). 제2권 4호. 34-53.

Freud, Sigmund. "Remembering, Repeating, and Working-Through." *Standard Edition*. 12: 145-156.

____. "A Note upon the 'Mystic Writing-Pad.' *Standard Edition*. 19: 227-232.

____. "Inhibitions, Symptoms, and Anxiety." *Standard Edition*. 20: 111-143.

Lacan, Jacques. "Joyce le Symptom 1." *Joyce Avec Lacan*. 1987, 21-30.

____. "Joyce le Symptom ll." *Joyce Avec Lacan*. 1987, 31-36.

8. 예술가의 증상 3: 들릴로의 『마오 II』

앎에의 의지와 권력에의 의지가 한 인간의 욕망이라면 지식과 권력은 하나의 뿌리에서 나오고 지식이 권력을 누를 수 있다는 가설은 거짓이 된다. 일찍이 니체는 진리가 권력의 산물임을 간파했고 이런 가설에서 푸코는 담론의 내용이 아니라 그것의 운용방식을 살펴보았다. 누가 진리를 운용하는가, 법과 규율은 얼마나 자의적이고 권력적인가. 푸코는 이성애중심주의가 계몽주의 이후 서구의 산업사회 이념에 의해 세워진 담론이라고 밝혀 쥬디스 버틀러의 동성애 운동(Queer Theory)에 불을 지핀다. 그렇다면 푸코는 저자를 어떻게 보는가. 그는 "저자란 무엇인가"라는 글을 이렇게 끝맺는다. 누가 진짜 저자야?, 그의 정당성과 독창성을 증명했어? 작품 속에서 가장 심원한 자아를 그는 어떻게 표출했지? 이제 더 이상 이렇게 묻지 말고 다음과 같이 물어야 한다는 것이다. 이 담론의 존재방식은 무엇인가? 그것은 어디에서 왔고 어떻게 순환되고 누가 그것을 조정하는가? 주체를 가능케 하기 위해 어떤 위치가 마련되고, 누가 이 다양한 주체의 기능을 완수할 수 있는가?(Foucault 138)

미국의 포스트 모던 작가 돈 들릴로(Don DeLillo)는 그의 열 번째 소설인

『마오 II』(Mao II, 1991)에서 오늘 날 작가의 존재 방식을 테러리스트와 연결했다. 그는 1980년대 후반부터 드러난 미국 소비사회와 미디어문화의 부정적 징후를 점검하면서 겉보기에는 다양성과 개인의 자유를 존중하는 것 같지만 내부에는 총체성을 지향하는 음모가 숨어있다는 것을 보여준다. 그는 이 현상을 무의식이 추구하는 총체성에의 갈망, 즉 에로스의 이면인 타나토스라든가, 군중심리가 드러내는 파시즘적 환상으로 설명하여 마르크시즘적 관점과 파시즘 심리를 분석한 정신분석을 연결한다. 그러기에 렌트리키아(Frank Lentricchia)는 들릴로는 소비사회의 음모를 드러내며 제임슨이나 보드리야르가 했던 문화비평을 한다고 평했다(5). 소설은 인간의 심리를 그리는데서 출발하여 사회현상을 비판하기 때문에 마르크시즘은 프로이트와 분리될 수 없다. 만일 그를 단순한 마르크시즘적 정치소설가로 보아 제임슨의 소비사회나 보드리야르의 '모사'(simulacrum)로만 읽어내면 마르크시즘의 독자는 그의 소설이 정치성이 약하고 해결책을 제시하지 않는다고 불만을 토할 것이다. 만일 그의 파시즘적 심리분석을 간과하면 인간을 무시한 단순한 정치 소설가라고 인본주의 독자들은 불만을 표할 것이다. 그러므로 그의 소설읽기에는 프로이트의 심리와 마르크시즘의 사회적 징후를 동시에 연결 짓는 방식이 필요하다. 이미 제임슨이나 보드리야르는 많이 언급되었고 프로이트와 연결시킨 논문들도 나왔기에 이 글은 푸코가 암시한 저자의 존재방식으로 『마오 II』를 읽은 후 작품의 정치성을 살펴보려 한다.22)

---

22) 들릴로에 대한 많은 비평 가운데 자주 언급되는 것으로 Lentricchia가 편집한 책은 주로 제임슨과 보드리야르의 소비사회와 미디어문화 비판의 입장에서 들릴로의 문학성을 옹호하는 글들이다. 그리고 Tom Leclair는 In the Loop에서 들릴로의 소설을 시스템이론으로 규명한다. 시스템 이론이란 에코시스템과 같은 의미로 시작과 끝이 하나로 맞물려 있어 아무도 이 순환의 고리에서 벗어나지 못한다는 입장이다. John N. Duvall은 들릴로의 정치성을 상품사회와 미디어문화 속에 숨은 파시즘적 충동으로 읽으며 허천의 정치성과 제임슨의 비판론을 모두 수용하는 것으로 본다. Douglas Keesey는 들릴로의 전 작품을 매우 긍정적인 입장에서

이 글은 저자의 존재방식을 당대의 권력과 연결지어보면서 주인공의 마지막 선택에 초점을 맞춘다. 『마오 II』는 오늘날 작가의 위치를 테러리스트와 연결 지은 작품이다. 그러므로 작가 들릴로가 작중인물인 작가 빌(Bill Gray)에 대해 어떤 자세를 취하는가는 중요하다. 작가와 인물의 미학적 거리는 정치성을 밝히는 데 필수적이다. 하버마스는 푸코의 담론에 정치성이 약하다고 비판했다. 진단만 있을 뿐 해결책이 없다는 것이다. (이것은 일반적으로 포스트모더니즘이 마르크시스트들로부터 비판당해온 부분이기도하다). 들릴로를 시스템 이론으로 읽으면 그 역시 해결책을 제시하지 않는다. 다양성이 낳은 또 하나의 거대서사인 상품사회와 미디어문화는 숨은 음모이기에 누구도 그 권력의 그물망에서 빠져나오기 쉽지 않다. 어떤 해결책도 실천에 이르면 또 하나의 거대담론이 되기 때문이다. 따라서 본 논문은 소설의 미학적 구성에 초점을 맞추어 과연 어떤 정치성을 작가가 제시하는지 살펴보려 한다. 작가의 존재방식을 결정짓는 담론의 주체와 운용방식을 살펴보고 주인공 빌과 저자 들릴로는 그 시스템에 저항하는지, 아니면 저항하지 못하는지, 과연 정치성이 있는지 살펴본다. 만일 들릴로가 어떤 정치성도 제시하지 못하고 그물망에 갇힌 모습만 보인다면 이미 징후를 진단한 제임슨이나 보드리야르와 다를 것이 무엇인가, 이론가가 아닌 소설적 진실은 어디에 있는가.

책의 상품시대와 작가의 존재방식

소비사회란 상품이 넘치는 사회다. 물건이 합리적 수요에 의해 공급이

읽는다. 이와 반대로 Mark Osteen은 들릴로의 주인공들이 시스템에서 탈출하지 못하기에 작품은 모호한 결말을 보인다고 말한다. *Modern Fiction Studies*는 1999년 들릴로 특집을 꾸며 여러 편의 통찰력 있는 글들을 선보였다.

되던 시대가 지나고 상품이 넘치면 인위적 소비를 촉진하는 디자인, 광고 등, 상품 자체가 아니라 이미지가 중요해진다. 책도 상품이 된다. 들릴로는 책이 상품이 되는 시대에 작가는 어떤 형식으로 존재하는가를 보여준다. 책은 더 이상 책의 내용이 아니라 디자인과 광고, 그리고 저자의 이미지로 존재한다. 소설의 줄거리를 잠깐 따라가 보자, 작가 빌 그레이를 관리하는 스코트는 뉴욕에 온다. 빌의 심부름으로 사진작가 브리타를 만나러 온 것이다. 그는 서점에 들러 수많은 책들이 "나를 사달라"고 외치는 것처럼 느낀다. 책들은 통로마다 수북이 쌓이고 책의 주간, 북 페어, 포스터 등을 통해 판매를 촉진한다(He could hear them shrieking *Buy me*).23) 빌은 두 권의 소설로 정상의 인기를 누리는 작가다. 그는 아무 곳에도 나타나지 않고 그의 사진도 전혀 구할 수 없고, 그리고 책을 출판하지 않은 지 오래다. 빌의 이미지를 관리하는 스코트는 10년 전 우연히 서점에서 빌의 책을 읽고 바로 자신의 모습을 발견한다. 그리고 은둔해 있는 그의 주소를 찾으려고 출판사의 메일 관리부에 취직한다. 그의 거처가 철저히 비밀리에 관리되기에 그는 우편물에 찍힌 소인을 통해 거처를 찾는다. 그리고 그 이후 빌의 집안과 저작물을 관리하는 집사가 된다.

빌이 은둔하는 이유는 출판사의 철저한 이미지 관리 때문이다. 책이 넘치고 소비가 촉진되면 책은 영향력을 상실한다. 그리고 책 자체의 내용보다 저자가 존재하는 방식에 의해 책의 가치가 정해지므로 상품이 소비되면 생명이 끝나듯이 책도 읽고 버려진다. 빌은 은둔하여 다 쓴 책도 출판하지 않는다. 빌은 소비되지 않으려고 책을 출판하지 않고 철저히 세상으로부터 은둔한다. 그러나 이런 빌의 의도는 사실 출판사와 스코트의 이미지 관리와 정확히 맞아떨어진다(Keesey 178). 인기 정상에서 책이 더

---

23) Don DeLillo, *Mao II*, 19. 이로부터 이 책에서의 인용은 괄호 안에 쪽수로만 표기함.

이상 안 나오기 때문에 빌의 인기가 지속되고 두 권의 책은 여전히 잘 팔린다. 책은 출판될수록 작가의 힘은 약해지기에 은둔하여 책을 내지 않지만 바로 이것이 동시에 그의 인기를 지속시키는 이미지 전략이라는 것이다. 빌의 은둔은 바로 그의 이미지를 관리하는 출판 전략과 일치한다. 마치 다양성 속에 총체성이 숨어있고 시작과 끝이 한 군데 물린 시스템 속에서 빠져나갈 길이 없는 것과 같다. 빌은 말한다. 책이 개인의 의식에 영향력을 미치던 시대는 지나갔다. 저자는 죽었다. "나는 죽음에 관한 생각을 가지고 논다(I am playing the idea of death.42). 겉보기에는 다양성을 존중하는 사회이지만 그 속에 군중과 자본의 숨은 음모를 밝히는 것이 들릴로의 의도이기에 『마오 II』 역시 독자와 저자가 게임을 하듯이 여기저기에 실마리를 숨겨놓는다. 그의 소설에서 가장 압도적인 은유는 "죽음" 혹은 "죽음충동"이다. 살고자하는 욕망도 죽음충동의 이면이다. 죽음은 인간의 가장 근원적 충동이요, 공포로서 미디어와 상품사회 속에 숨은 음모의 실체이다. 이 작품도 진짜 죽음보다 더 리얼한 죽음의 모사에 관한 이야기이다. 이미지 시대에 작가는 은둔이라는 죽음을 모사한다.

빌은 "나는 죽은 책 위에 앉아있다"고 말한다 (I'm sitting on a book that's dead. 48). 그는 이미 2년 전에 끝낸 소설을 계속 추고만 되풀이하는데, 사실 그 행위는 오로지 숨 쉬려고 쓰는 행위에 지나지 않는다. 책을 쓰는 저자는 죽고 이미지를 위해 추고를 계속하기에 빌에게는 자신의 행위가 죽은 책과 놀이를 하는 것과 다르지 않다. 소비를 하기 전에 책은 의미가 없다. 그런데 소비되면 생명이 단축된다. 이것이 이미지 시대 작가의 딜레마이다. 벤야민(Walter Bemjamin)은 복제문화시대에 작품의 고유성과 아우라는 사라진다고 말했다. 그러나 그 말은 이제 반대로 나타난다. 포스트모던 상품시대에 복제본은 원본보다 더 리얼하기 때문에 반복이 오히려 아우라를 낳는다(Osteen 650). 죽음의 모사가 진짜 죽음보다 더 리얼하다는 것이다. 이것이 이 소설에서 빌의 진짜 죽음이 오히려 모호하게 그려진 이유이다. 빌은 은둔하여 죽음을 모사하고 글쓰기를 모사한다. 그는 저자를 모사한다. 책의 고유가치란 없고 이미지가 창조한 반복된 가치만이 존재하는 사회에서 책은 작가의 존재방식과 뗄 수 없이 연결된다(Book and Writer are now inseparable. 68) 그러는 과정에서 책은 더 이상 개인의 의식에 영향을 주거나 삶에 방향을 제시하지 못하고 군중의 취향으로 전락한다. 작가는 더 이상 개인의 내적 사유를 안내하지 못하고 카메라의 응시에 좌우된다. 책은 상품이 됨으로써 스스로 죽은 것이다. 그러면 무엇이 개인을 좌우하는가. 아니 개인이 존재하는가. 사진을 찍으러 온 브리타에게 빌은 묻는다.

> 소설가와 테러리스트를 연결 짓는 요상한 매듭이 있지요. 서구에서 우리의 책이 영향력과 삶을 구성하는 힘을 상실하면 우리는 유명한 이미지가 됩니다. 당신이 만난 작가들에게 이런 것에 대해 물어보았습니까? 수년 전에 나는 작가는 문화의 내적 삶을 바꿀 수 있다고 믿곤 했습니다. 이제 그 영토를 폭탄 제조자와 총잡이가 차지했지요. 그들이 인간의 의식에 충격을 줍니다. 우리가 테러리스트와 같아지기 전에 작가들이 했던 일말입니다(41).

위의 말에서 많은 비평가는 "테러리스트와 작가의 구별이 없어지기 전에 소설가가 했던 일"(What writers used to do before we were all incorporated. 41)이라는 구절을 중시한다. 이 말은 소설의 주제와 관련되기 때문이다. 소비사회와 미디어문화에서 작가는 테러리스트와 같은 방식으로 존재하고 결국 테러리스트에게 그의 자리를 내준다. 이 부분을 조금 더 예를 들어 설명해 보자. 빌은 은둔과 추고에 지쳐서 이제 자신의 사진을 찍으려고 결심한다. 사진을 찍는다는 것은 자신의 이미지를 소비하는 것이고 그가 찍은 사진은 스코트가 관리할 것이다. 그가 '이제 지쳤다'

라고 말할 때 그는 죽음의 모사를 끝내고 진짜 죽을 생각을 하는 것이다. 빌은 은둔 작가만을 찾아다니며 사진을 찍는 전문가 브리타에게서 비밀의 편지를 받는다. 소설의 서술형식이 플롯의 실마리를 여기저기 숨겨놓듯이 이미지의 시대에 음모는 비밀리에 이루어진다. "네가 무엇을 하는지 알려지면 너는 즉시 소비되고" 죽기 때문이다.

　빌은 아무에게도 알리지 않고 뉴욕에 가서 자신을 관리해온 편집인 찰스를 만난다. 학자와 출판업자의 모임인 <표현의 자유 협회> 회장인 찰스는 빌에게 비밀정보를 건넨다. 레바논의 한 테러단체가 스위스의 젊은 시인을 억류하고 있는데 빌이 유명 선배 작가로서 지하에 감금된 시인의 시를 공개적으로 낭송하면 좋겠다는 제안이다. 물론 그 공개는 직접 대중을 향한 것이 아니라 소규모의 기자 회견장에서 카메라의 응시를 통해서다. 그것이 더 파급효과가 크기 때문이다. 기자들은 뉴스보도를 할 수 있으니 좋고 빌은 다음 작품의 출판을 위해 이미지 관리에 좋고 테러리스트는 자신들의 입장을 미디어를 통해 알리니 모두에게 좋다는 것이다(98). 그렇다면 책을 팔려고 작가의 이미지를 관리하는 방법과 테러리스트들이 자신들의 존재를 알리는 방법은 같다. 그것은 카메라의 응시를 통해서 T.V로 보도되어야 한다. 푸코의 물음에 대해 이런 대답이 가능해진다. 책이 상품으로 존재하는 소비문화에서 작가는 테러리스트와 같은 전략을 쓰게 된 것이다. 책이 고유가치로서 존재하지 못하고 작가의 이미지관리에 의해 존재하는 책 상품시대에 작가는 테러리스트와 구별이 없게 된다. 카메라의 응시에 의해 대중에게 이미지가 전달되어야 비로소 아우라가 생기기 때문이다. 빌이 브리타의 카메라에 의해 찍히듯이 테러리스트도 브리타의 카메라에 찍혀야 존재를 인정받는다. 권력은 카메라의 응시에 있다. 소비사회의 대중(public)은 미디어에 통제되어 군중(crowd)이 된다.

　소비사회에서 대중은 민주사회의 대중과 다르다. 민주사회는 개인의 선택과 의식에 의해 구성되고 운용된다. 그러나 상품시대의 대중은 개인의 선택을 마비시키는 카메라의 응시에 의해 운용된다. 이것이 새로운 대중인 군중이다. 소비시대의 대중은 더 이상 민주주의의 이상으로서, 봉건군주의 대립으로 존재하는 대중이 아니다. 들릴로는 1984년에 나온 작품, 『백색 소음』*White Noise*에서 소비사회의 불경한 삼위일체를 T.V. 주간지, 그리고 라디오로 꼽았다(141). 이제 90년대는 라디오의 위력이 줄고 한층 더 영상이 위력을 떨치는 시대가 된다. 결국 대립되는 개념이었던 창조자인 작가와 파괴자인 테러리스트가 존재방식에서 같아지는 것이다. 카메라에 찍히고 군중에게 어필해야 존재가치가 생기는 소비사회에서 카메라의 응시는 총체성을 지향하는 봉건 권력이다. 마르크시스트들은 미디어의 뒤에 숨은 권력을 자본이라 말할 것이고 정신분석은 죽음을 향하는 타나토스, 혹은 파시즘적 집단심리라 말할 것이다. 들릴로는 소설가이기에 인물의 심리와 사회현상을 연결한다. 영상이 반복되어 진리처럼 굳어지고 모사가 원본보다 더 리얼해지는 미디어문화는 인간의 근원적인 죽음을 향한 충동과 연결된다. 민주주의가 개인과 대중이 의식에 의해 움직이는 존재라고 가정했다면, 소비문화의 군중은 집단의 위력 속에서 의식을 마비시키려는 파시즘적 쾌락을 원한다.

프로이트는 그의 글, "그룹 심리와 에고분석"(Group Psychology and the Analysis of the Ego)에서 군중을 동물의 떼에 비유한다 (81). 군중은 인간의 가장 근원적 본능인 부러움(envi)에 의해 생겨나고 에로스에 의해 지탱된다. 군중은 카리스마를 지닌 대장을 중심으로 한 덩어리가 되어 개인의 불안을 군중 속에 감춘다. 개인은 자신의 선택과 의식을 대장에게 양도하고 그 대신 전원이 동등한 대우를 받을 것을 보장받는다. 이 익명성과 동질화가 무의식의 속성이다. 경쟁이 치열한 사회일수록 개인은 군중 최면으로 퇴행하기 쉽다. 무의식의 본질은 너와 내가 하나 되어 거대한 동질성의 덩어리가 되어 멈추고 싶은 충동이기에 폭력과 파괴라는 공격성을 품고 있다. 에로스의 이면은 타나토스라는 파괴와 죽음이기 때문이다. 프로이트는 이 멈춤의 상태를 "inertia" 혹은 "열반원칙"이라는 말로 표현한다. 이와 비슷하게 빌은 통일교의 합동결혼식을 "밀레니움 히스테리아"(Millenium histeria 80)라고 표현한다. 이미지 시대는 반복에 의해 동질화를 부른다. 예를 들어 뉴스보도가 어떻게 파시즘적 공격성을 불러일으키는지 보자. 뉴스는 재난을 즐긴다. 그런데 재난의 보도는 점점 더 재난의 강도를 높이지 않으면 온갖 광고와 이미지에 지친 소비자에게 충격을 줄 수 없다 그러므로 재난이 클수록 뉴스의 가치는 높아진다(The darker the news, the grander the narrative. 42). 결국 소비자의 의식은 퇴행하여 테러의 보도에 굴복하고 쾌락을 즐긴다. 그러므로 카메라의 응시에 자신을 맡긴 소설가는 군중의 폭력에 자신을 맡기는 셈이다. 작가가 작품의 고유가치가 아니라 존재방식에 의해 생존하는 상품시대에 작가와 테러리스트의 구별은 없어진다. 둘 다 파시즘적 충동을 숨긴 미디어의 권력에 의지하기 때문이다. 들릴로는 미래는 군중에 속한다(The future belongs to the crowd. 16)고 말한다. 이런 의미에서 『마오 II』는 군중을 상징하고 주인공은 바로 군중이다. 그러므로 소설은 몇 장의 군중이미지와 함께 엮어진다.

군중 이미지와 작가의 존재방식

군중이미지는 의식이 아니라 무의식, 혹은 몸의 이미지이다. 몸으로 퇴행하여 아늑한 쾌락을 맛보는 것이 의식이 마비된 군중심리의 본질이다. 소설의 표지는 앤디 와홀이 그린 『마오 II』이다. 속 페이지는 천안문 앞에 모인 모택동의 군중들을 찍은 사진이다. 서론처럼 시작되는 "양키 스타디움에서"는 1976년에 있었던 문선명의 통일교 합동 결혼식장면을 담고 있다. 제 1부는 영국 셰필드 축구경기장에 들어가려고 몰려든 군중들의 몸이 철조망에 부딪치는 참사의 사진이고 제 2부는 호메이니의 대형 초상화 주변에 몰려든 군중이미지다. 그리고 마지막은 베이루트의 지하 벙커에 반쯤 몸을 내민 아이 둘이 승리의 표지로 손가락을 들어 보이는 사진이다. 들릴로는 군중이미지들로 소설을 꾸민다. 우선 앤디 와홀은 복제문화시대를 상징하는 실험 작품들을 남기는데 예를 들어 마릴린 몬로와 같은 대중의 우상, 모택동과 같은 군중의 우상, 코카콜라 병과 같은 미국 상품사회의 우상을 사진 찍어 길게 배열했다. 이미지의 시대를 예고하고 그것이 다르게 반복되는 것을 보여주어 원본을 부정하는 기법이었다. 원본이란 이미 언제나 반복된 것이라는 포스트모던 인식론은 실재의 총체성을 부정하고 다원화를 제시했다. 그러나 그의 그림은 성공하자마자 그를 추종하는 전문가들을 낳고 "와홀 산업"이 되면서 상품사회의 군중이 된다. 다르게 반복하기는 다원화라는 원래의 실험 정신을 상실하고 상품이 되면서 군중이라는 복제문화의 아우라가 된다. 따라서 들릴로가 와홀의 『마오 II』를 제목으로 삼은 것은 양키 스타디움에서 합동결혼식이 거행되는 것과 같다.

　야구경기는 민주 시민들이 단합과 경기의 규칙을 배우기 위해 고안된 시합이다. 그러나 그것이 반복되는 과정에서 함성은 개인의 의식을 군중의 몸으로 대치한다.24) 야구경기와 합동결혼식은 건전한 대중과 한 덩어리의 군중이 뗄 수 없이 하나의 플롯이라는 것을 암시한다. 와홀의 그림,

---

24) "They take a time-honored event and repeat it, repeat it, repeat it until something new enters the world." *Ma ll*, 4. 이 부분은 자크 라캉이 강조한 도착적 반복을 연상시킨다. 반복이 빠르게 진행되면 파시즘적 공격성에 빠지고 하나가 되고자 하는 충동으로 죽음(멈춤)에 이른다. 라캉은 일본 영화『감각의 제국』을 이런 도착증적 반복의 재현으로 보았다. Tremeau, Fabien. "Ai No Korrida: the Cutting Edge of Feminine Eroticism." *Lacanian Ink* 5(1991): 29-42. 참조.

『마오 II』 역시 개인의 다양성과 군중이 뫼비우스의 띠처럼 연결되어 있음을 보여준다. 들릴로는 와홀의 그림을 다르게 반복하는데 이 군중 이미지들을 특정 나라나 특정 인물, 혹은 특정 종교를 비판하고자 사용하지는 않는다. 이미지들은 다르지만 군중인 것에서 같고 이것은 작품의 주제인 상품사회와 미디어 권력을 비판하려고 사용된 사진들이다.

세상을 다스리던 신이 사라진 시대에 개인은 자신이 신이 되어야 했다. 모더니즘 문학은 개인의 의식이 신의 자리를 대치한다. 예를 들어 헤밍웨이는 『태양은 다시 떠오른다』(The Sun Also Rises, 1926)에서 제이크의 입을 빌려 브랫의 올바른 선택을 이렇게 말한다. "그것이 신이 사라진 시대에 우리가 할 수 있는 일이지."(It's sort of what we have instead of God. 245). 포스트모던 윤리는 개인의 선택이 한 층 더 다원화되었지만 개인이 신이 되기에는 경쟁이 너무 치열해서 불안과 공포가 증폭되고 그런 사회에서 개인은 군중 속에 묻혀 어린아이로 돌아가고 싶어진다. 개인은 신의 자리를 카메라와 상품에 넘겨주고 퇴행한다. 아니 카메라와 상품이 개인의 의식을 삼켜버린다. 이것이 들릴로가 미래는 군중에 속한다는 말을 등장인물들을 통해 다르게 반복하는 이유이다. 우선 카렌의 경우를 보자. 그녀는 제 1부의 첫 페이지에 실린 통일교의 합동결혼식에서 한국인 신랑과 결혼한 신부다. 카렌은 신처럼 믿는 문선명 목사가 정해준 신랑과 만난지 이틀 만에 결혼하여 집단거주하고 문 목사의 어린아이가 된다. "나는 나에게 믿음이 있음을 믿게 해주는 이 사람들이 필요하다. 나는 믿는 자들에게 달라붙는다. 어느 곳에나 있는 많은 사람들. 그들이 없이 지구는 차가워질 것이다." "메시아는 이곳 지구 위에 있다."(The Messiah is here on earth." 69) 그녀에게 통일교는 불안을 감추고 사는 거처이고 문 목사는 새로운 신이다. 사라진 신의 자리에 한 때 개인의 의식이 자리했고 지금 그 자리에 다시 광신적인 군중이 들어선다.

개인의 선택과 의지를 군중 속에 파묻고 어린 양으로 퇴행하고 싶은 카렌에게는 보이지 않는 신이 아니라 바로 곁에서 자신을 지켜줄 신이 필요하다. 그녀는 집단의 삶에 자신을 맡기지만 다시 아버지에 의해 납치된다. 아버지 역시 문 목사와 다르지 않다. 그는 집요하게 통일교를 추적하여 딸을 납치하고 8일 간 감금하여 매일 18시간씩 기독교의 설득을 시작한다. 들릴로는 여기에서 문 목사가 군중의 카리스마가 되는 것과 기독교가 도착적이 되는 것이 다르지 않으며 그것은 마오의 이미지가 반복되는 것이라고 암시한다. 테러를 상징하는 호메이니의 군중도 마찬가지다. 아버지의 "탈 최면" 작전(deprogramming)을 견디지 못하고 탈출하여 길을 걷던 중 스코트의 눈에 띈 그녀는 빌의 집으로 온다. 그녀는 자본주의 경쟁을 상징하는 기독교보다 단순히 어린이가 되는 집단, 통일교를 그리워한다(88). 이처럼 빌과 스코트와 카렌은 모두 죽음의 모사에서 안락을 느끼는 공통점을 지닌다. 빌은 은둔과 추고로, 스코트는 빌을 그렇게 관리하는 이미지 관리사로, 카렌은 군중을 신으로 느끼는 데서 공통이다. 카렌은 T.V를 보는데 말소리는 죽이고 화면 속의 군중만을 즐긴다. 언어는 카렌에게 사회적 책임감을 요구한다. 상징 질서, 혹은 아버지의 이름으로 진입하기를 거부하고 몸의 쾌락을 즐기는 데는 이미지만 필요하다. 가질수록 더 원하고 움켜쥘 수 있는 모든 것을 움켜쥐면서도 끝없이 욕망에 허덕이는 소비사회는 그들을 단순한 믿음의 세계, 군중 속으로 퇴행하도록 만든 것이다(89).

스코트 역시 와홀의 그림, 『마오 II』의 버전이다. "우리는 그동안 다름(difference)에 대해 너무 오랫동안 주장해왔다. 달빛 아래서 보면 모두 같다." "우리는 모두 문 목사의 아이들이다, 아니 그렇게 되기를 배워야 한다."(We're all Moonies, or should learn to be. 89). 그는 카렌처럼 군중을 옹호한다. 스코트는 빌의 은둔을 통해 책을 상품화하려 하기에 집안 다락에 빌에 관한 모든 자료를 보관한다. 빌이 브리타의 카메라에 찍히는 순간 그는 긴장한다. 그리고 빌이 뉴욕에 간 후 행방을 수소문하지만 찾지 못하자 빌의 사후 재산관리에 신경을 쓴다. 그는 누구보다 빌을 이해하기에 빌의 사라짐을 죽음과 부활의 준비로 이해한다. 빌은 마오처럼 다른 모습으로 돌아오려고 사라진 것이다 (140). 빌과 카렌과 스코트가 『마오 II』의 버전이요, 군중 이미지 속에 종속되어 있다는 예는 다음과 같은 스코트의 말에서 추측해볼 수 있다. 스코트가 브리타를 빌의 은둔처에 데리고 올 때, 그녀가 "마치 산 속에 숨은 테러리스트 대장을 만나러 가는 것 같다."고 말하자 스코트는 "빌에게 말해줘요, 그가 좋아할 걸요."("Tell Bill. He'll love that." 27)라고 답하는데 이것은 빌도 자신을 산 속에 숨은 테러리스트와 동일시한다는 것을 암시한다.

브리타는 그녀가 작가의 은신처를 찾아다닐 때마다 테러의 대상이 된다고 말한다. 작가의 은둔이나 작가가 갇힌 감옥은 테러리스트처럼 미디어의 조명을 받고 그것이 작가의 수명을 늘이는 전략이기 때문에 인질을 억류하고 미디어를 통해 자신들의 존재를 알리는 테러리스트와 다르지 않다. 베이루트의 대변인 조지는 말한다. 죽더라도 관객이 없으면 가치 없는 희생이고 재난과 분노는 강할수록 좋다(The worse, the better), 이것이 서구의 미디어 슬로건 아니냐(130). 분노를 아는 것에서 테러리스트와 작가는 같고 분노가 강할수록 그들의 전략도 닮아간다. 작가의 존재방식이 군중에 달려있기에 저자를 움직이는 주체는 군중이고 권력은 군중에게서 나온다. 군중은 의식이 없다. 그러기에 충격은 몸의 충격이어야 하고 그것은 저자의 죽음으로 이어진다. 그것도 충격적인 죽음이어야 한다. 그러기에 추고와 은둔에 지친 빌은 사진을 찍으면서 이것이 자신의 죽음에 대한 애도행위(a wake)라고 말한다. 죽으면 책이 더 팔린다(The deeper I pass into death, the more powerful my picture becomes. 42). 그렇다면 죽음과 놀이를 하는 빌은 다른 인물들과 똑같이 이미지의 노예인가. 그가 편집인 찰스의 제안을 받아들여 베이루트로 향하는 것은 시인을 구출하려는 인도적인 행위인가, 아니면 상품시대에 자신의 책을 팔려는 전략인가. 이 부분은 상당히 모호하게 그려져 있다. 만일 들릴로의 인물들이 한결같이 소비사회 거대서사의 시스템에 갇혀 빠져나오지 못한다면 이 소설은 제임슨이나 보들리야르의 비판과 다르지 않다. 무엇 때문에 이론가들의 비판을 소설가가 그대로 반복하는가. 그리고 이론과 소설이 무엇이 다른가. 들릴로가 이런 질책을 모변하려면 이론적 비판과 다른 미학적 장치를 제시해야 한다. 이제 빌의 마지막 선택을 자세히 검토하여 저항인가. 순응인가를 살펴보고 숨겨진 미학이 있는지 알아보자.

빌의 죽음: 저항인가 순응인가

빌은 은둔과 추고에 지친다. 그는 30년 만에 사진을 찍으며 죽음을 예견한다(These pictures are the announcement of my dying 43). 그는 군중을 옹호하면서도(89), 이미지 관리에 복종하면서도, 남들처럼 평범한 삶의 기쁨을 누리고 싶다. 차츰 그는 정상적인 가정을 갖지 못하게 하는 책을 증오한다.("I am between novels, he used to say, so I don't mind dying 55). 죽음과 놀이하면서 그는 점차 삶의 모사를 증오하게 된다. 그가 브리타를 부른 사실을 안 편집인 찰스는 빌의 죽음충동을 알아채고 이왕이면 한 걸음 더 나갈 것을 권유한다. 런던에 가서 시인의 시를 낭송하여 센세이션을 일으키자. 찰스는 "난 이제 새 책을 원해, 빌"(I want a new book, Bill. 102)이라고 말한다. 지루한 추고를 그만하고 책을 출판하려면 좀 더 충격적인 카메라의 응시가 필요하다는 것이다. 인질을 통해 자신들을 알리는 테러리스트의 전략과 같다(98). 빌은 이미 잘 알고 있다는 듯이 "내가 무슨 역할을 하면 되느냐"고 묻고(Where the hell do I fit in? 99), 기자회견을 위해 런던으로 간다. 호메니이의 대형 초상화와 그를 애도하는 군중의 사진은 죽음과 유희를 벌리던 빌의 최후를 예고한다. 제 2부는 빌이 테러리스트와 접촉을 시도하는 이야기다. 빌의 강한 분노와 증오를 알아챈 찰스의 전략은 성공할 것인가. 빌은 런던에서 기자 인터뷰가 무산되자 혼자 베이루트로 가는 보트를 탄다. 그러나 베이루트에 도착하지도 못하고 죽는다. 런던에서 사고로 입은 상처를 치료받지 않으려했던 것은 빌이 이미 죽음을 원했다는 것을 증명한다. 베이루트에 도착하기도 전에 빌을 죽게 한 들릴로의 의도는 무엇인가. 그를 지배하고 조종하는 이미지 관리자들에게 저항한 것인가 아니면 스코트의 추측처럼 죽음의 모사를 통해 두 번째 기회를 꿈꾼 것인가. 비평들은 엇갈린다.

　키세이 (Douglas Keesey)는 빌이 저항한 것으로 해석한다. 비록 아이러니하게 끝나지만 빌은 와홀보다 저항했다(180). 빌은 자신을 비롯해 누구도 구원하지 못하고 죽는 것을 "고통 받는 구제주의 이미지"로 보여준다(192). 그리고 소설의 마지막에 "명령 전에 너의 머리를 작동하라"(Measure your head before ordering. 216)는 말로 개인의식으로 돌아가려고 안간힘을 쓴다(193). 키세이의 이런 해석에 비해 오스틴(Mark Osteen)은 와홀이 빌보다 더 잘 저항했다고 말한다(653). 빌이 베이루트로 가려한 것은 인질을 구하기 위해서라기보다 출구를 찾으려는 것이었다. 그는 이미지 관리도 하고 동시에 시스템에서도 벗어나려했다. 시몬즈(Ryan Simmons) 역시 빌이 미디어와 상품 사회에 굴복했다고 본다. 작가 빌과 들릴로를 일치시킨 키세이와 달리 그는 들릴로가 빌보다 반걸음 앞서 있다고 본다. 그러나 빌과 들릴로가 일치하느냐 그렇지 않으냐의 선택은 독자에게 달렸을 것이다. 한편 스코트(Rettberg Scott)는 들릴로가 빌을 통해 잘못된 결론을 보여주고 해결을 독자에게 맡긴다고 말하면서 하버마스의 푸코비판을 예로 들어 들릴로의 해결 없는 결말을 옹호한다.

> 이런 관점에서 작가는 사회에 경종을 울리는 호각이다. 본질적으로 기존에 대한 위협이다. 그러므로 이렇게 말할 수 있다. 비판적인 작가, 기존의 질서를 문제 삼는 작가가 해결도 제시해야 하는가? …..들릴로는 풍자가다. 그의 관심은 우리에게 무엇이 잘못되었다는 것을 보여준다. 그러기에 그것을 바로잡으려면 무엇을 해야 하는지 우리들에게 말해주지 않는다.(9/10)

듀발(John N. Duvall)의 견해는 어떤가. 들릴로는 포스트모던 기법으로 미국 문화 속의 파시즘적 충동인 소비사회를 재현한다. 이것은 포스트모던 기법으로 포스트모던 사회를 비판한 것에서 포스트 모더니즘의 긍정적 기법을 드러낸 린다 허천과 소비사회 이론으로 비판한 프리데릭 제임슨 둘 다를 반영한다(562).

필자는 소비사회와 미디어 문화의 폭력에 저항하지 않고 굴복한 작중 인물 빌과 저자 들릴로를 분리하여 해석할 것을 주장한다. 빌이 죽은 후 신분증이 베이루트 민병대에 넘어가는 것은 그가 덜 위험하게 죽으면서 센세이션을 일으킬 수 있는 길이 아니었을까.(조지가 위험하다고 말리던 것을 생각해보라.) 이와 대조적으로 예술가 들릴로는 군중 문화에 저항한다. 이제 그 이유를 밝혀본다.

빌은 스코트와 찰스의 이미지 전략에 따르면서도 작가와 테러리스트와 군중에 대한 예리한 통찰을 드러낸다. 그는 징후를 해석한다. 소설가와 테러리스트를 제로섬관계로 보고(156) 작가가 제대로 기능을 하면 테러리스트가 줄고 작가가 역할을 하지 못하면 테러리스트가 늘어난다는 것을 안다. 또한 스코트와 달리 통일교 합동결혼식을 밀레니움 히스테리아라고 비판한다. 그는 소설가의 기능을 "민주적 외침"(democratic shout)으로 보고 베이루트 테러리스트의 대변인인 조지 해다드가 역사는 군중의 손으로 넘어갔다고 말하며(162) 위험을 경고하지만 혼자 떠난다. 그는 처음으로 인질을 떠올린다. 그러나 그의 이런 통찰과 행동은 석연치 않은 점이 많다. 우선 카메라의 눈인 브리타가 카렌에게 "셋이 모두 하나다."라고 말하고 카렌과 스코트가 빌의 소설에 반해 함께 사는 것은 빌이 카렌과 다르지 않다는 것을 암시한다. 카렌은 한국인 신랑 김을 "영원한 남편"으로 믿고 모택동과 문 목사와 호메이니의 군중을 모두 한 가족이라고 믿는다.(We are one family 193). 그녀를 "세계의 총체적 어린이"(total children of the world)로 만든 것은 T.V 화면이다. 카렌과 T.V와 군중은 한 가족이다. 소비사회에서 세계를 한 가족으로 만드는 것은 T.V이고 그것은 총체적 비전으로 군중 그 자체다. 세계의 다양한 견해를 단 하나의 시각으로 묶어 개인을 군중으로 만드는 것이 카메라의 응시다. 책의 상품사회에서는 작가도 이 방식을 모방하기에 군중에 의지한다.

이제 문장 하나에 주목해보자. 베이루트행 보트에 타면서 빌은 "나의 인물은 오른 쪽 옆구리에 통증을 느낀다"(My character feels pain on the right side. 206)고 말한다. 사고를 당하고 치료를 거부했기 때문이다. 왜 빌은 자신을 "나의 인물"이라고 칭하는가. 자신이 죽고 나서 출간될 책의 저자가 아니라 인물이라면 저자 빌을 위해 등장인물인 빌이 기꺼이 죽겠다는 것인가. 스코트와 찰스가 저자이고 자신은 그들에 의해 조종되는 등장인물이라는 의미인가(223-224). 그는 인질에 대해 별로 생각하지 않는 자신을 발견한다(215). 그리고 자신의 책을 위해 죽으려 한다. 그러므로 그는 자신의 책을 위해 죽는 등장인물이다. "그의 삶을 사라지게 만든 것은 바로 그의 글쓰기였다"(215). 빌은 『마오 II』라는 책을 위해 죽는 등장인물이다. 그리고 동시에 소설 속에서는 자신의 책을 위해 죽는 작가다.

스코트는 빌의 사라짐이 책을 팔려는 죽음의 모사라고 말한다. 그렇다면 빌은 저항하기보다 시스템에 순응한 셈이다. 빌이 저항했다 해도 결과적으로 그는 시스템에서 탈출하지 못한다. 와홀 산업은 책 산업이요 『마오 II』는 빌의 책이다. 아니 들릴로의 소설이다. 작가와 등장인물은 맞선다. 그리고 빌이 죽고 들릴로는 승리한다.

　소설가, 빌은 혼자의 힘으로는 대중의 관심을 얻지 못하기에 다시 태어나고자 죽음을 택한다. 그러나 소설의 마지막 장면을 보자. 주인공은 빌이 아니라 브리타이고 (Osteen 666) 이제 그녀의 관심은 빌을 떠난다. '카메라의 응시'와 '군중'을 상징하는 브리타는 테러리스트, 아부 라시드를 찾아가 사진을 찍는다. 테러리스트는 미국의 방식을 그대로 따라가는 자신들이 싫어서 미국인 인질을 가둔다고 말한다(235). 테러리스트는 서구 상품사회와 미디어문화의 잉여다. 그들은 코카콜라 II이다. 미국에 저항하려고 미국의 수법을 모방한다. 아이들은 똑같이 라시드의 아이들이다(One men One man. 233). 문선명의 아이들이요 모택동의 아이들이다. 이 책에서 가장 중요한 부분은 다음과 같은 브리타의 말이다. 나는 더 이상 작가를 찾아다니지 않는다. 아무 의미도 없기 때문이다 (229). 이제 테러리스트를 찍는다. 카메라의 응시는 작가를 더 이상 탐하지 않는다. 군중은 작가를 떠났고 아무도 작가에 관심이 없다. 작가는 테러리스트와 제로섬 게임에서 진 것이다. 들릴로의 윤리와 미학은 여기에 있다.

맺음 : 작가와 테러리스트의 게임

　들릴로의 미학은 빌을 무기력하게, 의미 없이 죽게 한다. 그는 빌과 테러리스트인 아시드의 게임에서 빌을 패배하게 만든다. 브리타의 카메라는 더 이상 작가를 원치 않게 되니 브리타를 테러리스트에게 빼앗긴 것이다. 빌은 처음 브리타를 만났을 때 그녀에게 성적 충동을 느낀다. 물론 이 충동은 순간적인 것으로 사라졌지만 그의 무기력함은 브리타를 자신의 여자로 만들지 못한다. 그러면서도 들릴로는 죽음은 결코 새처럼 가벼워서는 안 되고 산처럼 무거워야 한다고 끝을 맺는다. 빌의 죽음은 무거운가. 그가 무기력하게 죽든, 자신의 책을 위해 죽음을 위장하든, 시스템에서 탈출하려 했든, 브리타를 빼앗기는 것은 그의 완패를 의미한다. 이것이 작가 들릴로가 노리는 점이다. 그는 빌을 완패시키고 테러리스트의 손을 들어줌으로써 윤리적이 된다. 독자의 의식에 충격을 주고자 함이다. 들릴로는 포스트모던 군중문화를 비판하는 포스트모던 작가다. 그러기에 이 시대 작가가 아직도 무엇을 할 수 있다는 것을 보여주려 애쓴다. 작가의 역할이 개인의 의식에 충격을 주는 것이라면 들릴로가 할 수 있는 일은 빌을 패배시키고 군중에 의지하여 죽음을 모사하는 작가의 존재방식이 결국에는 수명을 단축하고 테러리스트에게 카메라의 응시를 빼앗기고 만다는 결과를 보여주는 것이다. 이것이 들릴로의 윤리적이고 미학적인 제스처다. 독자가 의미를 합성하도록 미학적 거리를 둔 방식으로 개인의 선택과 상상력을 존중하는 방식이다. 비록 그것이 제스처라할지라도 그는 독특한 미학적 장치로 독자에게 충격을 준다. 등장인물인 빌이 죽어야 소설이 끝나고 들릴로는 무엇인가를 성취한다. 이런 의미에서 『마오 II』는 소설에 관한 소설인 메타픽션이다.

 작가와 테러리스트는 달라야 한다. 작가는 폭력을 승화해야 한다. 그러나 지식이 권력이 된 미디어 상품사회는 그 둘의 생존방식을 같게 만든다. 둘 다 군중이라는 카메라의 응시에 의해 생존하기 때문이다. 들릴로는 이 책에서 군중의 실체가 무엇이고 왜 그렇게 되었는지를 보여준다. 그리고 둘이 같아졌을 때 결국 작가가 게임에서 지는 것을 보여주어 미디어

문화의 잉여가 폭력임을 경고한다. 작가는 사라지고 그 역할을 테러리스트가 한다는 것을 보여주어 해결이 아닌 충격을 준다. 이것이 이론가와 다른 소설가의 역할이다. 비록 그것이 제스처에 불과하다해도 여전히 작가의 역할은 사라질 수 없다는 역설이다. 빌을 굴복시킴으로써 작가는 살아난다. 포스트모던 미디어 상품사회를 비판하면서 동시에 포스트모던 소설의 윤리를 드러낸 것이다. 『마오 II』는 이미지다. 그것은 TV와 인터넷 시대의 거대한 동질화로서 군중이다. 그리고 들릴로는 이런 시대에 테러리스트의 존재방식과 같아진 예술가의 자화상을 보여준다.

참고 문헌

권택영 "죽음충동이 플롯을 낳는다: 돈 데릴로의 『백색소음』". 『영어영문학』. 47.1(2002): 139-159.

DeLillo, Don. *White Noise*. New York: Penguin Books. 1984, 1986.

____. *Mao ll*. New York: Penguin Books. 1991.

Duvall, John N. "Introduction. From Valparaiso to Jerusalem: DeLillo and the Moment of Canonization." *MFS*. 45.3(1999): 559-568.

Foucault, Michel. *Language, Counter-Memory, Practice: Selected Essays and Interviews*. Ed. & Trans. Donald F. Bouchard. Ithaca & New York: Cornell University Press. 1977.

Freud, Sigmund. "Group Psychology and the Analysis of the Ego." *The Standard Edition of the Complete Psychological Works of Sigmund Freud*. Ed. and Trans. James Strachey. London: The Hogarth. 18(1955): 65-143.

Hemingway, Ernest. *The Sun Also Rises*. New York: Charles Scribner's Sons. 1926, 1970.

Johnston, John. *Information Multiplicity: American Fiction in the Age of Media Saturation*. Baltimore: The Johns Hopkins University Press. 1998.

Keesey, Douglas. *Don DeLillo. Twayne's United States Authors Series*. Ed. Warren French. New York: Twayne Publishers. 1993.

Leclair, Tom. *In the Loop: Don DeLillo and the Systems of Novel*. Urbana and Chicago: University of Illinois. 1987.

Lentricchia, Frank. Ed. *Introducing Don DeLillo*. Durham: Duke University Press. 1991.

McClure, John A. "Postmodern Romance: Don DeLillo and the Age of Conspiracy." *Introducing Don DeLillo*. Ed. Frank Lentricchia. Durham: Duke University Press. 1991, 99-115.

Osteen, Mark. "Becoming Incorporated: Spectacular Authorship and DeLillo's *Mao ll*." *MFS*. 45.3(1999): 643-673.

Scott, Rettberg. "American Simulacra: Don DeLillo's Fiction in Light of Postmodernism." <http:// darkwing.uoregon.edu/~ucurrent/uc717-rett.html>

Simmons, Ryan. "What is Terrorist? Contemporary Authorship, The Unabomber, and *Mao ll*." *MFS*. 45.3(1999): 675-695.

9. 에로스와 파시즘: 포크너의 『팔월의 빛』

포크너가 1932년에 출간한 『팔월의 빛』*Light in August*은 훗날 전성기 최고의 걸작으로 인정받지만 출판 당시 구성에서 균형을 잃은 감이 있다는 지적을 받은 적이 있다. 이에 대해 포크너는 편집자에게 보낸 편지에서 '머리통이 큰 듯한 불균형한 감을 줄지도 모르지만 이것은 어디까지나 일화가 아니고 소설이다,' 그래서 조금도 고칠 생각이 없다고 강조했다 (66). 리너(Lena Grove)와 바이런(Byron Bunch), 조(Joe Christmas)와 조안나(Joanna Burden), 그리고 하이타워(Gail Hightower)라는 세 개의 서술 축이 서로 교차되면서 상호 접촉을 시도하지만 그 연결고리가 강하지 못하고 유독 조와 조안나의 서술이 툭 불거지는 인상을 준다는 지적이었다. 유난히 조 크리스마스의 서술이 다른 두 서술에 비해 독자의 뇌리에 강하게 남기에 많은 비평이 조의 삶에 집중되는 것이 사실이다. 이런 인상을 뒷받침하듯 이 소설은 신문에 보도된 한 흑인 남자가 백인 여자를 면도칼로 살해한 사건에서 암시를 얻었다고 전해진다. 누구의 서술이 가장 주된 것인가, 누가 주인공인가라는 물음을 떠나서 소설에서 독자에게 가장 뚜렷하고 충격적으로 새겨지는 부분은 하이타워도 아니고 리너와 바이런도 아니고 조 크리스마스의 생애이다. 그가 겪는 상흔과 처참한 최후, 그리고 조안나 버든과의 괴기한 사랑이야기가 압도적이어서 다른 인물들은 그 이야기에 종속되는 느낌을 준다. 그런데 좀 더 자세히 살펴보면 작가가 윤리의 중심으로 드러내는 인물은 리너와 바이런이고 그러면서도 서술의 촛점은 하이타워에 맞춘 것처럼 보인다. 조가 살았던 오두막에서 리너가 해산하고 하이타워가 리너의 아기를 받고, 조가 하이타워의 집에서 죽는 구조는 세 개의 축을 하나로 엮고 있지만 조의 서술이 압도적으로 독자를 사로잡고 그것 하나만으로도 해석이 넘치는 것은 어찌할 도리가 없다.

포크너는 이런 서술방식을 통하여 어느 인물을 중심으로 삼든지 해석이 가능하도록 문을 열어놓았는지도 모른다. 세 개를 함께 읽으면서도 어느 축을 중심으로 보느냐에 따라 여러 가지 접근법이 탄생하기 때문이다. 본 논문은 조와 조안나의 축을 중심으로 성담론(Sexuality)의 문제를 짚어보려 한다. 세 개의 서술이 모두 에로스와 타나토스의 문제를 다루고 있지만 그 정도 차이가 다르고 유난히 조의 경우가 두드러진다. 세 가지 서술들의 성을 탐구하다보면 왜 포크너는 조와 조안나 커플에 그토록 정성을 쏟았는지 그 둘의 성에 어떤 특별한 의미를 부여하고 있는지 궁금해진다. 다른 두 축에 비해 조와 조안나의 괴기하고 폭력적인 성은 단순히 남녀간의 도착적 성에서 멈추는 것이 아니라 그것을 넘어서 어떤 역사적이고 사회적인 맥락으로 확장되는 느낌을 준다. 포크너는 1945년 비평가 카울리(Malcolm Cowley)에게 보낸 편지에서 그림(Percy Grimm)이라는 인물에 대해서 이렇게 말한 적이 있다.

> 워렌 그림은 전체를 하나로 단결시킨다. 만일 내가 그를 옳게 기억한다면 그는 크리스마스를 살해함으로써 백인 종족을 구원한 파시즘적 선봉자이다. 나는 그를 1931년에 고안했다. 히틀러가 신문에 보도되기 전까지 내가 그보다 먼저 나치를 창조했다는 것을 나는 깨닫지 못했다(202).

포크너는 히틀러의 나치즘이 신문에 보도되기 전에 이미 자신이 1931년 그림을 통해 나치를 만들어냈다고 지적하고 있다. 비록 포크너가 모르고 그렸다 해도 1931년쯤 독일과 일본에서 파시즘은 2차 대전의 암울한 분위기를 예감케 하면서 이미 유럽과 동아시아에 대두되고 있었다. 이 소설에서 포크너가 미국의 남부 제퍼슨이라는 가공의 도시를 다루고 있지만 그 속에는 이런 분위기가 잠재되어 있었을 것이다. 파시즘이 지난 자리에서 포크너가 되돌아본 위와 같은 고백은 『팔월의 빛』을 파시즘에 관한 소설로 해석할 수 있는 근거를 제시한다. 그리고 파시즘은 퍼시 그림이라는 단순한 한 인물이 아니라 소설 속에서 여러 인물로 형상화되고 당대뿐 아니라 지금도 여러 형태로 도사리고 있다. 그것은 독일과 일본뿐 아니라 미국의 남부에도 존재한다. 조는 퍼시 그림의 다른 모습일 수 있다. 또한 조안나, 깨달음을 얻기 전의 하이타워, 하인즈 등, 리너와 바이런을 제외한 많은 인물에게서 우리는 그런 요소를 감지한다.

  이 논문은 포크너가 퍼시 그림뿐 아니라 조와 조안나의 성을 통해 남부에 도사린 파시즘의 분위기를 감지하고 드러낸다는 전제로 시작된다. 그리고 그 두 인물의 성은 우연히도 비슷한 시기인 1936년 일본에서 시작된 군국주의 파시즘과 연관지어 생각해 볼 수 있다. 1976년 일본의 오시마 나기사(Osima Nagisa)는 『감각의 제국』*In the Realm of the Senses*이라는 영화를 만든다. 사다와 키치라는 두 남녀의 괴기한 성을 통해서 1936년 일본 파시즘을 반영한 이 영화는 거의 전체가 남녀의 성관계를 다루고 군대가 등장하는 장면은 단 한 장면에 불과하다. 그리고 이런 절제된 기법이 영화의 암시적 효과를 높여 단순한 오락영화가 아닌 문제작이 된다. 이 영화를 보고 라캉(Jacques Lacan)은 소스라치게 놀라면서 저것이 바로 자신이 말한 여성적 에로티즘(feminine eroticism)이라고 표현한 적이 있다(Tremeau 34). 라캉 역시 파시즘을 죽음충동의 측면에서 접근한 사상가였다. 그런데 놀라운

점은 이 영화의 두 인물인 사다와 키치의 성관계가 소설 속의 조와 조안나의 성관계와 흡사하다는 점이다. 아마도 자신이 나치즘을 제일 먼저 형상화했다는 포크너의 고백은 조의 섹슈얼리티를 두고 한 말이었을지도 모른다. 이런 추론을 뒷받침하는 예로 비평가 브룩스(Cleanth Brooks)의 언급을 들 수 있다. 그는 자신의 책에서 퍼시 그림을 조의 거울이미지라고 표현한 적이 있다.25)

이 글은 프로이트의 성에 관한 글에서 시작하여 『팔월의 빛』에 나타난 섹슈얼리티를 주로 조와 조안나 커플에 초점을 맞추어 탐색하려 한다. 그리고 왜 포크너가 그들에게 그토록 깊은 심혈을 기울였는가라는 의문을 미국적 상황과 연결 지으면서 동시에 초국가적 문맥으로 확장해 보려 한다. 일본의 영화, 『감각의 제국』과 포크너의 『팔월의 빛』에 나타난 섹슈얼리티의 닮은 점과 다른 점을 통해 우리는 포크너의 무의식 속에 잠재한 미국적 파시즘에 대한 우려를 감지해 볼 수 있다. 파시즘은 단순히 퍼시 그림이라는 인물을 통해서만 재현된 것이 아니라 조의 섹슈얼리티와 연결되어 미국사회와 그것을 넘어서 초국가적 문맥으로 확장될 수 있다는 가설이다.

에로스와 시간

『팔월의 빛』에는 세 개의 독립적이면서도 서로 연결된 서술이 있고 이들은 각기 섹슈얼리티의 면에서 나름대로의 특징을 지니고 있다. 파괴적

---

25) 브룩스는 Grimm 이 조의 거울 이미지라고 말한다. "In a sense we may say that Joe Christmas and Percy Grimm are closely akin--mirror images of each other in their relation to the community." Cleanth Brooks, *William Faulkner: the Yoknapatawpha Country* (New Heaven: Yale University, 1963), 62,

이면서 가장 몸의 쾌락에 탐닉하는 조와 조안나, 몸의 쾌락보다는 돌봐주고 상대방의 자유의지를 존중하는 리너와 바이런 그리고 과거 어느 시점에 묶여서 전혀 대상에게 사랑도 쾌락도 주지 못하는 불능(impotence)의 하이타워에 관한 이야기들이다. 이들은 과거의 역사와 연결되어 있으며 현재의 지역사회와 관련을 맺고 있다. 세 축의 이야기에서 에로스의 존재 방식과 기억의 방식은 밀접하게 연결되어 있다. 이제 이 부분을 살펴보고자 에로스와 시간의 문제를 정신분석이론에서 끌어내본다.

프로이트는 리비도의 흐름을 애정성향(affectionate current)과 관능성향(sensual current)으로 구분했다(SE11: 179-190). 인간은 사춘기 이전에 성을 경험한다. 3, 4세에 경험하는 유아기 성은 자신을 길러주는 사람(주로 어머니나 누이)을 향한 애정으로 훗날 남녀사이의 관능성향에 사랑을 보태주는 애정성향이다. 만일 성인이 되어 유아기의 애정성향이 적절히 남아있지 않으면 남녀는 관능성향에 의해 몸의 쾌락에 탐닉하고 영혼이 피폐해진다. 애정과 관능은 적절히 조화를 이루어야만 정상적인 성생활이 유지된다(SE7: 135-243). 프로이트는 초기의 「성에 관한 세 글」에서 밝힌 두 개의 성향을 한동안 자아보존 본능과 성본능으로 나누었다가 1920년에 이르러 유명한 죽음충동을 발견하면서 쾌락원칙과 현실원칙으로 나눈다. 인간은 태어나기 이전으로 돌아가려는 죽음충동이 있고 이것을 연장하기 위해서 앞선 것을 반복하려는 강박적인 반복충동이 있다는 것이다. 쾌락원칙 넘어 죽음충동이 있다는 프로이트의 발견은 리비도를 삶충동과 죽음충동 혹은 에로스와 타나토스로 구분 짓는 계기가 된다. 애정성향은 죽음을 지연시키는 삶본능이고 관능성향은 죽음에 이르는 쾌락원칙이다. 다시 말하면 애정과 관능은 모두 유아기 성의 속성으로 분리되지 않고 잠재하다가 사춘기가 되면서 대상을 향해 성본능으로 옮아가는데 이때 애정과 관능이 분리된다. 그러기에 둘을 적절히 조화시키는 경우에는 정상적인 성을 누리지만 조화를 이루지 못하고 관능으로 치우치면 성은 파괴적인 충동으로 나타난다.

프로이트는 죽음충동을 발견한 이후 1924년 이 충동이 존재하는 방식을 마조히즘의 세 가지 방식으로 정리했다(SE19: 159-170). 그는 리비도의 근원적인 속성으로 규명했던 죽음충동을 '근원적 마조히즘'(primary masochism)이라는 용어로 바꾸고 이 충동이 현실 속에서 존재하는 방식을 세 가지로 분류한 것이다. 마음속의 초자아에 적절히 순응하면서 법과 질서에 적응하며 살아가는 양심적 리비도를 '도덕적 마조히즘'으로, 죽음충동을 조정하지 못하고 고통의 쾌락에 탐닉하여 무력함(inercia)에 빠지고 마침내 열반에 이르려는 쾌락원칙을 '여성적 마조히즘'(feminine masochism)으로 표현한다. 이것이 훗날 라캉이 성을 통해 일본 군국주의를 다룬 영화 『감각의 제국』을 보고 '저것이 바로 내가 이야기하는 여성적 에로티즘이다'라고 말했던 리비도이다. 라캉은 마조히즘적 쾌락을 "희열"의 의미를 지닌 "주이상스"(Jouissance)라는 용어로 대치했다.

여성적 주이상스는 현실에 적응하지 못하고 우울증에서 폭력으로 진행되거나 고통의 쾌락에 탐닉하는 단계의 성이다. 성은 리비도가 단순히 개인의 정서에 관한 에너지일 뿐 아니라 역사와 정치적 문맥으로 확장된다는 것을 보여준다. 정치적 파시즘은 사도-마조히즘적인 쾌락에의 탐닉에 비유된다. 다시 말하면 나치즘은 이단계의 마조히즘으로 개인의 우울증이 집단의 폭력으로 나타나는 부정적 리비도다. 에로스는 너와 내가 하나 되려는 사랑의 소망이다. 그런데 너와 내가 하나 되려면 서로 파괴되지 않고는 불가능하다. 그러므로 에로스는 타나토스의 다른 얼굴이다. 삶충동인 에로스와 죽음충동인 타나토스는 뫼비우스의 띠처럼 연결된 하나의 리비도다. 그러기에 에로스를 지나치게 추구하면 타나토스로 변질된다. 나치즘과 같은 정치적 파시즘은 끝없이 한 지점을 반복한다는 의미에서 현실에 대한 극단적인 부적응이나 고착과 같은 병적 증세이다. 성의 두 얼굴인 에로스와 타나토스는 이런 방식으로 존재하기 때문에 개인의 심리와 사회적 질서는 밀접한 관련을 맺게 된다.

열반원칙, 여성적 마조히즘, 도덕적 마조히즘이라는 세 가지 성의 존재 방식은 시간과 뗄 수 없는 관계를 맺고 있다. 『팔월의 빛』을 분석하는 앤더슨(John P. Anderson)은 포크너가 베르그송의 순환적인 시간관에 깊은 영향을 받았다고 지적하며 시간의 맥락에서 작품을 분석한 적이 있다(13). 그 외에도 많은 비평가가 이 작품을 인물들을 둘러 싼 과거와 현재라는 시간의 맥락 속에서 살펴본다. 그들이 겪는 현재의 부적응이 과거의 상흔에서 비롯되고 지역사회의 역사와 현실에 깊이 뿌리내리고 있기 때문이다. 인간은 기억의 방식에 의해 사회와 관련을 맺는 실존적 존재이다. 과거의 상흔이 깊을 경우 그는 사회적으로 고립되면서 사도-마조히즘적인 '여성적 에로티즘'에 탐닉하게 된다. 조와 조안나의 경우처럼 이런 증상은 파괴적인 성도착증으로 나타난다. 그들은 기억 속에 새겨진 상흔을 반복하기 때문에 현재의 시간을 살지 못한다. 이와 대조적으로 성적 에너지가 폐제되고 사회적으로도 단절된 하이타워의 증상은 도착증과 반대인 신경증에 해당된다. 그는 대타자(the Other)인 사회와 역사가 자신을 삼켜버릴 것같이 느껴져 성적 에너지를 대상을 향해 발산하지 않는다. 그는 대타자를 두려워하여 과거의 어떤 영광스런 지점에 고착되고, 그 경계 안에 머물면서 밖으로 한 발자국도 나가지 않는다. 그러므로 도착증과 신경증은 정상적인 섹슈얼리티가 아니다. 포크너는 리너와 바이런을 통해 애정성향과 관능성향이 조화를 이루고 과거에 고착됨이 없이 현재를 살아가는 또 다른 축을 보여준다. 에로스와 타나토스가 조화를 이룰 때 시간은 계절의 변화처럼 자연스럽게 앞으로 나간다. 포크너의 소설에서 시간과 에로스는 이렇게 밀접한 관계를 맺고 개인의 심리와 역사는 뗄 수 없이 서로 연관된다.

프로이트의 성이론에 근거하면 『팔월의 빛』은 성이 존재하는 세 가지 방식을 기억의 방식과 연결지어 재현했다는 가정을 내릴 수 있다. 도착증과 신경증은 과거의 상흔에 고착되고 정상적인 성은 과거를 현재 속에서 끊임없이 재해석한다. 과거를 반복하는 양상이 다르다. 조와 하이타워는 과거를 끊임없이 되풀이하는 것에서 같다. 조는 사회에 대응하면서 되풀이하고 하이타워는 사회로부터 고립되어 자신의 몽상 속에 갇혀 죽은 삶을 산다. 이에 비하여 리너와 바이런은 과거를 현재의 입장에서 해석하면서 앞으로 나간다. 베르그송의 시간관으로 해석한 앤더슨의 언급처럼 그들은 '살아있는 기억'(living memory)의 주체다. 그렇다면 이 세 가지 성의 존재방식 가운데 포크너는 누구의 성을 통해 파시즘을 표출하는가. 가장 파시즘적인 성은 조와 조안나의 경우이다. 포크너의 소설들 가운데 그들의 성은 가장 세밀히 정성껏 재현되어 독자를 깊이 사로잡는다. 하이타워의 불능에 가까운 성은 그와 대조되지만 그 역시 정상적인 성이 아니라는 것에서 닮은꼴이다. 그는 에로스와 타나토스가 서로 모순의 관계인 것을 감지하지 못하기에 어느 한 쪽에 매달려 꼼짝을 못하고 이 부분이 조와 닮은 꼴이다. 리너와 바이런의 정상적인 사랑과 하이타워의 불능, 그리고 조와 조안나의 도착증이 서로 대조되고 병행되면서 한 권의 소설이 엮어진다.

조와 조안나의 도착증은 어떻게 생성되고 지역사회의 역사와 사회의 어떤 측면을 반영하는가. 그리고 그것은 포크너가 재현하려던 퍼시 그림의 파시즘과 어떻게 연관되는가.

조와 조안나: 무한한 책임과 무한한 자유

팔월의 무더운 어느 날, 앨러바마에서 임신한 몸으로 리너가 제퍼슨에 도착한다. 그녀는 돈 한푼 없이 걷기도 하고 마차를 빌려 타기도 하면서 먼 길을 걸어왔는데 그녀의 밝고 낙천적인 태도 때문에 사람들은 누구나 그녀에게 먹을 것과 잠자리와 마차의 옆자리를 내어주곤 했다. 부모 없이 오빠 집에서 많은 조카를 돌보며 살던 리너는 제재소에 일하러 온 루카스 버치(Lucas Burch)의 아기를 임신하게 되었다. 다시 오겠다던 버치가 오지 않자 그녀는 아기의 아빠를 찾아 나섰고 버치와 이름이 비슷해서 바이런 번치가 일하는 제재소를 찾게 된다. 바로 그때 그녀는 멀리서 타오르는 불길을 바라본다. 마을에서 외떨어진 조안나의 집이 불에 타고 있었다. 조안나가 피살되고 현상금이 탐난 브라운(루카스 버치의 다른 이름)이 함께 숙식하던 조를 살인범으로 고발해서 마을 전체가 들떠있었다. 조와 브라운은 바이런이 일하는 목재소에서 일했고 조안나의 저택 뒷마당 오두막에서 밀주를 팔면서 살았다. 이어서 소설은 하이타워, 조와 조안나 등 마을에서 고립된 인물들을 바이런의 시점으로 그리거나 각 인물의 시점으로 서술한다. 그만큼 바이런은 믿을 만한 시점자이다. 하이타워의 과거와 현재가 소개되고 이어서 냉소적이고 비밀스런 성격을 지닌 조의 생애가 길게 소개된다.

범인을 제보하는 브라운의 말에 시큰둥하던 보안관은 그에게 흑인 피가 섞였다고 말하자 귀가 번쩍 띈다. "검둥이라고?" "난 그놈이 살인자이든 아니든 상관 안 해." "검둥이란 말이지?"(98). 보안관의 반응에서 우리는 두 가지 사실을 확인하게 된다. 조는 겉보기에는 백인과 다름없이 보이기에 흑인 피가 섞였다는 조 자신의 말에 의해서 그렇게 알려진다는 것과 백인은 살인자보다 검둥이를 더 나쁘게 생각하고 증오한다는 사실이다.

그러면 조는 어떻게 자신을 흑인 피가 섞인 것으로 말하고 믿게 되는가. 블레이커스턴(Andre Bleikasten)의 언급처럼 인종은 증오와 차별에 의해 만들어진 문화적인 구성물(cultural construction)이다(83). 조의 인종이 구성되기 시작한 것은 다섯 살 때이다. 이 근원적 상흔에 대한 포크너의 묘사는 대단히 치밀하고 설득력 있게 전개된다.

다섯 살 된 조와 고아원의 영양사 사이에는 인식의 간극이 존재한다. 그런 차이를 감지하지 못하는 영양사는 성에 대해서 지나치게 엄격한 남부사회의 경직된 시선이 너무도 두려워 조가 어린아이인 것을 잊는다. 태어나서부터 고아원에서 자란 조는 영양사의 치약을 일 년 동안이나 조금씩 훔쳐 먹다가 그녀가 몰래 성행위를 하는 장면을 목격한다. 그 장면은 어린 그에게 특별한 의미가 없었을 것이다. 다만 다른 때보다 더 많은 치약을 먹어 구역질을 했을 뿐이다. 그러나 사람들에게 알려질 것을 두려워한 영양사는 발설을 막으려고 어린 조에게 동전을 주었고 조는 이상하게 느낀다. 치약을 훔쳐 먹은 것을 들킨 조는 체벌을 각오했기에 영양사가 내민 동전에 어리둥절했던 것이다. 조가 돈을 선뜻 받지 않자 영양사는 거부의 의미로 알고 그 순간부터 조를 흑인 아이라고 불러 따돌림과 증오의 대상으로 만든다. 그러고 나서 그녀는 조를 맥이천(Simon McEachern)이라는 양부에게 넘긴다. 이 원초적 장면(Primal Scene)으로 인해 조는 성행위를 애정 성향과 조화된 사랑의 행위가 아니라 치약의 구역질과 두려움과 증오, 그리고 흑인(nigger)이라는 상흔으로 의식에 새긴다. 그가 흑인이 된 것은 순전히 영양사의 두려움이 증오로 변하고 그 증오가 흑인을 증오하는 사회적 차별과 맞물린 지점에서 생겨난 것으로 알튀세가 말한 '호명'(interpellation)에 의해 만들어진 문화적 구성물이다. 허구적인 조의 정체성이 상흔의 반복에 의해 굳어지는 과정을 살펴보자.26)

---

26) Laura Doyle 은 그의 글, "The Body against itself in Faulkner's Phenomenology

포크너는 백인의 남부 사회가 성과 인종에 대해서만이 아니라 종교에서도 도착적이라는 것을 맥이천의 광신주의를 통해 드러낸다. 그는 체벌과 암기로서 조를 훈련시키려 하는 데 조가 참을 수 없는 것은 자신을 흑인으로 규정짓고 정화해야 할 죄인으로 취급하는 것이다. 특히 성에 대해 엄격히 금지하면서도 체벌에서는 사디즘적 폭력을 드러내는 맥이천은 여자와 흑인을 똑같이 천시한다. 그의 종교는 사랑이 아닌 증오의 종교다. 그러기에 조는 그를 똑같은 증오로 대한다. 조가 자신을 흑인이라고 믿고 싶은 이유들 가운데 하나는 백인사회가 성에 눈을 뜬 사춘기의 그를 지나치게 억압했기 때문이다. 그러기에 성은 애정과 조화로운 에로스가 아니라 흑인 소녀를 구타하는 장면에서 보듯이 증오와 폭력이다. 조가 흑인 소녀의 몸에서 느낀 것은 자신에게 가해지던 증오였고 구역질이었다. 조는 여성과 인종 차별, 그리고 광신적 종교에서 백인들이 보여주는 배타적 증오에 저항하지만 그런 과정에서 자신도 그들과 똑같은 증오의 주체로 변한다. 애정성향이 결핍된 유아기와 그 이후 증오가 투사된 조의 몸은 바비(Bobbie Allen)와의 관계를 계기로 관능으로 길들여진다.

조는 백인웨이트리스인 바비에게 사춘기 이후 처음으로 사랑을 느낀다. 바비는 조의 순진한 열정에 감동되어 자신이 창녀임을 숨긴다. 바비에 대한 조의 사랑은 그를 정상적인 성으로 인도할 유일한 기회였다. 그러나 그녀는 흑인 피가 섞였다는 고백을 듣고 창녀의 신분을 드러내며 맥이천의 간섭에 말려들기를 거부한다. 맥이천은 남부 기독교인의 성과 인종에 대한 혐오감을 대표하고 광신자인 하인즈를 반복하는 인물이다. 조가 그에게 휘두르는 폭력은 무의식중에 할아버지 하인즈를 향한 것이기도 하다.

---

of Race"에서 다섯 살의 조가 사회화 되는 과정에서 알튀세의 호명이 어떻게 작용하는지 보여준다. 알튀세는 개인이 사회 속에서 차지하는 위치에 의해 불리어지고 그 부름이 주체를 형성한다고 말했다. 주체는 사회와의 뗄 수 없는 고리에 의해 호명이 된다. 344 참조.

또한 자신의 정체성을 최초로 구성한 하인즈와 함께 마을 사람들의 폭도 성향(mob spirit)에 저항하는 것이기도 하다. 어머니 밀리와의 애정을 가로막은 하인즈와, 바비와의 애정을 가로막은 맥이천은 닮은꼴이다. 조는 "그래도 너를 백인으로 대해줬는데"(217)라는 바비의 마지막 말을 뒤로 한 채 영원히 구원받을 기회를 상실하고 타락의 길로 들어선다. 그에게 성은 애정이 제거된 관능으로 남고 치약을 먹을 때 느낀 구역질과 수치스럽고 비밀스러운 "감춤"으로 반복된다. 바비를 만날 때 맥이천 부부를 속이던 감흥, 그 이후 조안나와의 비밀스런 성욕 등, 조에게 성은 사회로부터 인정받지 못하는 비밀스런 '여성적 에로티즘'이었다.

애정과 분리된 조의 성은 이제 남부와 북부사회의 인종차별을 증명하는 시약처럼 쓰인다. 그는 반은 조롱조로 반은 고독에서 오는 방황과 저항으로 자신의 인종과 성을 남용한다. 조 크리스마스를 예수의 다른 모습으로 보는 견해에 의문을 표시하는 경우, 그가 얼마든지 자신의 피를 숨기고 백인사회에서 적응할 수 있었고 아니면 조안나가 제안하듯이 진정으로 흑인사회를 위해 봉사하며 살 수 있었다는 점을 예로 들 수 있다. 그러나 그는 겉보기에 백인처럼 보이지만 백인사회에 소속되기를 거부한다. 그리고 자신에게 흑인 피가 섞였다는 사실을 숨기지 않는다. 조안나에게도 브라운에게도 자신이 흑인이라고 말한다. 아니 그보다도 그는 자신이 흑인이라고 믿으려 한다. 그런데도 조안나가 흑인이 되어 흑인을 위해 봉사하라고 요구하자 그녀를 죽인다.

조는 어느 인종에도 속하기를 거부한다. 그저 사랑받지 못하고 사랑하지 못하는 소외된 인종일 뿐이다. 작가가 조에게 부여한 역할은 남부사회의 편견과 증오를 텅 빈 정체성에 가득 채우는 것이다. 성과 인종에 대한 편협함, 광기에 가까운 배타적 종교, 하이타워의 경우에서 보듯 마을 사람의 폭도 정신, 이런 부정적인 요소들의 집합체가 조의 정체성이다. 그러기에 그는 받은 증오를 그대로 발산할 수밖에 없다. 사회적 편견과 증오를 흡수하고 동시에 발산하여 사회가 무엇이 잘못되었는지 드러내는 시금석으로 고용된 조는 고독한 존재다. 부정을 부정으로 대응하고 증오를 증오로 대응하는 저주받은 인물인 것이다.

그는 여러 가지 노동과 직업을 전전하며 도시를 떠돈다. 남부에서 백인 여자와 잘 때는 자신이 흑인이라고 말하여 욕을 먹고 흑인 사회에서는 백인으로 보여 따돌림을 받는다. 그러다가 백인 여자와 자고나서 흑인이라고 말했는데 놀라지도 욕하지도 않는 경우에 부딪친다. 북부의 도시에 온 것이다. 조가 북부에서는 백인여자가 흑인 남자와 잔다는 사실을 알았을 때 기뻐했던가. 아니었다. 그는 구역질을 한다. 그가 증오한 남부인의 반응을 그대로 보여준다. 그것이 조의 정체성이었다. 어느 곳에도 소속되지 않는 무한한 자유는 자신의 정체성에서 끊임없이 탈출하는 자유였다. 그러므로 그 끝은 죽음일 수밖에 없었다. 사회가 부여한 사도-마조히즘적 폭력은 그의 정체성이었고 죽음으로 밖에는 탈출이 불가능했기에 그는 냉소적인 조롱과 구타로 애정을 대신한다. 여기에 포크너가 제시하는 개인과 사회의 끈이 존재한다. 개인에게도 사회에게도 아니 그 둘의 관계에서도 에로스와 타나토스는 조화를 이루어야 한다. 조의 불행은 그가 어느 쪽 사회와도 끈을 맺지 못한다는 데 있다. 본능이 상징질서에 의해 승화되지 않은 무한한 자유는 마음의 평화가 아니라 불안일 뿐이다. 실존적 불안은 삶의 본질이고 이것을 메우는 길은 사회에 소속되어 책임감을 느낄 때 줄어든다. 물론 그 사회적 소속이 어떤 방식이어야 하는가는 중요하고 포크너는 그것을 작품마다 보여준다. 사회의 폭도정신도 개인의 무한한 자유도 거부하는 어느 지점에 그런 조화가 있다고 그는 암시한다.

조는 조안나를 죽이고 혼자 쫓기면서 밤하늘의 별과 자연 속에서 깨닫는다. 그가 평생 찾으려고 방황했던 마음의 평화는 아주 간단한 것이었다.

자연 속에서 느끼는 평화, 그것이 그가 30년 동안 찾아 헤맨 평화였다 (331). 그러나 그는 늘 누군가에 의해 조종당하는 장기 말처럼 살아왔다. 무엇이 그로 하여금 같은 원을 맴돌며 벗어나지 못하게 했던가. 개인과 사회를 연결한 증오의 리비도다. 30년간 사회에 저항하고 자신을 증오해 온 조가 마지막에 느낀 것은 인간은 결코 자신에게서 탈출하여 평화를 찾을 수 없다는 깨달음이었다, 비록 텅 빈 주체요, 사회의 증오가 투사된 자아이지만 그것을 긍정하지 않고서는 어디에서도 평화를 누릴 수 없다는 것이다. 궁극적인 평화는 자연과 하나가 되는 것이지만 그것이 삶을 누린 후에 맞이하는가, 죽음충동을 재촉한 결과 맞이하는가는 선택의 문제이다. 계절의 변화를 암시하는 소설의 제목이나 대지의 생성과 평화를 암시하는 리너의 역할과 비교해보면 조는 에로스보다 타나토스 쪽으로 치우친 삶을 살아왔다. 서른세 살의 나이로 제퍼슨에 나타났을 때 조는 포크너가 고용한 순교의 임무를 수행한다. 장기의 말놀음처럼 그는 장기판 위에서 어떤 역할을 수행하고 있는 것이다.

애정이 결핍된 관능과 폭력으로서의 쾌락, 증오와 죽음충동의 표출인 조의 섹슈얼리티는 조안나라는 닮은꼴을 만나 본성을 드러낸다. 조안나 역시 남부 사회의 인종적 편견의 희생자이다. 그러나 특이한 점은 비록 그녀가 제퍼슨에서 태어났을지라도 그녀의 조상은 북부인이고 그녀가 지닌 이념도 "양키"의 것이라는 점이다. 그녀의 조부는 인종차별의 사회에 저항하지만 결코 흑인에게 동등한 인격과 애정을 가지고 대하지 못한다. 의무감과 남부이념에 대한 투쟁적 대안으로 그가 주장하는 노예해방은 머리의 것이지 가슴의 것이 아니었다. 그녀의 조부가 가톨릭에 저항하여 아들에게 스페인어로 된 바이블을 외우게 하는 것을 보면 그의 강경한 주장은 방향을 다르지만 맥이천과 닮은 데가 있다. 하이타워의 조상이 남부의 영광과 노예 해방을 동시에 주장하다가 그 어느 쪽에도 속하지 못하고 공허함을 안고 마을로부터 고립되었듯이 버든의 조상은 남부에 사는 북부 뉴잉글랜드 출신이다. 하이타워의 불행과 버든의 불행은 남부의 획일적인 편견에 저항하는 대가로 치러야 하는 철저한 고립이었다. 두 집안 모두 포크너가 생각한 소설의 원래 제목을 암시하는 "어두운 집"(Dark House)이다. 그들은 모두 조상의 올바르지만 지나친 신념에 의해 사랑과 조화가 결핍된 성장기를 경험한다. 조안나에게 인종문제는 사랑과 이해로 해결해야 하는 문제가 아니라 죽는 날까지 그녀가 짊어지고 살아야되는 신의 저주였다.

아버지는 그녀가 네 살 되던 봄날 노예를 소유했던 사토리스에게 죽은 조부와 이복오빠의 무덤으로 그녀를 데리고 간다. 그리고 이렇게 말한다.

> 언제나 기억해라. 어느 백인 사내에 의해서가 아니라, 전 인종에게 신이 내린 저주에 의해서 네 조부와 오빠가 저기에 묻혀있다. 그건 네 조부와 오빠와 나와 네가 생각조차 하기도 전에 일어난 일이다. 영원히 파멸하고 저주받게 된 종족, 언제나 백인의 파멸과 그 죄에 대한 저주의 일부가 될 종족이다. 저것을 잊지 말아라. 신이 내린 파멸과 저주라는 것을. 영원히 그리고 항상. 내 운명이고 네 어머니의 운명이다. 네가 아이일 적부터 내려진 네 운명이지. 그건 이미 태어났고 앞으로 태어나게 될 모든 백인 아이에게 내려진 저주다. 아무도 그 운명에서 도망치지 못한다(252-253).

남부인들로부터 감추어야 했던 조상의 무덤 앞에서 네 살 난 조안나가 들은 아버지의 말은 그녀의 삶을 지배한 원초적 상흔이 된다. 그녀는 여자가 아닌 남자로 살았고 결혼도 하지 않고 흑인을 위해 봉사한다. 그러므로 그녀의 '무한한 책임감'과 조의 어디에도 소속되기를 거부하는 '무한한 무책임'은 충돌과 파멸을 피할 수 없게 되어 있었다.

조와 조안나의 만남과 파멸은 단순히 두 사람의 사적인 성관계에서 멈추지 않고 당대 사회를 그대로 반영한다. 조가 남부의 인종과 성의 억압에서 오는 증오를 흡수하고 토해낸다면 조안나는 남부가 증오하는 북부의 이념을 강박적으로 실천한다. 두 사람은 모두 사회가 배제한 비천함을 실천하는 데서 강박적이다. 퍼시 그림으로 대표되는 남부인의 파시즘을 흡수하고 토해내기 때문이다. 이런 면에서 그들의 성은 오시마 나기사의 『감각의 제국』을 연상시킨다. 1936년 일본의 군국주의가 형체를 드러내기 시작할 무렵에 실제 있었던 사건을 영화로 만든 이 영화는 사다와 키치의 강박적인 리비도가 한 단계씩 쾌락을 높여가는 과정을 보여준다. 언어가 사라지고 신음만이 존재하는 사도 마조히즘적 성관계는 몸의 쾌락일 뿐 사랑이 아니다. 하녀가 주인남자를 목 졸라 죽인 살인사건과 한 흑인 청년이 백인 여자를 면도칼로 죽인 살인사건은 비정상적인 성의 결말이었고 암울한 파시즘적 사회의 반영이었다. 히틀러보다 먼저 그림을 통해 파시즘을 만들어냈다는 포크너의 말을 기억하면서 조의 섹슈얼리티와 사다의 경우를 비교해보자.

『팔월의 빛』과 『감각의 제국』

포크너는 조를 살인자로 만든 조안나와의 성관계를 다음과 같은 세 단계로 묘사했다. 객지를 떠돌다가 다람쥐 체 바퀴 돌듯이 다시 제퍼슨으로 돌아온 조는 굶주린 배를 움켜쥐고 어둑한 저녁 외돌아진 조안나의 텅 빈 큰 저택에 이른다. 백인 노처녀가 혼자 살면서 흑인에게 식사를 대접한다는 이야기를 듣고 그는 조안나의 부엌으로 들어서고 "당신이 원하는 것이 그저 음식뿐이라면 얼마든지 있어요."라는 침착하고 약간 깊고 아주 차가운 음성을 듣는다(231). 이것이 조안나가 흑인을 대하는 방식이다. 흑인의 해방은 그녀에게 신의 사랑이 아니라 신의 저주로 내려진 백인의 짐이었다. 밤의 불빛아래 삼십대로 보였던 그녀는 낮에는 40대의 노처녀였고 그런 면은 조와의 관계에서 밤과 낮이 다른 그녀의 이중적 삶으로 나타난다. 그녀와 조는 잠자리를 같이 해도 거의 말이 없었다. "그들은 언제나 서 있었다. 그들은 결코 앉아서 이야기를 나눈 적이 없었다." 이 말은 둘의 관계가 정상적인 이해와 사랑의 관계가 아니라 노예 해방의 짐을 진 백인 노처녀가 밤에만 나누는 흑인과의 섹스일 뿐임을 암시한다. 그들의 성적 관계는 밤에만 존재하고 낮이면 흔적 없이 사라지는 것으로 애정성향과 아무런 고리를 맺지 못한다. 훗날 그림이 백인 여자를 다시는 건드리지 못하도록 총에 맞은 조를 거세하는 장면을 보면 두 사람의 접촉은 누구에게도 인정받지 못하는 금지된 관계였다. 그러기에 앉아서 이야기를 나눈 적이 없다는 묘사는 한 사회의 경직성을 암시하면서 독자의 동정심을 끌어내기에 충분하다.

그들의 사랑에는 환상도 승화도 없었다. 꿈과 미래도 없었고 몸과 몸의 접촉이 전부였다. 그녀는 죽은 몸처럼 움직였고 망설임도 수줍음도 복종도 없었다. 그러기에 조는 매번 처녀를 범하는 듯이 느꼈고 도둑질을 한 것 같은 기분이었다. 그들 사이에는 인간적인 교감과 이해가 끼어들 공간이 전혀 존재하지 않았고 마침내 조는 자신이 남자가 아니라 여자이고 그녀가 남자인 것처럼 느낀다(235). 조안나는 사회적 책임감 때문에 감정이 제거된 남자가 되었고 백인이기에 남자가 되었다. 흑인남자는 백인 여자와 관계에서 여자가 된다. 인종의 차별과 성의 차별은 나란히 함께 가고 있었기 때문이다.27) 이것이 조를 화나게 만든다. 30년간 새겨진 백인에

---

27) 성과 종족이 뗄 수 없이 연결되어 있음을 밝히는 논문으로 Beth Widmaier의 글은 흥미롭다. 백인 여성의 품위를 지키기 위해 흑인 여성이 어떻게 희생되는가 살핀 이 글은 조가 흑인 여성이 되는 것을 다음과 같이 해석한다. 조는 흑인 여자가 되어 살인자가 된다. 그렇게 되어 성적으로 타락한 조안나라는 백인 여성의 품위는 복구된다는 것이다. "Black Female Absence and the Construction of White Womanhood in Faulkner's *Light in August*." *The Faulkner Journal*.

대한 분노가 끓어오른다. "오직 흑인 여자만이 나를 거절할 것이다"(240). 첫 단계는 여기에서 끝난다.

이런 관계가 지속되려면 서로에 관해 이야기를 나누어야만 한다는 것을 조안나는 알게 된다. 그래서 자신의 과거 이야기를 해준다. '우리 가족은 남부에서 외국인, 아니 그보다 더 못한 적이었다'(249). 조상의 무덤까지 감추고 살아야 되는 마을에서 아버지는 조안나에게 사랑과 이해로 흑인을 위해 살라고 할 수 없었고 오직 신의 저주로서 흑인에 대한 의무감을 심어줄 수밖에 없었다. 그러나 조에게는 그런 부모조차 없었다. 부모에 대해 묻는 그녀의 물음에 그는 아는 것이 없었다. 소설의 마지막에 밝혀지듯이 할아버지가 흑인 피가 섞였다고 믿고 손주를 고아원에 버렸기 때문이다. 부모를 모르면서 어찌 흑인 피가 섞인 것을 아는가. "모른다"는 조의 대답은 여기에서 중요한 의미를 갖는다.[28] 조안나는 조를 여전히 흑인으로 대하고 흑인이 되기를 원했기 때문이다. 연하의 남자를 붙들어놓으려고 그녀는 조가 흑인이 될 것을 원했고 자신의 짐을 나눌 동반자가 필요했기에 조를 원했다. 서로 과거를 털어놓고 나서 두 사람은 성의 두 번째 단계로 접어든다.

이제 조안나의 쾌락은 한층 고조된다. 에로스가 타나토스로 직행하지 않으려면 대상을 신비의 베일 속에서 볼 수 있어야 한다. 라캉은 이것을 환타지의 주체라고 언급했는데 상상계의 착각 속에서 형성된 절대적 이상형이 연인에게 투사되어 승화되어야 전회의 단계가 형성된다. 전회란 연인들이 현실에서 서로를 인정하는 절차로서 성본능을 미루고 사랑의 환상을 지속시키는 수단이다. 라캉은 "성관계는 없다"고 말한다. 사랑이란

16.3 (2000/2001): 23-39.
28) 포크너는 조의 불행이 자신이 누구인지를 모르는 것이라고 강조한다. "...Which to me is the most tragic condition a man could find himself--not to know what he is and to know that he will never know." FU, 72.

요구(demand)요 신비의 환상 속에서 보는 절대자에 대한 숭배다. 애정은 전희가 전부이고 성관계란 물거품과 같이 영원히 채워지지 않는 욕구(need)에 불과하다. 그러므로 성본능은 반드시 현실에서 인정을 받아 승화되어야 애정과 관능의 조화를 이룬다. 그런데 조와 조안나의 성은 사회의 인정을 받지 못하는 파괴적 쾌락일 뿐이다. 포크너의 단편「에밀리를 위한 장미」(A Rose for Emily)에서 에밀리가 북부에서 온 노동판의 십장을 사랑하지만 사회가 인정하지 않기에 목숨을 끊어 죽는 날까지 자기 옆에 두었던 것과 흡사하다. 에밀리의 경우에는 흑인이 아니고 북부에서 온 양키 노동자였다. 그러므로 조와 조안나의 관계보다는 조금 낫다. 그녀보다 더 인정받지 못하는 두 사람의 성은 사회 속에 진입하지 못하기에 곧장 타락할 수밖에 없었다. 상징계로 진입하지 못하는 성은 몸의 파괴요 사도 마조히즘적 폭력에 불과한 죽음을 향한 충동이다.

조안나는 쾌락 속에 몸을 던지고 타락하면서 동시에 조를 타락시킨다. 사도 마조히즘의 극치란 서로가 하나 되어 고통을 주고받는 쾌락이기 때문에 조는 자신이 그녀에 의해 타락하고 있다는 것을 알면서도 도망치지 못한다. 무력증 때문이다. 조가 느끼는 철저한 무력증(sheer inercia 260)은 몸에 가하는 고통이 쾌락을 부르고 이 쾌락이 농도를 높이면서 나타나는 몸의 소망이다. 프로이트의 용어를 빌리면 만물이 하나가 되어 멈추는 근원적 마조히즘인 열반원칙으로 멈춤이요, 죽음 그 자체다. 상징질서로 진입되지 못하는 본능은 주체가 형성되지 못하고 환상이 제거되어 짐승과 다를 바 없는 몸의 소망에서 멈춘다. 조안나는 여성 성욕과다증(nymphomania)을 드러낸다. 그녀는 낮에는 냉담하고 기계적으로 행동하지만 밤이 되면 관능의 노예가 된다. 조가 날마다 침대로 와주기를 원하고 빠지는 날에는 질투하고 의심한다. 그녀가 절정의 순간에 부르짖는 소리는 오직 "검둥이! 검둥이! 검둥이!"라는 외침뿐이었다. 그들 사이에 대화는 없었다. 그런데도 꿈과 미래에 대한 환상이 제거된 파시즘적 성에서 독자는 동정심을 느낀다. 그들에게서 꿈을 앗아간 사회적 상황을 작가가 암시해왔기 때문이다. 환상을 제거하고 동물로 전락시킨 남부사회의 인종과 성차별 이데올로기를 독자가 감지하도록 서술해왔기 때문이다. 다시 말하면 파시즘적 사회는 파시즘적 성을 낳는다는 것이 포크너의 메시지다.

조와 조안나의 섹슈얼리티는 비밀스럽고 어두운 집안에 감추어진 성이지만 이처럼 그들을 둘러싼 당대사회의 파시즘적 특성이 낳은 결과물이다. 성은 문화적 구성물이었다. 조가 조안나 몰래 밀주를 팔고 조안나가 아기를 가졌다는 환상에 빠지면서 둘은 세 번째 단계로 접어든다. 조가 밀주를 파는 행위는 브라운과 다르다. '브라운이 조보다 더 살인자 같다'는 리너의 말처럼 브라운은 돈을 위해 밀주를 팔고 친구를 판다. 그러나 조가 밀주를 판 것은 조안나와의 관계를 늦추고 도망치지는 못하기에 정신을 돌리려는 수단이었을지도 모른다. 그러나 이 일도 파국을 늦추지는 못한다. 조안나의 무한한 책임감은 조를 흑인학교에 보내고 흑인의 지도자로 만들려고 계획하고 조의 무한한 자유는 그런 구속을 참지 못한다. 조안나가 무릎을 꿇고 기도를 강요할 때 조가 본 것은 원초적 상흔인 하인즈와 그것의 반복인 맥이천의 광신적 모습이었다. 그토록 도망친 굴레인데 다시 또 되풀이되자 조는 그녀를 죽이고 만다. 물론 그날 이미 조안나도 둘이 함께 죽는 길밖에 없다는 것을 깨닫고 총알이 두 개 장전된 권총을 겨누었다. 파시즘적 사회는 파시즘적 성을 부른다. 포크너판 '감각의 제국'이었다.

일본 영화, 『감각의 제국』은 라캉이 소스라치게 놀라면서 '바로 저것이 내가 말한 여성적 에로티즘이다'라고 말한 것에서 유명해졌다기보다 포르노와 무엇이 다른가라는 논쟁 때문에 더 유명해진다. 두 남녀가 출연하여 거의 처음부터 끝까지 성관계를 노출하는 영화다. 사랑영화라기에는 환상이나 꿈이 제거되고 섹스 영화라 하기에는 지루할 정도로 지속적이다.

그러나 문제작이었다. 성을 극명하게 정치적 파시즘과 연결했기 때문이다. 성이 언어와 조화를 이루지 못할 때, 애정과 관능이 조화를 이루지 못할 때, 성은 환희가 아니라 고통스럽고 지루해진다. 몸은 언어를 거부하기 때문이다. 언어에 의해 신비의 베일로 가리지 못한 성은 주체의 욕망이 아니라 멈춤 혹은 무력증(inercia)이라는 몸의 소망을 실천하는 행위이다.

사다는 가난한 집에서 태어나 잠깐 성을 팔았다. 그녀의 관능은 한번 성관계를 가진 남자가 그녀를 잊지 못할 정도로 강렬하고 신비롭다. 그녀는 다시 기생집의 하녀로 일하게 되는데 어느 날 다른 하녀와의 다툼으로 주인의 눈에 띈다. 주인 남자 키치는 한량으로 지루함을 견디지 못하고 빈둥거리다가 사다와 눈이 맞는다. 처음에는 주인마님의 감시를 피해 성관계를 갖다가 사다는 차츰 그녀를 질투하게 되고 마침내 키치를 집에서 끌어낸다. 두 사람은 자유롭게 성관계에 탐닉한다. 감시자가 없는 무한한 자유는 그들 앞에 고통스러운 쾌락의 길을 열어놓는다. 둘 다 몸의 소망을 실천하는 길 외에 달리 꿈이 없기 때문이다. 사다는 사디즘이요 키치는 마조히즘을 상기시키는 이름이다. 영화는 조금씩 그들이 사도-마조히즘의 쾌락을 높여가는 과정을 치밀하게 묘사한다. 조안나의 경우처럼 언어는 사라지고 대신 신음소리만 높아진다. 그들의 몸이 쾌락을 향해 한 단계씩 강도를 높여가는 과정은 단조롭다. 그리고 혐오스럽다. 환상이 없는 몸의 소망은 짐승의 소망이기 때문이다. 결국 키치의 마지막 소망은 죽여달라는 애원이었고 사다는 그를 목 졸라 죽인다.

이 사건은 1936년 실제 일본에서 있었던 일로 사다는 죽은 키치의 성기를 잘라 몸에 간직하고 여관을 전전하다가 나흘 만에 잡힌다. 경찰에 잡힌 사다는 황홀경에 넘쳤고 당시 뉴스를 들은 일본열도는 그녀에게 동정을 보냈다. 이것이 영화의 자막이다. 이런 자막과 하나의 장면이 없었더라면 영화는 혐오스러운 포르노의 차원으로 전락했을 것이다. 집요한 성행위의 연속에서 의미를 찾는다 해도 그것을 사회적이고 정치적인 문맥으로 연결할 미학적 장치가 없으면 영화는 무의미의 나락으로 떨어지기 때문이다. 그러나 오시마 나기사 감독은 영리했다. 단 한 장면의 연결고리를 영화 속에 삽입했기 때문이다.

사다와의 성행위로 지친 몸이 된 키치가 퀭한 눈으로 골목길을 걸어갈 때 일본 군대가 일사 분란하게 행진하며 지나간다. 군인들에게 일본인들이 흔드는 일장기의 붉은 해는 사다가 키치를 죽이기 직전에 입었던 붉은 옷을 상기시킨다. 그 장면이 감독이 노린 사회적 메시지다. 그런데 우리는 여기에서 한 가지 질문을 던진다. 나기사 감독의 영화는 성과 정치적 파시즘을 동시에 보여준 수작이다. 그러나 보고나서 관객은 그들의 성행위에서 혐오감을 느끼고 인물들에 대해 아무런 동정심을 느끼지 못한다. 두 인물들은 그저 관능의 노예처럼 보인다. 그것이 감독이 노린 점이다. 그런데 포크너의 소설을 읽으면서 독자는 조와 조안나에게 혐오감이 아니라 동정심을 느끼게 되고 그들을 그렇게 만든 경직된 사회에 비판의 화살을 돌리게 된다. 이 부분이 『감각의 제국』과 『팔월의 빛』에 재현된 섹슈얼리티의 차이점이다. 둘은 파시즘의 창조에서 닮았지만 각기 재현의 대상이 다르고 전달하려는 주제도 다르다. 이제 그 차이점을 논하는 것으로 이 글을 맺는다.

맺음

영화, 『감각의 제국』이 단순한 구성으로 성적 파시즘의 혐오스러움을 통해 정치적 파시즘의 속성을 드러냈다면 『팔월의 빛』은 그보다 복합적인 구도를 지닌다. 성본능이 승화를 통해 애정성향과 조화를 이루려면 상징질서의 인정을 받아야만 한다. 만일 상징계가 획일적이고 광신적이어서 이질성을 수용하지 못할 때 주체는 환타지를 품지 못하고 몸의 소망에 자리를 내준다. 주체가 타자에게 먹히는 것이다. 주인과 객이 뒤바뀌는 것이다. 조가 주인이 되고 조안나가 하인이 된다. 사다가 주인이 되고 키치가 하인이 된다. 이것이 성적 도착이요 여성적 에로티즘, 혹은 여성적 마조히즘이다. 흑인을 인정하지 않는 파시즘적 사회에서 조가 보여주듯이 성은 파괴적이고 구역질나는 혐오감과 연결되어 애정이 들어설 자리가 없어진다. 조의 섹슈얼리티는 관능의 제국이고 감각의 제국이다. 그러나 오시마 나기사 감독이 사다와 키치의 성에만 초점을 맞춘 것에 비해 포크너는 조와 조안나의 성에 대조되는 다른 장치들을 사용하여 독자의 혐오감을 희석시킨다. 리너와 바이런처럼 정상적인 커플을 등장시키고 하이타워를 변화시키는 등 다층적 구도 속에서 두 사람에 대해 서술한다. 더구나 조와 조안나의 과거를 자세히 묘사하여 그들이 그렇게 될 수밖에 없는 역사적이고 사회적인 필연성을 암시한다. 그러는 가운데 작가는 주제의 초점을 하이타워에 맞춘다. 그가 몽상에서 벗어나 사회적 책임감을 지닌 인물로 다시 태어나는 과정이 조의 섹슈얼리티만큼 중요하다는 것이다.

하이타워 역시 흑인 노예의 남부 역사에 의해 고립된 인물이다. 조안나 만큼 마을 사람들에게서 고립되고 린치를 당한 적도 있지만 조안나와 달리 사회로부터 철저히 은둔한다. 그의 시간은 조부의 영광과 어처구니없는 조부의 죽음에 멈추어 있다. 조가 치약을 훔쳐 먹던 시간으로 되돌아가듯이 조안나가 무덤가에서 아버지의 말을 듣던 순간으로 되돌아가듯이 하이타워는 조부가 죽던 시간에 살고 있다. 작가는 조와 조안나의 희생을 딛고 마지막으로 하이타워에게 재생의 기회를 준다. 바로 그림의 파시즘을 보는 순간, 하이타워의 시간의 수레바퀴는 다시 돌기 시작한다. 그러나 하이타워와 리너의 서술축이 조의 서술과 어떻게 관련을 맺는가는 또 다른 글의 주제가 될 것이다.

『팔월의 빛』은 인물에 따라 다양한 해석을 낳을 수 있는 복합적 구도의 소설이다. 그 가운데에서 조의 서술은 다른 두 축과 연결되면서도 독자적으로 가장 독자의 동정심을 유발한다. 포크너가 자신이 히틀러보다 먼저 파시즘을 창조했다는 말에는 어떤 유머가 있다. 당대 일본의 파시즘과 달리 남부 파시즘은 전면적 파멸을 부르지 않았기 때문이다. 이것은 파시즘을 막는 다층적 구도를 선택한 포크너의 전략과도 일치한다. 인종차별, 성차별, 그리고 광신적인 기독교와 광신적 백인 우월주의 등 그가 비판했던 획일주의는 모더니즘과 포스트모더니즘이라는 한 세기에 걸친 정치적 미학을 형성하면서 미국사회가 전면적 파시즘에 빠지지 않도록 한다. 이런 의미에서 『팔월의 빛』은 단순히 사회의식이 약한 모더니즘 미학이 아니라 그 이후 30년이 지나 60년대의 페미니즘과 흑인해방운동, 그리고 90년대의 다문화주의와 동성애해방 등 한 세기의 정치적 미학을 여는 서두는 아니었는지 생각해본다.

핵심단어(key point)
포크너의 『팔월의 빛』, 『감각의 제국』, 파시즘, 초국가, 섹슈얼리티, 근원적 나르시시즘, 애정성향, 감각성향, 호명

참고 문헌

Anderson, John P. *The Poltergeist in William Faulkner's Light in August.* Universal Publishers, uPUBLISH.com, 2002.

Bleikasten, Andre. "Light in August: The Closed Society and its Subjects." *New Essays in Light in August.* Ed. Michael Millgate. New York: Cambridge University Press. 1987, 1998.

Brooks, Cleanth. *William Faulkner: The Yoknapatawpha Country.* New Heaven: Yale University Press. 1963.

Doyle, Laura. "The Body against Itself in Faulkner's Phenomenology of Race." *American Literature.* 73.2(2001): 339-364.

Faulkner, William. *Faulkner in the University: Class Conferences at the University of Virginia,* 1957-1958. Ed. Frederick L. Gwynn and Joseph L. Blotner. Charlottesville: University of Virginia Press. 1959. Abbreviated as FU.

___. *Light in August: The Corrected Text.* Vintage Books. 1932, 1959, 1985.

___. *Selected Letters of William Faulkner.* Ed. Joseph Blotner. New York: Vintage Books. 1978.

Freud, Sigmund. "Three Essays on the Theory of Sexuality." *Standard Edition.* 7: 123-243. Abbreviated as SE.

___. "On the Universal tendency to Debasement in the Sphere of Love." *Standard Edition.* 11: 179-190.

___. "The Economic Problem of Masochism." *Standard Edition.* 19: 155-170.

Lacan, Jacques. *The Seminar of Jacques Lacan Book 11: The Four Fundamental Concepts of Psychoanalysis.* Ed. J.A. Miller. Trans. Alan Sheridan. New York: Norton. 1978.

Thadious M. Davis. *Faulkner's "Negro": Art and the Southern Context.* London: Louisiana State University Press. 1983.

Tremeau, Fabien. "Ai No Korrida: The Cutting Edge of Feminine Eroticism." *lacanian ink.* 5(1991): 29-42.

Widmaier, Beth. "Black Female Absence and the Construction of White Womenhood in Faulkner's *Light in August.*" *The Faulkner Journal.* 16.3(2000/2001): 23-69.

Oshima Nagisa. 『감각의 제국』 *In the Realm of the Senses.* 1976. 후츠 타스야, 마츠다 에이코 주연.

10. 음양의 조화: 『술라』

　음양의 조화란 음과 양이 하나로 연결되어 시간의 흐름에 따라 자리를 바꾸는 것이다. 마치 낮이 밤이 되고 양지가 그늘 되고 여름의 무더위가 겨울의 냉기로 바뀌듯이 두 개의 대립관계가 하나의 끈에 연결되어 자리를 바꾸는 것이다. 그렇다면 둘 사이를 하나로 묶어주는 세 번째 고리가 필요하다. 라캉은 이것을 <실재계>the Real라고 이름 붙였다. 실재란 음도 아니고 양도 아니다. 그러나 동시에 음이면서 양이다. 음과 양이 평등하게 공존하도록 하는 장치가 실재다. "저것" 아니면 "이것" 이라는 식의 이분법의 경계를 넘어서는 세 번째 영역이야말로 철학과 문학이 그토록 찾아 헤맨 실재다. 이것이 계절을 순환케 하고 권력을 순환케 하고 욕망을 지속시킨다. 상상계와 상징계의 다름을 인정하면서도 그것들이 하나로 연결되어있다는 것은 인간과 사물을 두 패로 갈라놓은 근대 이후 인식론에 저항하는 가설이다. 음양의 조화를 이루게 하는 세 번째 고리는 정신분석에서 삶을 죽음충동과 연결시킨 생명의 숨인 <실재계>이다. 프로이트에게도 라캉에게도 단 하나의 실재는 죽음이었고 그것에 삶의 생기를 불어넣는 힘은 두 개의 고리를 묶는 세 번째 고리인 실재계의 힘이다. 그래서 비평가들은 이것을 역설적으로 죽음의 정치성, 혹은 몸의 정치성이라 표현한다. 몸의 정치성은 자연과 인간을 하나로 이어주는 세 번째 고리다. 이런 관계를 토니 모리슨(Toni Morrison)의 뛰어난 걸작, 『술라』(Sula, 1973)를 통해 알아보자.

『술라』는 모리슨의 작품 가운데 많은 논쟁을 낳은 작품이다. 특히 레즈비언 소설이라는 비평과 그것을 부정한 모리슨 자신의 말 사이에서 독자는 어느 한 쪽만을 택할 수 없는 망설임을 느끼게 된다. 분명히 레즈비언적인 요소가 있으면서도 동시에 그것을 넘어서는 많은 의미가 숨어 있기 때문이다. 이 글은 『술라』에 대한 비평들을 살펴보면서 그것을 라캉의 세 번째 고리로 새롭게 읽어내려 한다.

넬과 술라

넬(Nel)은 술라와 소녀시절을 함께 보낸다. 검은 피부를 증오하고 언제나 집안의 청결을 유지하며 사회의 규범을 잘 지키는 어머니 헬렌 밑에서 자란 넬은 한때 술라와 어울리면서 그런 질서에 반발했지만 순종적인 아내가 되려고 쥬드(Jude)와 결혼한다. 술라는 남편이 버린 가정을 끌어가려고 한 쪽 다리를 절단한 할머니 이바(Eva)와 그녀의 아들에 대한 사랑 때문에 상처를 받은 어머니 하나(Hannah)의 딸이다. 술라는 소녀 시절에 죽음을 경험했고 이기적인 어머니 밑에서 아무 곳에도 의지할 곳 없이 자란다. 그러기에 친구 넬은 그녀의 분신이었다. 오직 넬이 있기에 술라는 살 수 있었다. 그런데 넬이 쥬드와 결혼하자 술라는 마을을 떠난다. 그리고 십 년이 흘러 변한 모습으로 되돌아온다. 돌아온 술라는 마을의 규범을 따르지 않고 자신만을 위해 산다. 그리고 무한한 자유를 실천하면서 마을 사람들을 긴장시킨다. 그녀는 악의 상징이 되고 넬 조차 그녀를 이해하지 못한다.

술라는 쥬드와 성 관계를 갖고 쥬드가 집을 나가자 넬은 배반감으로 깊은 상처를 받는다. 그녀가 배반감을 억누르고 죽어가는 술라의 외로운 침상을 찾았을 때 술라는 넬에게 묻는다. 누가 선이고 누가 악인가. 선은 네가 아니고 나일지도 모른다고.

살아생전에 술라를 끝까지 이해하지 못했던 넬은 그녀가 죽고 마을 사람들이 꿈을 영영 이루지 못하고 터널 속에서 무더기로 죽은 뒤 세월이 흘러 양로원의 이바를 찾아간다. 이바는 넬과 술라를 구별하지 않는다. 어린 남자애를 데리고 놀다가 물에 빠뜨린 일을 질책하는 이바의 말을 듣고 양로원을 나온 넬은 문득 깨닫는다. 자신이 그리워한 사람은 쥬드가 아니라 술라였다는 것을. 돌이킬 수 없는 사랑에 대한 넬의 슬픔은 원을 그리면서 나무로 흙으로 퍼져나간다. 슬픔은 꼭대기도 바닥도, 시작도 끝도 없이 순환한다.

이것이 소설의 플롯이다. 그런데 『술라』는 이런 내용과 별 상관이 없어 보이는 두 가지 사건으로 시작한다. 노동의 대가로 땅을 주기로 한 백인은 산꼭대기 험한 땅을 흑인에게 주면서 그것을 하늘의 바닥이라고 말한다. 시간이 흘러 골짜기가 도시로 변하자 숲이 우거진 꼭대기는 값이 오른다. 그러자 백인들은 그 땅을 꼭대기라고 말하면서 다시 차지한다. 또다른 사건은 전쟁에서 갑자기 옆 친구가 머리 없이 달리는 것을 보고 돌아온 쉐드랙Shadrack은 버텀 마을에 <자살의 날>을 설정하고 매년 기념 행진을 벌인다. 이 두 가지 사건은 어떻게 연결되고 줄거리 속에서 어떻게 접속되는가.

우선 소설에 대한 구구한 해석들을 추려보자. 『술라』는 두 여성의 사랑을 다룬 레즈비언 소설이다(Barbara Smith). 그러나 그렇게만 보기에는 너무도 다른 많은 의미가 넘친다(Bonnie Zimmerman). 흑인 소설이 그렇듯이 백인 로고스에 저항하는 흑인의 로고스를 그린 소설이다. 그리고 그런 이분법적 구도 속에서 실패하는 술라의 모습을 보여주고 있다(Timothy B. Powell). 소설 속의 남자들이 모두 가족을 버린다. 모리슨은 남성부재의 가족을 통해 이성애에 회의를 느끼면서 동시에 술라의 지나치게 급진적인 방식도 실패하는 것을 보여준다(Madhu Dubey). 술라가 관습에 도전하는 방식은 어떤 단순한 해석도 거부한다. 해석의 문을 열어놓았기에 독자의 읽기와 선택이 중요한 소설이다(Deborah E. Mcdowell) 등등. 그러나 대부분의 비평은 술라를 이분법적 대립구조로 보기보다 그런 구도를 해체하는 소설로 본다. 헌트(Patricia Hunt)는 모리슨이 서구의 이분법전통을 거부하고 모든 것을 이것 아니면 저것이라는 식으로 구별짓는 이분적 구도의 위험성을 경고한다고 말한다(444). 술라는 합리성보다 우연성(contingency)을 상징하고 모리슨은 그녀를 통해 어떤 문화를 선과 악으로 나누는 것에 저항하고 있다는 것이다. 모리슨은 1976년의 인터뷰에서 선과 악을 분명히 정의 내리기란 쉽지 않다고 말한다.

> 때로 선은 악처럼 보인다. 때로 악은 선처럼 보인다. 그것의 실체를 말하는 것은 쉽지 않다. 오히려 그것이 어떤 상황에서 어떻게 이용되는가가 중요하다. 일반적으로 선은 보편적인 관심사이지만 악도 선 만큼 유용하다. 선은 그리 단순하지 않다. 선하게 사는 길은 악하게 사는 길보다 좀 더 복잡스럽다(216).

작가 자신의 말처럼 이 소설에서 가장 두드러지는 주제는 선과 악의 경계를 어떻게 지을 것인가이다. 술라는 악이고 넬은 선이다. 마을 사람들은 술라를 악으로 규정하고 그 악에 대항하려고 선을 실천한다. 그렇다면 악이 선을 낳는 게 아닌가(Fullbrock 202). 선과 악의 경계가 무너지는 것은 질서가 무질서에 의해 얻어지고 질서 속에 혼돈이 있다는 의미이다. 이런 측면을 가장 잘 밝힌 글을 보자. 『술라』에서 질서와 혼돈의 공존을 탐색한 브라이언트(Cedric Gael Bryant)는 푸코의 문명과 광기의 관계를 언급하면서 흑인사회에서 광기가 권력이 되는 예를 든다. 자살의 날을 설정한 쉐드랙은 술라와 달리 죽음을 수용할 줄 안다. 그는 죽음에서 삶을 만들어 낸다. 그러기에 끝까지 살아남아 마을의 파국과 소설의 결말을 지켜본다. 그러나 술라는 그럴 능력이 없었다. 그녀는 규범을 깨트리고 법을 파괴한다. 반대로 넬은 마을이 세운 법을 철저히 고수한다. 그녀는 마을의 가치를 믿는다. 그렇다면 넬과 술라는 보완관계이다. 소설은 이 둘의 차이가 합쳐져서 보완관계를 인정하는 주제를 다룬다(739). 선의 상징인 넬의 마음 속에 숨은 이기심, 악을 상징하는 술라의 가슴속에 담긴 사랑과 희생 등 이분법을 넘어서는 예들을 들어가면서 브라이언트는 작품자체에 대한 풍요하고 정확한 진단을 내린다. 그의 글은 무엇보다도 푸코의 문명과 광기의 개념을 빌어오면서도 작품분석에 철저하다.

그런데 한 가지 동의할 수 없는 부분이 있다. 차이의 경계를 넘치는 예들을 들면서 그는 그 차이들이 하나의 보완관계가 된다는 결말을 내린다. 만약 그의 결론처럼 넬과 술라가 합쳐 하나가 된다면, 정과 반이 합쳐서 하나를 이룬다면, 어떻게 끝없는 순환이 가능한가. 어떻게 둥글게 퍼져 나가는 슬픔이 가능한가. 보완(complementary)이 아니고 잉여, 혹은 넘침(surplus)이 아닐까. 넬과 술라는 둘이면서 하나로 잉여 주이상스다. 넬은 쥬드와 결혼하면서 둘이 합쳐 하나가 되려는 것이라고 믿는다. 그것은 남녀의 결합에서 사회가 추구해온 가치관이었다. 넬은 의심 없이 그 가치관을 믿었고 그 결과 실패한다. 사랑은 둘이 합쳐 하나가 되는 것이 아니었다. 그것은 하나이면서도 둘이어야 한다. 마치 소설의 마지막에 상실을 겪고 나서 넬이 말하는 것처럼 둘은 하나였다. 그녀는 "우리는 소녀들이었다."라고 말한다. 여기에서 작가는 비동사를 복수가 아닌 단수로 사용한다(We was girls together). 넬의 마지막 깨달음은 넬과 술라가 합쳐 둘이면서 하나인 새로운 가치관을 암시한다. 사랑은 그것이 이성애든 동성애든 그런 것이어야 한다. 그런데 지금까지 이성애중심의 사회는 사랑과 결혼을 둘이 합쳐 하나 되는 것이라고 가르치고 우리의 본능인 에로스도 그것을 원한다.

정반의 경계를 넘치는 분석을 하면서도 결론에서 여전히 넬과 술라의 관계를 보완이라든가 "완벽한 하나의 인간"one whole person(Carolyn M. Jones)이라고 보면 안 될 것이다. 물론 넬과 술라는 서로 합쳐 하나가 된다 그러나 이것은 넘침이지 완벽한 하나는 아니다. 마치 음 속에 양이 있고 양 속에 음이 존재하듯이 넬 속에 술라가 있고 술라 속에 넬이 있기에 정과 반의 관계가 아니고 넘침이다. 언제나 여분이 남는다. 그리고 이 여분 때문에 계절이 순환하듯이 환타지의 대상이 바뀌고 기표가 순환하며 정상이 밑바닥이 되고 바닥이 정상이 된다. 둘이 합쳐 하나가 되는 것은 에로스의 소망이고 몸의 소망이다, 그것은 죽음충동이다. 지금까지 이성애중심사회는 결혼과 사랑의 가치를 둘이 합쳐 하나 되는 것으로 삼았다. 그러나 그것은 근원적 나르시시즘에서 오는 소유이고, 사랑이 그토록 많은 상처를 남기며 결별하는 이유가 아닐까.

모리슨은 그녀의 다른 작품에서도 사랑의 문제점을 탐색했다. 『빌러비드』Beloved에서는 시드와 그녀가 죽인 딸 빌러비드의 관계가 그렇다. 사랑은 지나칠 때 소유가 되고 하나가 되고자 대상을 파괴하게 된다. 타자를 인정하는 주체가 되지 못하고 맞수가 되어 공격하는 자아의 차원에 머문다. 『술라』에서 이바가 타락한 아들, 플럼(Plum)을 죽이는 것도 마찬가지이다. 술라는 넬에게 말한다. 사랑은 인색한 것이라고. 그래서 누군가에게 잘해준다는 것은 그에게 인색하게 되는 것이라고(144-145). 넬은 한 때 술라의 모든 것이었지만 쥬드와 결혼하여 술라를 외롭게 한다. 사랑이 주는 인색함이 얼마나 고통스러운 것인가를 모리슨은 그녀의 소설들에서 반복하여 보여준다. 술라의 방황은 무엇보다 넬이 준 고독 때문이었다.

모리슨에게 하나의 개체는 완벽하지 않다. 모자라거나 넘친다. 그러기에 둘이 합쳐도 완벽한 하나는 될 수가 없다. 아니 완벽한 개체를 해체하려고 둘이면서 하나가 된다. 시작이 끝이고 끝이 시작이고 바닥이 꼭대기이고 꼭대기가 바닥이 되는 한, 삶은 늘 모자라거나 부족하다. 그리고 이런 결핍, 혹은 여분이 오히려 생명을 연장하고 탄생시키고 상징계의 질서를 바꾼다. 모리슨에게 사랑의 문제와 윤리성은 언제나 함께 있다.

라캉 역시 신비주의는 성과 별개가 아니고 사랑과 윤리는 별개가 아니라고 말한다(S20: 76). 이 둘을 연결시키는 것이 제3의 매개항인 실재계다. 제3의 매개항은 원초적 기표인 지식이지만 그것은 또 아버지의 이름인 권력이다. 그 권력이 쾌락을 낳는다. 억압에 의해서 아무 것도 아닌 무nothing가 성적인 쾌락이 된다. 그러므로 실재계는 죽음을 지향하는 성과, 삶을 지향하는 동경을 하나로 묶는 고리이다.

이제『술라』에서 실재계를 깨닫게 되는 과정을 살펴보자. 넬과 술라는 상징계에 살면서도 자아가 무의 심연을 봉합하여 환타지의 주체가 되었다는 <꿰맨 흔적>Quilting Point을 모른다. 그리고 오직 너무도 늦게야 넬은 흔적을 보게 된다. 마을사람들도 흔적을 모른다. 제3의 고리를 모르기에 그들은 꿈이 자꾸만 지연되는 것을 참지 못한다. 그리고 죽음을 맞는다. 전쟁에서 죽음을 경험한 쉐드랙만이 그것을 안다. 그는 매년 자살의 날을 만들어 하루를 축하한다. 그런 식으로 죽음을 삶의 질서 속에서 인정하고 수용한다. 그리고 상징계가 억압하고 배제한 죽음이요, 몸인 술라가 죽자 삶의 원기를 잃는다. 죽음이라는 무는 삶을 이어가는 활기요 에너지였던 것이다. 무위(無爲)는 음과 양을 이어주는 봉합지점이고 이것을 알고 실천할 수 있는 용기요, 지혜다.

술라: 상징계가 억압한 몸(음)

넬과 술라는 서로 다른 환경에서 자란다. 그리고 이것이 그들을 친하게 만든다. 클레올의 창녀인 할머니로부터 넬을 분리시켜 기른 어머니 헬렌은 피부 색깔이 아주 검지는 않았다. 그녀는 넬의 아버지가 배의 요리사로 집에 자주 들르지 못하기에 딸을 거의 자신의 뜻에 맞추어 기른다. 집은 늘 청결했고 흑인이지만 자신보다 더 검은 술라네 집과 거리를 두었다. 그녀는 백인 문화를 숭배했고 자신이 마을의 흑인들과 다르다는 자부심을 갖는다. 넬은 그런 어머니에 대해 반발심을 느낀다. 특히 신시내티로 가는 기차 여행에서 백인차장에 대한 어머니의 비굴한 웃음과 그의 모욕적인 시선에 충격을 받은 이후 그녀는 다시는 그런 시선을 용서하지 않겠다는 결심을 하게 되고 남들에게 존경받는 자신을 만들기로 결심한다. "나는 나야"(I am me). "나는 훌륭하게 되고 싶어(I want to be wonderful. Oh, Jesus, make me wonderful(29))." 어머니의 반대에도 불구하고 넬은 술라의 집을 드나든다. 늘 지저분하지만 따스함이 있는 술라의 집이 좋았던 것이다.

술라네 집에도 남자가 없기는 마찬가지였다. 할머니 이바는 남편, 보이보이가 다른 여자와 집을 나간 후 자식 셋을 기르려고 차에 뛰어들어 한 쪽 다리를 잃는다. 그리고 보상금으로 집을 짓고 가족을 꾸려간다. 1920년 대, 흑인여자가 사는 길은 집을 나간 남자에 대한 증오심과 자신의 몸을 절단하는 길밖에 없었다. 증오심과 몸은 삶의 막다른 골목에서 이바가 기댈 수 있었던 유일한 삶의 수단이었다. 사랑과 이성이 아니라 증오와 몸이 그녀를 살게 했고 가족을 구한다. 그녀를 살게 했고 행복하게 만들었던 것은 그를 미워하는 것이었다(37). 증오는 죽음충동이요, 사랑은 삶충동이다. 우리는 사랑의 힘으로 산다고 하지만 오히려 증오가 그녀를 강하게 하고 살게 했다. 물론 그 증오는 자신을 파괴하는 부정이 아니라 상징계에 적응하는 힘이 될 때 삶의 의지가 된다. 그럴 때 음이 양을 낳고 순환이 일어난다.

 이바는 아들 플럼을 사랑했다. 그러나 전쟁이 끝난 후 그가 마약중독자가 되어 돌아오고 실패의 삶을 살자 그를 불에 태워 죽인다. 너는 내 자식이다. 그러나 이제 네가 다시 들어갈 내 자궁이 없으니 죽어야 한다. 이것이 그녀의 사랑이었다. 너와 내가 한 몸이라는 나르시시즘, 자신과 대상을 구분하지 않는 거울단계, 이상적 자아를 인정하지 못하여 맞수를 죽이고 하나가 되려는 죽음충동이 이바의 사랑이었다. 결국 그녀가 남편에 대한 증오의 힘으로 산 것과 아들을 죽이는 행위는 같은 차원에서 나온다. 그녀는 상징계로 진입을 못하고 몸으로 사는 여자였다. 그리고 대상과 자아 사이의 차이를 인정하지 않는다. 이바는 집에 데려다 기른 세 아이들의 이름을 똑같이 듀이(Dewey)라고 부른다. 그리고 훗날 양로원에서 넬을 만났을 때도 술라와 넬의 차이를 인정하지 않는다: "너. 술라. 무슨 차이가 있지?"(168)

 자아이상을 지닐 수 없기에 이바는 상징계에서 제3의 고리를 형성하지 못하고 몸으로 산다. 그리고 그런 삶의 방식은 딸인 하나에게 그대로 전해진다. 하나 역시 한 남자에게 마음을 주지 않고 여러 남자들에게 몸을 주며 산다. 몸은 그녀가 아버지(ego-ideal) 없는 세상, 몸만 있는 세상을 살아가는 수단이었다. 하나는 어머니가 남동생 플럼을 너무나 사랑하기에 자신에게 줄 사랑은 남겨놓지 않는다고 느낀다. 시드가 빌러비드를 너무도 사랑하여 또 다른 딸인 덴버를 외롭게 했던 것과 비슷하다. 하나는 어머니가 플럼을 태워 죽인 것을 알고 묻는다. "당신은 나와 놀아준 적이 있어요?"(68)라고.

 사랑은 소유도 증오도 아니었다. 사랑은 함께 시간을 나누고 함께 놀아주는 것이었다. 프로이트의 손자가 "포르트-다 게임"으로 어머니의 부재를 견디어내듯이 함께 놀아주는 것은 상상력을 통해 몸을 언어로 대치하고 대상을 인정하는 승화요, 제3의 고리다. 그러나 하나는 그럴 기회를 얻지 못했기에 몸의 쾌락 이외의 놀이를 알지 못했다.

이런 환경에서 자란 술라에게 넬은 유일한 위안이고 사랑이었다. 술라는 넬과 함께 학교에 가는 길에 남자애들이 야유하자 자신의 손가락을 칼로 잘라 겁을 주어 넬을 보호하려 한다. 그녀에게도 삶의 수단은 몸이었다. 몸밖에 가진 것이 없던 이바, 몸 외에 놀이를 모르던 하나, 몸만이 세상에서 자유를 누리는 유일한 수단이었던 술라. 그러나 몸은 죽음을 우회하는 길이 아니라 죽음으로 가는 지름길이었다. 대상과 거리를 둘 수 있는 상징계의 사랑이 무엇인가를 누구도 가르쳐 주지 않는 집 안에서 술라를 구원할 수 있는 사람은 넬이었다. 넬은 술라의 이상적 자아였다. 어떤 상황에서도 침착하게 대응하고 무엇이든지 매끄럽게 잘해나가는 넬을 닮으려고 노력하지만 술라는 넬조차 이해하지 못하는 어색한 행동을 할 뿐이다.

넬에게도 술라는 필요했다. 먼 훗날 실패를 경험한 후 넬은 깨닫는다. 술라가 자신의 뗄 수 없는 타자였다는 것을. 그러나 술라에게 넬은 처음부터 분신이었다. 문제는 그 사랑이 제3의 고리로 엮이지 못해 자신과 넬을 분간하지 못하는 몸으로의 사랑이라는 데 있었다. 오직 넬만이 술라가 주체를 형성하는 데 도움을 줄 수 있었다. 술라는 12살 때 두 가지 경험을 하면서 주체를 형성할 기회를 빼앗긴다. 그녀는 넬과 함께 강가에 놀러갔다가 어린 남자 아이, 치큰 리틀의 손목을 잡고 빙빙 돌리면서 논다. 그러나 회전에 가속도가 붙으면서 아이는 그녀의 손가락 사이를 빠져나가 눈 깜짝할 사이에 강물 속으로 잠긴다. 급작스런 죽음, 삶이 순식간에 죽음으로 변하는 것을 경험한 술라는 쉐드랙의 집으로 달려간다. 쉐드랙은 그녀의 얼굴에서 죽음을 보았고 "언제나"(always)라는 말로 위로하지만 그 말은 부유하는 기표였다. 전쟁을 겪은 쉐드랙과 달리 술라는 죽음에서 삶이 태어나는 것을 배우지 못한다. 죽음이 삶의 뗄 수 없는 동반자라는 것을 아무도 가르쳐 주지 않았기 때문이다. 그녀는 치큰 리틀의 죽음을 다른 아무 것으로도 대체하지 못하고 온몸으로 느끼면서 눈물을 흘린다. 자신의 손가락을 잘라 넬을 보호하듯이 그녀에게 치큰 리틀의 죽음은 몸을 잘라내는 고통이었다.

두 번째 죽음의 경험은 어머니 하나가 그녀의 친구들과 하는 이야기를 우연히 듣게 되는 것이다. 하나는 자신이 술라를 사랑하지만 좋아하지는 않는다고 말한다(57). 사랑하지만 좋아하지는 않는다는 말은 무슨 뜻일까. 이바가 함께 놀아주지 않았다고 말했던 하나 자신의 불평과 무엇이 다른가. 사랑은 소유가 아니고 좋아하는 것이다. 함께 놀아주는 것이다. 사랑은 궁극적으로 너와 내가 하나 되는 몸의 소망이다. 그러나 이런 에로스의 본질은 대상을 인정하지 않는 죽음의 소망이다. 제3의 고리에 의해 상징계로 진입한 사랑은 대상을 인정하고 신을 사랑하듯이 좋아하는 것이다. 그리고 그 대상과 한 몸이 되려고 노력하는 과정이다. 상징계의 자아상과 한 몸이 되는 것을 자꾸만 뒤로 미루는 것이 사랑이다. 한 몸이 되는 것은 몸의 소망이고 이것을 미루는 것은 삶의 소망이다.

술라는 두 가지 경험에 의해 주체로 진입할 기회를 잃고 몸으로 남는다. 그녀는 어머니, 하나가 불에 탈 때 호기심으로 지켜본다. 주체와 타자는 동반자일 때 상호주체적이 되고 상징계의 의미를 파악하고 대화를 나눌 수 있다. 그런데 죽음이 본질인 타자, 몸이 본질인 실재계가 주체를 삼켜버리면 사이코(psychosis)가 된다. 술라는 넬의 도움이 없으면 사이코가 될 수밖에 없었다. 넬의 결혼은 술라를 영원히 침묵의 나락으로 추락시킨다. 그녀가 10년이 지나 다시 마을에 왔을 때 그녀는 완전히 몸이 되어 돌아온다. 상징계의 가치와 질서는 그녀에게 아무런 의미를 주지 못한다. 주체라는 그물이 없이 그저 흐르는 기표들의 강물 속에 던져졌기 때문이다. 위험한 몸의 자유였다. 이것이 실재계와의 불행한 만남이다. 그러면 왜 넬은 술라를 버리고 쥬드와 결혼했을까?

넬: 음을 모르는 양

넬은 마을의 가치와 상징계의 질서에 순응하고 그 속에서 자신을 빛나는 존재로 만들고 싶어 했다. 그녀는 감정을 다스릴 줄 알았고 의무와 책임을 성실히 수행했으며 나아가 도움을 청하는 사람들에게 봉사의 손길을 내밀 수 있었다. 그래서 마을에서 평판이 좋고 능력도 있어 보이는 쥬드를 삶의 동반자로 선택한다. 둘은 마을 사람들의 축복을 받으며 잘 어울리는 한 쌍으로 결혼한다. 넬에게 술라는 친구였고 쥬드는 사랑의 동반자였다. 빛나는 존재인 그녀에게 결혼은 당연한 가치였고 인정받는 가정을 이루려는 꿈은 당연한 선택이었다. 그러나 모든 결혼식은 죽음이었다(78). 만일 둘이 완벽한 하나가 된다고 믿는다면.

쥬드는 호텔 웨이터로 일했지만 그보다는 백인들이 기획하는 일(New River Road)에 참여하고 싶었다. 그러나 그 일은 훗날 터널 공사로 내용이 바뀔 때까지 이름만 그냥 달고 있었다. 그는 꿈이 깨어지는 데서 오는 분노를 달래는 데 누군가 위로해 줄 사람이 필요했다. 어머니처럼 그의 공허를 달래줄 사람이 바로 넬이었다. 사회로부터 받은 상처를 달래고, 충족시키지 못하는 결핍감을 가장이 되어 충족시키려는 쥬드에게 가정은 둘이 합쳐 둘이 되는 것이 아니라 하나가 되는 것이었다: "그들 둘이 함께 하나의 쥬드가 되는 것이었다"(83). 넬과 쥬드는 서로의 동반자가 아니라

<하나의 쥬드가 되는> 동질화였다. 넬은 술라와 있을 때 간직할 수 있었던 주체를 쥬드와 결혼하면서 빼앗기고 수동적이고 헌신적인 아내가 된다. 그런데 그런 결혼은 누가 세운 가치관인가? 쥬드와 술라의 상징계는 누구의 것이고 그녀의 주체는 누구의 것인가? 그리고 넬의 헌신은 과연 쥬드를 위해 바람직했던가?

술라는 넬의 결혼을 빛나게 해주려고 마을을 떠난 후 10년이 지나 돌아온다. 그리고 마을사람들과 전혀 다른 삶을 보여준다. 그녀는 백인남자들만이 가질 수 있다고 여겨지는 무한한 자유를 누린다. 상징계의 질서는 그녀에게 아무런 의미를 갖지 못한다. 그녀의 구속이 없는 자유, 형식 없는 열정은 표현의 수단을 갖지 못한 예술가의 작품처럼 위험했다(121). 그녀는 몸으로 자아를 표현하지만 그것은 공허를 줄 뿐이었다. 그녀가 남자들과 잠자리에서 느끼는 오르가즘은 영원한 평화가 아니라 시간의 죽음이었고 의미 없는 깊은 고독이었다. 언어로 승화되지 않은 몸, 상징계에 살면서도 상징계를 거부한 몸의 자유는 위험했다. 그러기에 마을사람들은 긴장한다. 그녀가 가리지 않고 남자들과 잠자리를 갖기 때문에 그동안 관심을 갖지 않았던 남편을 보살피게 되고 자식들이 그녀를 본받을까 걱정하여 애들을 돌본다. 여자들은 남편과 자식을 챙기고 남자들은 가정에 충실해진다. 그들이 선을 실천하는 데는 악이 필요했다. 술라는 그들이 참고 견디어 극복해야 하는 악이었다.

그들은 죽음이 우연이라는 것을 믿지 않았다.―삶은 우연일지도 모르지만 죽음은 고의였다. 그들은 자연이 늘 빗나간다는 것을 믿지 않았다. 그저 불편할 뿐이었다. 한발과 가뭄은 봄이 오듯이 "자연스러웠다". 우유가 응고되면 로빈새가 떨어진다. 악의 목적은 그것을 견디는 것이었기에 그들은 장마와 백인과 결핵과 굶주림과 무지를 (그런 결심을 한지도 모른 채) 견디기로 결심했다. 그들은 분노에는 익숙했지만 절망은 몰랐다. 그리고 자살을 하지 않듯이 죄인에게 돌을 던지지 않았다―그것은 그들의 생각밖에 있었다(90).

마을 사람들은 탄생은 우연이고 죽음은 고의라고 믿었다. 그리고 한발이나 더위 등 모든 악의 목적은 그것을 극복하고자 존재했다. 살려면 그들에게는 악이 필요했다, 이바에게 증오가 필요했듯이, 쉐드랙에게 자살의 날이 필요했듯이, 마을 사람들에게는 재앙이 필요했다. 재앙은 그들을 성실하게 만들었고 선을 실천하게 했다. 악이 선을 낳았다.

선이란 그 자체로 존재하지 않는다. 정신분석에 의하면 상징계의 선은 위장된 악이다. 수퍼에고는 이드가 위장한 모습이다. 그러기에 에고를 지나치게 처벌하면 죽음충동에 빠진다. 억압이 지속되면 오히려 악이 증폭되고 쾌락이 전면적으로 얼굴을 내민다. 문명을 세운 아버지는 이름의 아버지요, 본래 모습은 몸이고 죽음이었다. 초월기표는 텅 빈 해골이었다. 니체가 만일 악이 선의 일부가 아니라면 이미 지상에서 사라졌을 것이라고 말했듯이 주체와 타자, 선과 악은 음과 양의 관계처럼 둘이면서 뗄 수 없이 하나였다. 악은 선을 낳고 선은 악을 낳는다. 그러기에 넬의 지속적인 선은 쥬드를 도덕적 유아로 만든다(Gillespic & Kubitsch 72). 술라는 마을 사람들의 선이 어떻게 세워지는가를 보여줄 뿐 아니라 넬의 선이 쥬드를 어떻게 망치는지도 보여준다. 술라의 삶은 <폐맨 흔적>이 없는 부유하는 기표요, 아무런 의미를 만들지 못하는 위험한 자아주장이고 형식 없는 열정이요 몸 그 자체였지만 악과 선의 관계, 상징계 속의 숨은 타자를 드러내는 실험적인 삶이었다.

억압을 거부하는 술라는 넬과 자신을 동일시한다. 그것이 거울단계의 특성이다. 그러기에 그녀는 넬의 남편과 성관계를 갖는다. 그렇지만 쥬드는 어떻게 그럴 수 있는가. 술라가 너무나 넬과 달랐기 때문이다. 오랫동안 넬의 헌신에 젖어 도덕적으로 어려진 쥬드는 어느 틈에 술라의 새로움에 매료된다. 지속적인 넬의 선이 쥬드의 방종을 낳은 것이다. 그는 전혀 새로운 것을 말하는 술라가 신기했고 아내의 가장 친했던 친구와 잠자리를 갖은 후 가족을 버리고 집을 나간다. 쥬드의 주체와 술라의 타자는 무엇이 다른가. 그의 주체는 넬의 선에 의해 서서히 술라의 몸이 되어버린 것이다. 넬의 고집스러운 선은 쥬드의 주체를 용해시키고 그를 몸으로 바꾸어 버린다. 선은 고집스럽게 밀어부칠 때 잉여쾌락으로 악에게 먹히고 만다. 술라가 사이코적이었다면 쥬드는 도착증이라고 볼 수 있다. 둘 다 제3의 고리에 의해 묶이지 못한 것이다. 지속적인 금지는 잉여 쾌락을 낳고 법은 언제나 경계를 넘친다. 사이코와 도착은 서로 방향이 다를 뿐 전면적인 실재계의 출현이라는 점에서 같다. 칸트가 추구했던 법과 이성은 사드가 추구했던 몸과 방향이 다를 뿐 차이가 없었다. 둘 다 실재계와의 불행한 만남(dustuchia)이다.

정신분석은 음이 양을 낳고 양이 음이 되는 것을 제3의 고리, 아버지의 이름, 주체와 타자 등 여러 가지 이름으로 되풀이하여 강조한다. 술라는 상징계의 질서가 악을 딛고 이루어진 것을 보여주는 타자이다. 그녀는 상징계가 추방한 몸이지만 실재계로 되돌아와 주체가 타자 없이는 거짓말도 할 수 없다는 것을 보여준다. 그녀는 변덕스럽거나 터무니없이 자기주장을 하는 악이 아니라 부유하는 기표이고 비록 상징계의 삶에서는 실패하지만 넬과 쥬드의 주체가 잘못 세워진 것을 드러낸다.

그들의 주체는 어떻게 세워지는가? 그들의 상징계는 그들이 저항하는 백인의 상징계였다. 백인의 가치기준이었다. 주체가 백인의 것인데 어떻게 저항이 가능한가. 술라는 바로 이것을 드러내는 몸이었다. 상징계가 추방했지만 결코 제거되지 않고 되돌아와 상징계의 잘못을 드러내는 정치적인 몸이었다. 흑인은 재난과 재앙을 신의 고의로 믿었고 악을 극복하면 행복이 온다고 믿었다. 그래서 술라가 죽으면 사람들은 행복해질 것이라 믿는다. 모리슨은 흑인의 이런 믿음이 바로 선과 악을 분리시키고 검은 색과 어둠을 억압해야 할 악으로 본 백인의 믿음이라고 말한다. 그녀는

『어둠 속에서 유희하기』*Playing in the Dark*에서 미국문학이 백인 남성의 문학이었고 그들이 정체성의 탐색에서 검은 색과 어둠을 배제하면서 백인남성 우월주의를 은연중에 심어왔다는 것을 밝힌다. 그런데 왜 흑인 여성이 그들의 이념을 가치기준으로 삼는가. 헬레네의 영향을 받은 넬은 아무런 반성 없이 그 사회에서 존경받는 여성이 되려 했고 쥬드와 아이작을 비롯한 남자들은 백인의 사업에 참여하기를 원했으며 마을사람들은 술라를 제거해야 할 악으로 보았다. 흑인은 의식으로는 백인을 증오하면서 무의식으로는 흠모했다. 프란츠 파농(Frantz Fanon)이 밝히듯이 이런 이중성이 버텀 마을의 흑인 속에도 잠재하고 있었다. 이것을 모르고 한 쪽을 밀어붙일 때 어떤 일이 일어나는가?

실재계와의 불행한 만남

술라의 행동에 분노하는 흑인이 가장 용서하지 못했던 죄는 그녀가 친구의 남편과 잔 것이 아니었다. 그녀가 백인과 잔 것이었다. 그들은 흑인여자가 백인여자와 자는 것은 강간일 경우밖에 없다고 믿었다. 흑인 여자가 백인을 스스로 선택할 수는 없기 때문이다.

> 그들은 백인 남자와 흑인 여자 사이의 모든 관계는 강간이라고 주장했다. 흑인 여자가 제 스스로 그랬다는 것은 글자 그대로 생각할 수도 없는 일이었다. 그런 식으로 그들은 백인이 보여준 것과 한 치도 다르지 않은 악의로 성실성을 재단했다(113).

남녀 차별과 인종차별은 흑인의 무의식 속에 새겨져 있었지만 그들은 그것이 누구의 이념인지 따져볼 여유가 없었다. 쥬드는 백인의 일을 하지 못해 열등의식에 빠져있었고 술라가 사랑한 남자 아이작도 백인의 일을 원했다. 흑인은 백인이 기획하는 일들을 하려고 기다리고 또 기다린다. 둘이 합쳐 하나가 된다는 넬의 결혼도 그녀의 가치기준도 백인 사회에 뿌리내린 이념이었다. 모리슨은『가장 푸른 눈』The Bluest Eye에서도 백인 중심 사회에서 살면서 겪는 흑인 소녀 피콜라의 파멸을 그린다. 가장 푸른 눈이 미의 기준이 되어 있는 상징계에서 피콜라는 사랑을 얻고자 푸른 눈을 갖고 싶어한다. 그러나 아무도 그것을 줄 수 없었다. 가족도 흑인 이웃도 서로의 상처를 서로에게 옮길 뿐 그녀에게 진정한 사랑을 주지 못한다. 피콜라의 비극은 술라가 사는 상징계의 비극이었다.

헐로웨이(Karla F. C. Holloway)는 술라를 아프리카의 대지요 생명을 잉태하는 여성성으로 보고 넬을 이와 대조되는 서구사회로 본다. 몸과 정신이 분리되지 않은 아프리카의 대지를 상징하는 술라는 재생과 창조와 새로운 시작을 암시한다. 이에 비하여 넬은 자신도 모르는 사이에 서구의 가치관을 몸에 새긴다. 술라의 순수한 생명력은 전혀 맞지 않는 서구 사회에서 여러 가지 모험을 겪으면서 소외된다(69). 베르젠 홀츠(Rita A. Bergenholtz) 역시 넬을 비롯한 흑인사회가 자신도 모르는 사이에 서구의 가치를 기준으로 새긴다고 이렇게 말한다.

> 통렬한 아이러니는 흑인과 백인이 이분법적으로 사유한다는 것이 아니라 흑인 여성은 백인 여성처럼 보이려 애를 쓰고 흑인 남성은 백인 남성의 일을 동경한다는 것이다(91).

백인의 문화가 초월기표인 상징계에서 흑인은 자신도 모르게 그 문화의 기준으로 생각하고 판단한다. 술라가 백인과 잠자리에 드는 것을 가장 증오한 흑인은 의식으로는 그것이 백인에 대한 저항이라고 믿었지만 무의식으로는 백인의 가치관에 동조한 것이다. 술라의 몸은 바로 이것을 짚어준다. 술라는 넬에게 말한다. "나의 외로움은 나의 것이지만 너의 외로움은 다른 사람의 것이지"(My lonely is mine. Now your lonely is somebody else's 143). 술라는 자신만을 위해 살고 넬은 남을 위해 살았다. 그러나 넬이 의식한 타인이란 백인이 만든 대타자요 상징계였다. 술라는 바라봄만 있고 넬은 보여짐만 있었다. 그런데 그 보여짐조차 주체가 실종된 것이었다. 남의 초월기표를 자신의 것으로 착각했기 때문이다.

초월기표는 그 안에 죽음을 품고 있다. 그것은 원래 출신이 외설적 아버지였다. 그러므로 초월기표를 절대적인 신으로 믿고 밀어붙이면 전면적인 몸이 출현한다. 죽음이다. 외설적 아버지는 죽은 아버지이기 때문이다. 술라가 죽은 후에 마을에서는 어떤 일이 일어나는가? 그들이 믿었던 대로 악이 제거되고 꿈이 이루어지는가? 아니었다. 그녀가 죽었으니 이제 곧 좋은 소식이 있으리라. 흑인 노동자들은 고용될 것이고 양로원 공사도 시작될 것이다. 그러나 그녀가 죽은 후 마을에는 서리가 내리고 얼음이 얼었다. 그리고 성실했던 아내와 어머니들은 긴장이 풀어져서 다시 아이들을 때리고 남편과 싸웠다. 방어해야 할 적이 없어졌을 때 그들은 할 일을 잃는다. "그녀의 조롱 없이 타인에 대한 애정은 흐물흐물 무너져 내렸다"(Without her mockery, affection for others sank into flaccid disrepair 153). 그들을 열심히 살도록 지탱해 준 것은 그들이 추방한 악이요, 어둠이요, 몸이요, 죽음이었다. 어둠이 밝음을 낳았고 몸이 영혼을 낳았고 죽음이 삶을 낳았다. 영혼은 몸의 효과였고 삶은 죽음의 결과물이었다. 그러나 그들은 이것을 몰랐다. 그러기에 꿈이 자꾸만 지연되는 것을 견디지 못했다. 1927년 이래 그들에게 희망을 주었던 공사계획(New River Road)은 지연되고 터널공사로 바뀐다. 조급해진 마을 사람들은 터널에 들어갔다가 그것이 무너져 내리면서 몽땅 죽는다. 술라는 죽음을 지연시킨 삶의 동인이었다. 그녀는 상징계 속에서 반복을 하게 만드는 타자요, 실재계였다.

이것을 모른 사람들은 실재계와 전면적인 만남을 겪는다. 불행한 만남 (dustuchia S11: 80)이다.

주체(양) 속에는 제어할 수 없는 타자(음)가 있다. 양은 음에서 나오기에 음이 없으면 존재하지도 않는다. 이 무(Void)가 상징계를 지탱하는 동력이다. 만일 상징계가 이 죽음을 추방하려 하면 전면적인 죽음이 일어난다. 이것이 몸의 저항이요 무위(無爲)의 위력이다. 우리는 죽음을 살살 달래서 우회할 수 있을 뿐이다. 백인의 공사가 지연되고 흑인의 꿈이 지연되는 것은 이미 백인의 상징계 속에 죽음이 들어와 있기 때문이다. 죽음은 기표와 기의의 영원한 결합을 가로막고 의미를 잠정적으로 만들면서 기표를 순환시킨다. 백인은 산꼭대기를 '바닥'이라고 말한다. 그리고 다시 시간이 흘러 그 꼭대기가 좋은 땅이 되자 다시 그곳을 '꼭대기'라고 말한다. 기표는 순환하지만 흑인은 자신들이 왜 좋은 곳을 빼앗기는지 생각해볼 틈이 없다. 무위를 모르기 때문이다.

모리슨은 의미가 잠정적이고 기표와 기의가 일치하지 않는 것을 보여주고자 독특한 서술기법을 사용한다. 연대기처럼 부분마다 연도를 밝히고 일어나는 사건들을 인물 중심으로 보여준다. 인물의 자동독백이 아니라 서술자가 인물의 마음을 밝혀주고 사건을 객관적으로 서술한다. 년대는 앞으로 나가지만 그 속에서 인물들은 과거를 회상한다. 서술 시간은 앞으로 나가고 인물들의 과거에 대한 회상은 뒷걸음을 친다. 그러기에 서술은 나선형을 이룬다. 나가면서 동시에 뒷걸음치는 기법은 의미가 잠정적이고 인물에 따라 다르다는 것을 드러낸다. 이 나선형식 서술 기법 (spiral structure, Madhu Dubey, 84)은 소설의 주제와 긴밀히 연결된다. 맨 마지막에 넬이 자신과 술라가 뗄 수 없는 타자였다는 것을 깨닫고 난 후 그녀의 슬픔은 원을 그리면서 끝도 없이 퍼져나간다. 그것은 시작과 끝, 꼭대기와 바닥을 연결한 직선이 아니었다.

시작과 끝이 직선으로 연결되면 순환은 일어나지 않는다. 삶을 연장하는 곡선은 프로이트와 라캉이 기억의 방식에서 보여주듯이 현재의 시점에서 과거로 돌아갈 수 있을 뿐이다. 그러므로 기억은 과거를 다르게 반복할 뿐이고 이것이 전이(transference)다. 이런 충동이 반복강박(repetition compulsion)이다. 그렇다면 모리슨의 서술기법과 주제는 반복강박에 대한 것이기도 하다. 반복을 낳는 것이 바로 실재계라는 상징계 속의 무이다. 무가 의미를 잠정적으로 만들고 기표와 기의가 어긋나면서 삶은 나선형이 되어 순환한다. 기표와 기의가 어긋나는 예들을 보자.

술라가 넬을 보호하려고 손가락 끝을 자르는 행위를 넬은 어색하고 맞지 않게 행동하는 것으로 이해한다. 치큰 리들이 죽었을 때 술라는 고통을 느끼지만 넬은 묘한 쾌감을 느낀다. 술라는 아이작(Ajax)의 이름을 잘못 알았기에 그가 떠난 줄 알지만 아이작은 그녀의 소유욕을 느꼈기에 떠난다. 치큰 리들이 죽었을 때 술라만이 상실을 애도했고 마을 사람들은 모두 자신의 슬픔으로 운다. 술라의 눈 위에 있는 검은 표지(birthmark)는 보는 사람에 따라 의미가 다르다. 그녀가 완전한 몸으로 마을에 돌아왔을 때 그 표지는 마치 검은 장미처럼 보인다. 술라는 상징계가 억압한 에로스였다. 백인들의 공사는 이름만 같고 내용은 바뀐다. 그리고 결코 이루어지지 않는다. 그것은 초월기표였다. 그리고 마지막으로 쉐드랙이 술라에게 해준 말 "언제나"(always)라는 기표가 있다. 무슨 의미일까.

술라는 강가에서 치큰 리들을 잃은 후 두려움으로 쉐드랙의 오두막으로 달려갔다. 그리고 집 안이 너무나 깨끗하고 정돈이 잘된 것에 놀란다. 그는 길가에서 술에 취해 떠들고 욕설을 하며 자살의 날 기념행사를 하는 더럽고 타락한 사람으로 마을에 알려져 있었기 때문이다. 그는 겁에 질린 술라에게 "언제나"라고 말한다(62). 죽음은 늘 그렇게 우리 곁에 있다는 뜻인가? 아니면 나는 늘 너의 비밀을 지켜주겠다는 뜻인가? 그 말의 뜻은 소설이 거의 다 끝날 때까지 독자의 해석에 맡겨진다. 술라가 죽고 난 후 그는 집안을 더 이상 정돈하지 않는다. 술라가 남기고 간 벨트를 보면서 그는 그 장면을 회상한다. 그는 소녀의 얼굴에서 해골을 보았다. 그리고 피부가 벗겨지고 피가 흐르고 삶이 죽음으로 변하는 것을 두려워하지 않게 "언제나" 변함이 없을 것이라고 말해준다. 기표의 의미가 지연되는 것은 삶이 죽음을 지연시키는 과정과 다르지 않다.

술라와 쉐드랙은 비평가들의 말처럼 죽음으로 연결된 친구였다(Gillespie & Kubitschek 67). 쉐드랙은 전쟁에서 많은 죽음을 겪은 이래로 삶 속에서 죽음을 볼 줄 안다. 그러기에 죽음을 끌어들여서 삶의 동력으로 삼는다. 그가 일 년에 한 번 씩 자살의 날을 만들고 행사를 벌이는 것은 죽음을 받아들여서 삶을 더 튼튼히 하자는 뜻이었다. 그는 어둠이 밝음을 낳고 악이 선을 낳듯이 죽음이 삶을 낳는 것을 안다. 죽음은 삶의 타자라는 것, 혼돈은 질서의 타자라는 것을 알았다. 그는 밖에서는 혼돈의 이미지였지만 집안에서는 질서를 유지했다. 그가 내부의 질서를 지킬 수 있었던 것은 외부에서 그렇지 않기 때문이었다. 그는 소녀의 보드라운 피부 밑에 가려진 죽음을 보았고 그래서 "언제나"라고 위로했으며 술라에 의해 자살의 날 행사는 신이 나곤 했다.

쉐드랙과 달리 술라는 음(몸) 그 자체였다. 그녀에게는 양의 의미를 만들 수 있는 고리가 없었다. 그럴 수 있는 자아이상이 없었다. 이바도 하나도 몸으로 살았고 술라도 몸으로 살았다. 그리고 술라가 선택할 길은 몸의 자유를 통해 선과 악이 정 반이 아니라 서로 필요한 존재라는 것을 보여주는 새로운 윤리였다. 비록 자신은 이해 받지 못하고 죽었으나 그녀의 실험적인 삶은 먼 훗날 넬에게 실재계와의 행복한 만남을 가르쳐준다. 그녀가 삶을 헛되이 낭비하지 않고 마을 사람들이 재난에서 벗어날 수 있었을지도 모르는 그런 길을.

술라와 넬: 음양의 조화

에로스는 금촉과 납촉으로 된 두 개의 화살을 가지고 있었다. 그러나 우리는 흔히 에로스가 열정의 화살 한 개만 가지고 있는 것으로 생각한다. 그만큼 납촉을 억압한다. 그러나 납촉과 금촉은 동전의 양면처럼 하나이면서 둘이다. 금촉은 둘이 합쳐 하나가 되려는 묶음이고 납촉은 이 묶음을 해체하는 죽음이다. 에로스는 둘이 하나가 되려는 삶충동이면서 동시에 만물의 차이를 지우려는 죽음충동이다. 그러면 어떻게 사랑을 늘이고 죽음을 미루나? 살살 달래는 수밖에 없다. 죽음의 발걸음을 늦추는 장치가 필요하다. 죽음충동을 우회하는 장치는 역설적으로 그 죽음을 삶에서 배제하지 않고 끌어들이는 것이다. 프로이트는 이차적 나르시시즘 속에 근원적 나르시시즘이 존재하여 사랑이 증오를 품는 양가적인 것이라 말했고 라캉은 자아 이상을 신처럼 높이 올려놓고 그곳까지 천천히 올라가는 것이 좋다고 말한다. 죽음을 높이 올려놓고 천천히 그곳까지 가는 것이 죽음충동을 삶충동으로 바꾼 <오브제 프티 아>이다. 에로스의 두 얼굴인 두 개의 화살은 라캉의 <오브제 프티 아>이고 바로 그것의 핵심이 실재계이다. 금촉은 증상(symtom)이고 납촉은 생톰(synthome)이다.

실재계 때문에 삶은 길게 늘어나고, 죽음의 신을 맞이한 후에도 삶은 다르게 반복된다. 다른 형태로 지속된다. 나무로, 도토리로, 다람쥐로, 사자로, 지렁이로, 백인으로, 흑인으로. 망각의 위대한 힘은 우리가 전생에 무엇이었는지 잊게 하지만 우리는 죽어서 흙이 되고 거름이 되고 나무가 되고 열매가 되고 짐승이 되고 사람이 된다는 것을 안다. 에로스가 지닌 타나토스, 금촉과 납촉 때문에 삶은 영원히 순환한다. 에로스와 타나토스는 뫼비우스의 띠처럼 하나이면서 둘이고 뗄 수 없는 주체와 타자이다.

라캉은 그의 글, "회로"(Circuit)에서 죽음과 삶이 세상에서 가장 착 달라

붙어 있는 동반자임을 이렇게 표현한다.

> 나는 그것을 이해합니다. 그러나 하나로 묶는 경향은—에로스는 하나로 묶으려 한다—분리되고, 금이 가고, 특히 정적인 물질의 재 분산으로 나아가는 그 반대의 경향과 관련하여서만 파악되어져야 한다는 것을 주목하십시오.
> 이 두 경향은 결코 분리될 수 없습니다. 그보다 더 단단한 결합도 없을 것입니다. 이 문제에 대해 차근차근히 생각해 봅시다(S2: 79).

전선에 불이 들어와서 전류를 흐르게 하는 것이 회로이다. 라캉은 에로스가 반대성향인 타나토스와 함께 있어야만 전선에 전류가 흐른다는 것을 말하고 있다. 전류가 흐른다는 것은 죽음을 삶으로 바꾸는 것이다. 전류가 흐르지 않으면 도시는 죽는다. 암흑이다. 그러나 너무 센 전류가 흘러도 도시는 죽는다. 전류는 알맞게 흘러야 한다. 죽음(음)과 삶(양)은 알맞게 존재해야 만물에 전류가 흐른다. 만물에 흐르는 전류를 동양에서는 <기>라 부른다. 프로이트의 리비도와 같다. 라캉은 이것을 <주이상스>라 부른다.

『술라』는 1919년 쉐드랙이 전쟁에서 귀환하여 '자살의 날'을 설정하는 데서 시작한다. 그리고 서술은 매년 이어지다가 1927년에서 1937년이라는 10년의 공백을 맞는다. 술라가 마을을 비우는 기간이다. 그리고 다시 시작하여 술라가 죽고 1941년 흑인이 터널 속에서 무더기로 죽는 데서 멈춘다. 그리고 24년의 세월이 흐른다. 1965년 넬은 55세가 되었다. 그녀는 남편이 떠난 후 세 아이들에게 자신의 삶을 헌신한다. 흑인은 옛날보다 지위가 상승되었으나 옛날에 보였던 생기와 유머를 잃었다. 어느 날 넬은 양로원의 이바를 찾아간다. 그리고 그녀가 자신과 술라를 구분하지 않는 것에 놀란다. 이바는 넬에게 치킨 리틀의 죽음에 대해 추궁하고 넬은 처음으로 눈물을 흘리던 술라와 달리 자신이 이상한 쾌감을 느끼던 것을 기억한다. "왜 그 일이 있어났을 때 나는 마음이 아프지 않았던가. 어찌하여 그 애가 물속으로 빠지는 것을 보면서 기분이 좋았던가"(170). 너무나 감정을 억제하고 단련을 중시하여 늘 침착했던 그녀는 죽음의 아픔을 술라처럼 느끼지 못했다. 술라는 남자애들의 야유에 손가락을 잘라 넬을 보호했지만 넬은 술라의 그런 행동이 엉뚱하다고 느꼈었다. 넬에게 무엇이 결핍되었던가. 술라는 쥬드의 배반에 가슴 아파한 넬에게 이렇게 말한다. 내가 한 짓은 그를 죽인 것도 아니고 그저 그와 섹스를 한 번 한 것뿐이다. 왜 이해를 못하는가? 넬은 술라의 말이 터무니없다고 느꼈다. 몸으로 산 술라에게 섹스는 단순한 나눔이었고 주체로 산 넬에게 섹스는 소유권이었다.

넬은 치킨 리틀의 죽음에 대해 아픔보다 쾌감을 느꼈던 것, 이바의 사랑이 대상을 구별하지 않는 소유이고 그래서 속 좁은 여자였다는 것을 깨달으며 양로원을 나와 거리를 걷는다. 그때 술라가 떠난 마을에서 외롭게 남은 쉐드락과 엇갈린다. 순간 그녀는 나무를 보며 말한다. "술라?" "우리는 둘이 함께 여자애들이었어"(We was girls together 174). 너무도 늦게 그녀는 가버린 술라가 자신의 짝이었음을 깨닫는다. 이것이 신의 계시를 보는 에피퍼니(epiphany)가 아닐까? 성자가 넬의 주체 속으로 들어오는 순간이다. 성자는 죽음이었다. 라캉은 증상의 핵심을 생톰이라 불렀고 생톰이 프랑스어에서 "성스러운 사람"과 발음이 같다고 암시했다(Roudinesco 372). 죽음을 상징하는 성자는 술라였다.

넬은 나무 잎에서 진흙에서 농익은 열매에서 그리고 산들바람에 흩어지는 민들레 꽃씨에서 술라를 느낀다. 그리고 깨닫는다. 그녀가 평생 그리워한 것은 쥬드가 아니고 술라였음을. 나무와 풀과 바람 속에서 넬은 술라를 본다. 살아 있을 때 한 번도 술라가 자신의 짝이라는 것을 몰랐던 넬은 이제 자연 속에서 술라가 살아 있음을 느낀다. 술라는 그렇게 형태를 바꾸어 넬의 가슴에 돌아온다. 기표의 의미가 지연되듯이 삶은 다른 모습으로 되돌아온다. 그리고 그녀의 진정한 짝이 쥬드가 아니고 술라였다는 것을 깨닫게 한다. 쥬드와 넬은 둘이 합쳐 하나가 되는 보완(complementary)이라고 착각했다. 넬과 술라는 둘이 합쳐 둘이 되는 넘침(excess)이었다. 둘이 합쳐 하나 되는 것은 현실에서 가능하지 않았다. 그것은 기표와 기의가 일치하는 죽음이었다. 넬과 술라가 하나이면서 둘일 때 주체는 실재계라는 넘침으로 존재한다. 넘침은 욕망의 대상을 쥬드에서 술라로 바꾸게 하고 너무도 늦은 깨달음으로 마음을 아프게 하지만 상실은 이미 주체의 한 부분이고 그 상실이 우리를 영원히 살게 한다. 자유와 죽음은 선택의 관계가 아니었다. 완벽한 자유는 죽음이었기에 라캉의 말처럼 우리는 죽음이 두려워 노예가 되고 그것이 진정한 자유를 얻는 길이다(E 308). 자유는 오직 실재계와의 행복한 만남으로만 이루어진다. 헌트(Patricia Hunt)는 『술라』가 "죽음과 삶 사이에 엄격한 거리를 두지 않고 하나의 연속으로 보는 아프리카적인 관점"을 보여주는 소설이라고 말한 적이 있다(444). 아프리카의 관점은 쉐드락의 관점이고 상실을 딛고 깨닫는 넬의 관점이요 음과 양이 조화를 이루는 동양적 관점이다.

술라 없이 넬은 거짓말조차 할 수 없다. 술라는 삶의 형태를 바꾸어 영원히 존재하게 하는 반복의 동인이었다. 우리가 죽어 나무의 열매가 되면 누군가의 몸에 들어가 그의 살이 된다. 그가 남성이든 여성이든 백인이든 흑인이든 동양인이든, 아니면 지렁이이든. 누구의 살이 되어 다시 어느 짐승의 먹이가 될지는 모른다. 다만 영원히 원을 그리면서 죽었다가 태어나고 죽었다가 태어나는 반복이 있을 뿐이다. 그러기에 도(道)는 만물이 제각기 존재가치가 있다고 말한다. 이것이 실재계와의 행복한 만남이다. 그리고 몸의 정치성이다. 몸은 지울 수도 없고 지워서도 안 된다. 그것은 주이상스란 지울 수도 없고 지워서도 안 되는 것과 같다. 헤겔의 말처럼 라캉의 말처럼 죽음은 우주를 움직이는 절대주인이었다(S1: 267). 우리를 움직이는 초월기표는 무위였다.

참고 문헌

Bergenholtz, Rita A. "Toni Morrisons' *Sula:* a Satire on Binary thinking." *African American Review*. 30.1(1996): 89-98.

Brooks, Peter. *Reading for the plot*. Cambridge: Harvard University Press. 1984.

Bryant, Cedric Gael. "The Orderliness of Disorder: Madness and Evil in Toni Morrison's *Sula*." *Black American Literature Forum*. 24.4(1990): 731-45.

Bulter, Judith. *Gender Trouble: Feminism and the Subversive of Identity*. New York: Routledge. 1990.

____. *Body's that Matter: On the Discursive Limits of Sex*. New York: Routledge. 1993.

Dubey, Madhu. "No Bottom and No Top: Oppositions in *Sula*." *Toni Morrison*. Ed. Linden Peach. New York: St Martins Press. 1998, 70-87.

Fanon, Frantz. *Black Skin, White Masks*. New York: Grove Weiden-feld. 1967.

Foucault, Michel. *The History of Sexuality Vol. 1: An Introduction*. Trans. Robert Hurley. New York: Pantheon Books. 1978.

Fullbrock, Kate. "Toni Morrison: Anatomies of Freedom." *Free Women: Ethics and Aesthetics in Twentieth-Century Women's Fiction*. Philadelphia: Temple University Press. 1990, 195-213.

Gillespie, Diane, and Missy Dehn Kubitschek. "Who Cares? Women-Centered Psychology in *Sula*." *Toni Morrison's Fiction: Contemporary Criticism*. Ed. David L.Middleton. New York: Garland. 1997, 61-75.

Hegel, G.W.F. *Hegel's Phenomenology of Spirit*. Trans. A. V. Miller. New

York: Oxford University Press. 1977.

Hollow, Karla F.C. "Response to *Sula*: Acknowledgement of Woman self." *New Dimensions of Sexuality: A Biracial and Bicultural Reading of the Novels of Toni Morrison*. Ed. Karla F.C. Holloway and Stephanie A. Demetrakopoulos. Conneticut: Greenwood. 1987, 67-81.

Hunt, Patricia. "War and Peace: Transfigured Categories and the Politics of *Sula*." *African American Review*. 27.3(1993): 443-59.

Jones, Carolyn M. "Sula and Beloved: Images of Cain in the Novels of Toni Morrison." *African American Review*. 27.4(1993): 615-27.

Lacan, Jacques. *Ecrits: A Selection*. Trans. Bruce Fink. New York: Norton. 2002.

____. *The Seminar of Jacques Lacan Book 1, 1953-1954*. Ed. Jacques Alain Miller. Trans. John Forrester. Cambridge: Cambridge University Press. 1988.

____. *The Seminar of Jacques Lacan Book II, 1954-1955*. Ed. J. A. Miller. Trans. Alan Sheridan. New York: Norton. 1978.

____. *The Seminar of Jacques Lacan book XX, Encore*. Ed. J. A. Miller. Trans. Bruce Fink. New York: Norton. 1998.

McDowell, Deborah E. "New Directions for Black Feminist Criticism." *The New Feminist Criticism: Essays on Women, Literature and Theory*. Ed. Eraine Showalter. New York: Pantheon. 1985, 186-99.

____. "The Self and the Other: Reading Toni Morrisons *Sula* and the Black Females Text." *The Critical Essays on Toni Morrison*. Ed. Wellie Y. Mckay. Boston: G. K. Hall. 1988, 77-90.

Morrison, Toni. *Beloved*. New York: Alfred Knopf. 1987.

____. *The Bluest Eye*. New York: Plume. 1970.

____. *Playing in the Dark*. New York: Vintage Books. 1992.

____. *Sula*. New York: Plume. 1973.

Powell, Timothy B. "Toni Morrison: The Struggle to Depict the Black." *Toni Morrisons' Fiction: Contemporary Criticism*. Ed. David L. Middleton.

New York: Garland. 1997, 45-60.

Roudinesco, Elizabeth. *Jacques Lacan.* Trans. Barbara Bray. New York: Columbia University Press. 1997.

Stepto, Robert B. "Intimate Things in Place: A Conversation with Toni Morrison." *Chant of Saints: A Gathering of Afro-American Literature, Art and Scholarship.* Ed. Michael S. Harper and Stepto. Urbana: University of Illinois Press. 1979, 213-29.

Warner, Michael. "Introduction." *Fear of a Queer Planet: Queer Politics and Social Theory.* Ed. Michael Warner. Minneapolis: University of Minnesota Press. 1993, vii-xxxi.

Zimmerman, Bonnie. "What Has Never Been: An Overview of Lesbian Feminist Literary Criticism." *The New Feminist Criticism: Essays on Women, Literature and Theory.* Ed. Elain Showalter. New York: Pantheon. 1995, 200-24.

■ 지그문트 프로이트(Sigmund Freud, 1856-1939)

1856년	아버지 야콥과 재혼한 어머니 사이의 둘째 아들로 태어남
1860년	가족들 빈에 정착
1872년	기젤라 플루스와 짧은 사랑을 나눔
1873년	대학 입학
1878년	지기스문트라는 이름을 지그문트로 바꿈
1876-1882년	브뤼케의 실험실에서 연구
1881년	의학 박사 학위를 받음
1882년	마르타 베르나이스를 알게 되고 약혼. 7월에 빈 종합 병원의 의사가 됨. 11월 요제프 브로이어의 환자인 안나 O의 사례에 대해 들음.
1883년	마르타와 반츠베크에 정착. 신경학 전공
1883-1885년	뇌신경 과학 연구
1884년	코카인에 관해 연구. 9월 카를 콜로가 코카인에 의한 국부 마취에 대해 발표
1885년	자신의 원고들을 파기해 버림. 대학 강사로 임명
1886년	의료 행위 시작. 9월 결혼
1887년	빌헬름 플리스를 알게 됨. 12월에는 최면 암시를 처음으로 사용
1891년	「어린아이들의 실어증과 마비에 관한 연구」를 발표
1893년	브로이어와의 공동 연구를 출간. 다음해에 그와 결별
1895년	5월 『히스테리 연구』. 7월 처음으로 꿈을 분석
1892-1898년	<자유 연상>기법을 완성
1896년	3월 <정신 분석>이란 단어를 처음으로 사용
1895-1900년	플리스와 우정을 나눔
1899년	『꿈의 해석』 출간
1900년	플리스와 결별
1902년	수요 심리 학회 결성(1908년 4월 빈 정신 분석 협회로 명칭이 바뀜)
1904년	『일상 생활의 정신 병리학』 출간
1904년	블로일러와 편지 교환 시작
1905년	『성 이론에 관한 세 글』, 『도라 분석』 출간
1906년	융과 서신 교환 시작
1907년	융이 취리히에 프로이트 협회를 설립. 『그라디바』 집필
1908년 4월	잘츠부르크에서 제1차 국제 정신 분석 학회가 열림
1909년	우스터의 클라크 대학에서 강연
1910년 4월	뉘른베르크 학회, 국제 정신 분석 학회 결성. 융이 회장으로 피선됨.

	『레오나르도 다 빈치의 어린 시절』 출간. 10월 ≪정신 분석학 중앙 신문≫ 창간
1911년 2월	A.A. 브릴이 뉴욕 협회 창립. 어니스트 존스가 미국 정신 병리학 협회 창립
1912년 1월	≪이마고≫지 창간
1913년 10월	융과 결별
1913년	『토템과 터부』 집필
1919년	『쾌락 원칙을 넘어서』 집필 시작
1920년	『집단 심리학과 자아 분석』 탈고
1923년	턱에 암종양이 생겨 1차 수술. 『에고와 이드』 출간. 암종양 대수술
1924년	여름, 전집이 출간되기 시작. 오토 랑그와 결별
1925년 6월	안나 프로이트가 위원회에 들어감. 『억압, 증후, 불안』 출간
1926년	파리 정신 분석 협회와 프랑스 정신 분석 연구소 설립. 베를린에서 아인슈타인 만남
1927년	『환상의 미래』 출간
1929년	『문명과 그것의 불만』 출간
1930년	괴테 상 수상
1932년	『새로운 기초 정신 분석 강의』, 『왜 전쟁인가?』 출간
1934년	프로이트의 책들이 베를린에서 불태워짐. 『모세와 일신교』 집필 시작
1936년	왕립 협회 회원으로 임명됨. 암 재발
1938년	나치가 빈을 점령. 망설이던 영국으로의 망명을 오스트리아 황녀와 미국의 도움으로 감행. 그의 형제들은 모두 포로 수용소에서 죽음. 『모세와 일신교』 출간. 마지막 수술을 받음
1939년	암이 재발했으나 수술이 불가능함. 동료와 가족들의 배려로 모르핀을 맞고 16년 간 시달려온 고통에서 해방

■ 자크 라캉(Jacques Lacan, 1901-1981)

1901년	4월 13일, 파리에서 알프레드 라캉과 에밀 보드리 사이에서 삼 남매의 장남으로 출생
1910년	프로이트, 국제 정신 분석 학회 창립
1916년	Jesuit College Stanislas에 다니면서 철학과 무신론에 심취
1919년	학교 졸업

1921년	몸무게가 줄어 군에서 제대하고 파리 대학에서 의학 공부 시작
1926년	공저 논문이 ≪신경학 평론 Revue Neurologique≫에 게재됨. 파리 정신분석 학회가 창립됨
1927년	정신과 전문의 과정 시작
1928년	경찰청 부속 정신 병원, 클레랑보 밑에서 수학
1930년	단독 논문을 ≪정신 의학 연보 Annales Medico-Psychologiques≫에 게재
1931년	초현실주의에 관심. 살바도르 달리와 만남
1932년	박사 학위 논문「성격과 관련해 본 편집증적 사이코에 관하여」 출간, 한부를 프로이트에게 보냄. 프로이트는 잘 받았다는 엽서를 보내줌. 파리생트-안 병원 진료 소장으로 임명
1933년	논문 두 편을 초현실주의 잡지인 ≪미노타우로스 Minotaure≫에 게재. 알렉상드르 코제브가 <고등 연구원>에서 헤겔의 정신 현상학에 관한 강의 시작. 라캉은 바타유, 메를로-퐁티, 브르통 등과 함께 1939년까지 정규적으로 이 강의를 들었음
1934년	루돌프 뢰벤슈타인과 함께 분석하던 라캉은「파리 정신 분석 학회」에 후보 회원으로 등록. 1월에 마리-루이즈 블롱뎅과 결혼
1936년	8월, 체코의 마리안스케라즈네에서 열린 국제 정신 분석 학회 제14차 학술대회에서 <거울 단계>에 관한 논문을 발표
1938년	히틀러가 오스트리아를 합병하자 프로이트는 영국으로 망명하는데 런던으로 가는 도중 파리를 통과할 때 프로이트를 위한 작은 모임이 있었음. 라캉이 그를 만날 유일한 기회였는데 참석하지 않음
1939년	8월, 둘째 아이 티보 출생. 9월 23일 프로이트가 83세로 런던에서 사망. 히틀러가 프랑스를 침공하자 파리 정신 분석 학회는 활동을 중단했고 라캉은 중국 철학에 잠시 몰두. 배우이며 조르주 바타유의 아내였던 실비아 바타유와의 사랑 시작
1940년	발드그라스 병원으로 전시 동원 근무. 세번째 아이 시빌 출생
1941년	실비아와 라캉 사이에서 주디트 출생. 주디트는 훗날 자크 알랭 밀러와 결혼하여 라캉의 지적 유산을 이어받고 관리. 마리-루이즈가 이혼을 요구
1945년	프랑스가 나치로부터 해방되자 파리 정신 분석 학회 다시 모임. 마리-루이즈와 별거 발표
1949년	파리 정신 분석 학회의 훈련 위원회 임원으로서 라캉은 의대 학생이 아닌 사람에게도 분석 훈련을 받을 수 있는 방안을 마련하고자 함. 취리히에서 열린 제16차 국제 정신 분석 학술 대회에서 <거울

	단계>에 대한 또 하나의 논문을 발표
1951년	실비아 바타유의 아파트에서 매주 프로이트의 사례 연구에 대한 세미나를 개인적으로 시작. 파리 정신 분석 학회 부회장. 면담 시간을 다양하게 사용하는 것에 대해 학회측이 시정 요구. 이를 받아들이지 않음
1953년	실비아와 결혼. 파리 정신 분석 학회 회장. 그러나 라가쉬와 돌토가 학회를 탈퇴하고 프랑스 정신 분석 학회를 창립하자 라캉도 탈퇴하고 이들과 합류, 창립 총회에서 <상징계, 상상계와 실재계>에 대해 강함. 로마에서 열린 학회에서는 「정신 분석에서 말과 언어의 기능과 영역」이 너무 길어 발표하지 못하고 나누어줌. 11월부터 생트-안 병원에서 공개 세미나 시작. 이 세미나는 이후 27년 간 계속되어 그의 전 사상을 담게 되고 지금까지도 그때의 세미나가 사위인 자크 알랭 밀러의 편집으로 계속 출간되고 있음
1954년	라캉의 독자적인 행보에 불만을 가진 국제 정신 분석 학회는 프랑스 정신분석 학회의 가입 신청을 거부함
1961년	계속 라캉에 대한 불만으로 가입을 불허하면서 대신 <스터디 그룹>으로만 인정
1963년	국제 정신 분석 학회의 위원회는 프랑스 정신 분석 학회의 회원들을 면담하고 라캉을 비롯한 두 분석가를 명단에서 제외시킬 것을 요구. 그들의 보고서는 라캉의 교육 활동을 영원히 금지시키고 그에게서 분석가들이 훈련을 받지 못하게 할 것을 가입 조건으로 내세움. 라캉은 이것을 <파문>이라고 표현. 프랑스 정신 분석 학회를 탈퇴
1964년	1월, 라캉은 루이 알튀세의 도움으로 공개 세미나 장소를 고등 사범 학교로 옮기고 6월 파리 프로이트 학파를 창립
1965년	프랑스 정신 분석 학회 해산
1966년	『에크리』 출간. 난해함에도 불구하고 상업적으로도 성공을 거둠. 미국 존스홉킨스 대학에 논문 보냄. 주디트가 자크 알랭 밀러와 결혼.
1968년	5월, 학생 시위에 동조하는 발언. 후에 책임을 물어 직위를 떠나라는 요구를 받음. 12월 라캉의 제자들이 파리 8대학에 정신 분석 학과를 개설
1969년	라캉은 공개 세미나를 법과 대학으로 옮김
1973년	『세미나 제11권』 출간
1975년	미국 방문. 예일 대학과 매사추세츠 공대에서 연설. 촘스키와 만남. 『세미나 제1권』과 『세미나 제20권』 출간
1977년	『에크리』와 『세미나 제11권』이 영어로 번역되어 출간

1978년	『세미나 제2권』 출간
1980년	파리 프로이트 학파에서 논쟁이 격렬해지자 라캉이 해산시키고 대신 <프로이트 대의>를 설립. 사위인 밀러를 후계자로 선정
1981년	<프로이트 대의>가 해산되고 대신 <프로이트 대의 학파> 설립. 9월 9일 복부암으로 사망함. 『세미나 제3권』 출간
1986년	『세미나 제7권』 출간
1987년	『텔레비전』이 영어로 번역출간
1988년	『세미나 제1권』, 『세미나 제2권』 영어로 번역 출간
1992년	『세미나 제7권』 영어로 번역 출간
1993년	『세미나 제3권』 영어로 번역 출간
1998년	『세미나 제20권』 영어로 번역 출간
2002년	브루스 핑크(Bruce Fink)에 의해 『에크리』가 다시 영어로 번역 출간됨
2007년	『세미나 17권』 영어로 번역 출간됨

찾/아/보/기

ㄱ

가라타니 고진 ························· 49
가브리엘 ······················· 112, 113
가장 푸른 눈 ························ 244
감각의 제국 ······· 28, 167, 191, 205,
　　　206, 218, 222, 224
강박증 ································ 143
거울단계 ············ 142, 144, 153, 155,
　　　156, 236, 241
계몽의 변증법 ········ 69, 79, 80, 85
계몽주의 ······························ 70
고대 그리스 자연철학 ················ 45
고대 신비주의 ························ 52
고대 신비주의 자연철학 ············· 63
고대 중국의 천체학 ················· 56
고리키 ································ 150
공간 ·································· 135
공허 ···························· 109, 163
관능성향 ······················ 207, 209
관음증 ································ 155
광밍우 ································· 85
괴테 ···································· 5
군중 ··· 188, 189, 190, 191, 192, 193
귀향연습 ············ 162, 168, 169, 178
균형 ·································· 107

균형과 조화 ························· 107
그룹 심리와 에고분석 ··············· 189
그리스 신화 ··························· 20
그리스 자연철학 ····················· 116
근대 중기 ····························· 11
근대적 자아 ····················· 10, 140
근원적 나르시시즘 ··················· 233
근원적 마조히즘 ··············· 208, 221
근친상간 터부 ························ 73
금지, 증상, 그리고 불안 ·· 100, 141
급진적 악 ····························· 71
기 ···································· 250
기억의 방식 ····················· 207, 209
기억하기, 반복하기, 그리고
　　　문제풀기 ······················· 164
기표 ·································· 101
기표와 기의 ··························· 77
기표의 놀이(유희) ····· 6, 19, 23, 50,
　　　56, 99
꼬마 한즈의 말 공포증 ············· 100
꿈 ···················· 123, 124, 125, 134
꿈의 분석 ···························· 123
꿰맨 흔적 ······················ 234, 241
끝나는 분석과 끝나지 않는
　　　분석 ······························ 21

ㄴ

나비 ································· 30
나치즘 ················· 70, 205, 208
날개 ································ 157
내포저자 ············ 162, 163, 169
넘침 ································ 252
네 가지 도식 ····················· 38
네 개의 고리 ····················· 44
네 개의 담론 ············ 7, 25, 43
네 개의 매듭 ····················· 44
네 개의 매듭 이론 ··············· 7
네 번째 매듭 ····················· 97
노부스 ···························· 104
노자의 도사상 ··················· 57
노자의 『도덕경』 ················ 84
노장사상 ··························· 69
노출증 ···························· 155
니체 ········· 25, 68, 71, 111, 241
니체의 계보학 ············ 49, 55
니체의 영원회귀 ················ 42

ㄷ

다다이즘 ························· 158
다르게 반복하기 ················ 41
대중 ································ 188
대타자 ······· 57, 125, 127, 209, 245
대학담론 ····················· 45, 47
The Sublime Object of Ideology ··· 48

더블린 사람들 ··················· 98
Deborah E. Mcdowell ········ 231
도 ··························· 136, 252
도덕적 마조히즘 ········· 208, 209
'도둑맞은 편지'에 대한 세미나
 ························ 33, 48, 128
도라의 신경증 ················· 125
도사상 ·········· 7, 9, 20, 23, 27, 45
 132, 136
도스토예프스키 ········ 10, 147, 149
 150, 152, 155, 156
도착적 반복 ············ 125, 129
도착적 성 ················ 204, 209
도착증 ········· 92, 155, 168, 242
도착증적 주체 ··················· 43
돈 들릴로 ············· 11, 182-202
동물성 ····················· 6, 11, 13
동성애 운동 ····················· 182
동음이의어 ········· 36, 97, 144, 145
 152
동해(童孩) ················ 146, 152
동해(童骸) ················ 146, 152
두려움과 불안 ················· 163
들뢰즈 ······················ 122, 135
Dylan Evans ······················ 99

ㄹ

라랑그 ····························· 42

라이벌 ···································· 154
Ryan Simmons ························ 196
라캉 ····· 6, 159, 191, 205, 220, 234
　　　247, 249, 250, 251, 252, 253
레비스트로스의 신화소 ············· 53
렌트리키아 ······························ 183
롤리타 ···································· 149
루디네스코 ········ 28, 45, 57, 76, 77
　　　103, 110
리비도 ······ 154, 164, 207, 216, 250
리조마타 ············· 7, 24, 26, 31, 38
린다 허천 ······························· 197

■

마릴린 몬로 ···························· 191
마오 Ⅱ ····· 11, 183, 184, 190, 191
　　　193, 194, 198, 199, 200
말실수 ······························ 37, 96
매개 ·· 89
Madhu Dubey ························ 231
matheme ································· 46
메타픽션 ································ 200
모더니스트 ···························· 145
모더니즘 문학 ······················· 140
모더니즘이론 ························ 158
모리슨 ·············· 13, 234, 246, 247
몸 ······· 88, 101, 130, 190, 223, 234
　　　236, 237, 238, 240, 242, 252

몸의 소망 ································ 89
몸의 언어 ························· 8, 104
몸의 욕망 ································ 50
몸의 충동 ································ 81
무 ································· 246, 247
무력증(inertia) ······················· 223
무력함 ··································· 208
무로부터의 창조 ··············· 52, 105
무심함의 미학 ······················· 106
무위 ········ 8, 69, 77, 84, 85, 86, 87
　　　91, 92, 130, 131, 136, 234, 246
　　　253
무위자연 ························ 104, 105
무의식 ······· 5, 6, 19, 20, 27, 28, 33
　　　47, 54, 68, 72, 88, 100, 122, 123
　　　124, 163, 168, 189, 190, 243
문 목사 ································· 198
문명 속의 불만 ······················· 111
문명과 불만 ···························· 73
문선명 ··································· 191
문자의 태아 ···························· 36
문화산업 ································ 82
문화이론 ································ 92
물자체 ···································· 60
미학 ······································ 106
미학이론 ································ 88
민주주의 ······························· 135

찾아보기 | 263

ㅂ

Barbara Smith ······················ 230
바이런 ···························· 114, 115
반복 ······································ 126
반복강박 ············· 21, 122, 164, 247
반복충동 ···························· 6, 22
백색 소음 ···························· 189
Veronique Voruz ············· 104, 108
베니스의 상인 ······················ 139
베르그송 ······························ 209
베르젠 홀츠 ························ 244
베이루트 ······························ 196
벤야민 ·································· 186
변증법 ···································· 82
Bonnie Zimmerman ·············· 230
보드리야르 ·························· 183
보로메오 매듭 ········ 27, 32, 43, 50
         52, 58, 103
보완 ······································ 252
복제문화 ······························ 191
봉별기 ·································· 157
부분충동 ···················· 29, 42, 127
부정(negation) ······················ 72
부정성(negativity) ········· 67, 68, 74
         80, 81, 85, 87, 92
부정성에 머물기 ····················· 80
부정의 변증법 ············· 70, 71, 72
분석담론 ·········· 46, 49, 55, 63, 137
         161, 162, 163, 166, 167, 168
         171, 175, 179
분석의 ····································· 5
분열된 주체 ···························· 41
불가능성 ······················ 109, 134
불능 ······································ 207
불안 ········· 10, 100, 141, 154, 155
         163, 171, 192, 215
불행한 만남 ···················· 135, 246
브룩스 ·································· 206
블라디미르 나보코프 ·············· 148
블레이커스턴 ······················ 212
비주체 ································ 70, 71
비천함 ·································· 218
비코 ······································· 62
비코의 신과학 ························ 36
빌러비드 ······························ 233

ㅅ

사계절의 순환 ························ 53
사도-마조히즘 ······ 12, 29, 143, 155
         209, 215, 223
사드 ·································· 79, 87
사드와 함께 있는 칸트 ············· 31
사랑과 미움 ···························· 24
사랑과 소망 ···························· 10
사이코 ··························· 238, 242
사이코적 증상 ······················ 109

사후의 해석 ················· 49
산호채찍 ··················· 153
삶충동 ················ 104, 249
상상계 ······· 100, 101, 108, 109
　　　144, 228
상상계, 상징계, 거울단계 ········ 26
상징계 ····· 101, 102, 108, 109, 125
　　　130, 144, 221, 225, 228, 234
　　　236, 238, 239, 240, 244
상징질서 ················ 173, 174
상품의 페티시즘 ·············· 82
상흔 ······················· 100
생태계 윤리 ················· 92
생톰 ············ 35, 97, 99, 105, 110
　　　249, 251
선불교 ················ 7, 45, 84
성담론 ···················· 204
성본능 ···················· 207
성에 관한 세 글 ·············· 207
성학의 역사 ················· 73
세 개의 고리 ················ 32
세 상자의 주제 ·········· 32, 139
세미나 11권 ················· 20
세미나 17권 ················ 166
세미나 7권 ················· 179
세미나 제 2권 ··············· 132
섹슈얼리티 ········· 216, 222, 224
셈족 반감 ··················· 81

셰익스피어의 베니스의 상인 ······ 32
셰필드 축구경기장 ············ 191
소망충족 ········· 123, 124, 126, 134
소문 ······················ 174
소문의 벽 ········ 162, 168, 169, 171
　　　174, 178
소비사회 ········· 187, 189, 193, 195
　　　197, 198
소쉬르의 언어관 ··········· 19, 77
소크라테스 이전 ················ 7
수학소 ·········· 7, 8, 44, 46, 50, 63
순환 ··················· 91, 246, 249
순환의 동인 ················ 130
술라 ·········· 12, 13, 228, 229, 230
　　　233, 234, 250, 252
숭고함 ············· 54, 78, 116
슈레버 ················· 55, 74
슈레버의 패러노이아 ··········· 27
스트레스와 우울증 ············· 13
승화 ········· 82, 109, 143, 154, 155
　　　176, 219
시스템 ········· 70, 71, 73, 80, 83, 86
시스템 이론 ············ 183, 184
신 마르크시즘 ··············· 161
신경증 ················ 142, 209
신데렐라, 푸쉬케, 코딜리어 ······ 33
신비주의 ···················· 57
신탁 ··················· 126, 128

찾아보기 | 265

신화소 ························· 46
실재 ····················· 7, 142
실재계 ········· 9, 23, 27, 32, 37, 45
　　52, 57, 58, 61, 77, 79, 105, 108
　　109, 116, 128, 129, 130, 131
　　134, 135, 145, 156, 228, 234
　　238, 242, 245, 247, 252
실재계 혹은 생톰 ················ 108
실재계와의 만남 ······· 33, 125, 126
　　127
실재계와의 불행한 만남 ·········· 137
　　239, 242, 243
실재계와의 행복한 만남 ·········· 135
　　248, 252
실재계의 윤리 ···················· 61
실존주의 ······················· 161
실화 ··························· 157
Cedric Gael Bryant ············· 231
쓸모 없는 나무 ··················· 68
쓸모없는 나무의 미학 ············· 93

ㅇ

아도르노 ······· 8, 67, 68, 69, 71, 72
　　75, 76, 80, 83, 87, 88, 91 137
아리스토텔레스 ·········· 20, 67, 106
아리스토텔레스의 『시학』 ········· 67
아버지 제가 불타고 있는 게
　　안 보이세요? ············ 122, 137

아버지의 법 ···················· 143
아버지의 이름 ······ 26, 37, 54, 115,
　　93, 242
아우라 ························· 186
아침에 셋 ······················ 130
아퀴나스 ······ 36, 97, 104, 105, 106
　　107, 110, 111, 114, 116
아퀴나스의 미학 ····· 9, 98, 107, 115
아폴론과 디오니소스 ·············· 25
안티고네 ···················· 78, 87
알튀세 ····················· 83, 212
호명 ··························· 213
앙티 오이디푸스 ················ 122
애정성향 ·· 207, 209, 213, 219, 224
야콥슨의 구조주의 ················· 7
양 ····························· 246
양자 물리학 ····················· 44
어둠 속에서 유희하기 ············ 243
어머니 대체물 ·················· 164
억압 ·········· 141, 143, 155, 156
언캐니 ····················· 81, 101
얼룩 ··························· 42
에고 심리학 ······················· 6
에로스 ·········· 21, 23, 38, 204, 207
　　220, 247
에로스와 타나토스 ············ 7, 249
에밀리를 위한 장미 ·············· 221
에크리 ······· 22, 121, 122, 137, 144

에피퍼니(현현) ···· 9, 34, 35, 36, 97
　　103, 107, 108, 109, 110, 112,
　　113, 114, 115 251
엔트로피 ·································· 116
엘리자베스 루디네스코 ················ 8
엘만 ·· 116
엠페도클레스 ············ 7, 20, 21, 22,
　　24, 25, 26, 27
여분 ·· 166
여성적 마조히즘 ············· 208, 209
여성적 에로티즘 ······ 205, 214, 225
영 브루엘 ································· 84
예술 ·· 88
예술의 부정성 ·························· 89
오감도 ···································· 154
오감도의 시제 4호 ················· 145
오브제 프티 아 ········ 29, 33, 42, 77
　　99, 109, 134, 142, 155, 249
오스틴 ···································· 196
오시마 나기사 ········ 205, 218, 224
　　225
오이디푸스 ···················· 124, 126
오이디푸스 신화 ····················· 139
오이디푸스 컴플렉스 ················ 73
오토 랑크 ······························· 164
오토 랑크의 탄생의 상흔 ········· 100
앤디 와홀 ············ 191, 192, 193, 196
와홀 산업 ······························· 199

왜곡된 상 ························· 57, 58
외설적 아버지 ························ 245
요구 ·· 221
욕구 ·· 221
욕망 ························ 142, 171, 174
욕망의 주체 ······························ 19
욕망이론 ·································· 43
욕망하는 기계 ························ 122
우연한 만남 tuche ·················· 125
우울증 ··························· 10, 208
원초적 기표 ··························· 143
원초적 나르시시즘 ··· 102, 153, 154
원초적 장면 ··························· 212
윌리엄 포크너 ············ 12, 203-227
유아기 성 ······························· 207
율리시즈 ·························· 36, 63
음 ··· 246
음(몸) ···································· 248
음성 ············ 29, 42, 126, 129, 130
　　131, 137
음양오행설 ······························ 56
음양의 순환 ················ 8, 91, 132
음양의 이치 ································ 8
음양의 조화 13, 23, 52, 56, 228, 249
응시 ········· 29, 42, 57, 58, 90, 137
　　155, 175, 187, 188, 190, 195
　　198, 199, 200
응시의 애원 ··························· 133

이마고 ······················· 109
이상 ··· 10, 11, 139, 140, 143, 144,
　　145, 155, 156, 159
이상의 띄어쓰기 ················ 158
이상적 자아 ············· 30, 237
이차적 나르시시즘 ············· 249
이청준 ············ 11, 12, 161-181
인문학 ························ 13
일본근대문학의 기원 ············ 49
잉여 주이상스 ············ 49, 232
잉여가치 ······················ 48
잉여쾌락 ····················· 242

ㅈ

자동 반복 ···················· 125
자아보존 본능 ················ 207
자아이상 ············· 30, 236, 238
자연과학 ······················ 13
자연과학과 인문학 ·········· 5, 44
자연의 순환체계 ·············· 63
자연철학 ················ 6, 20, 51
자의식 ·············· 153, 154, 168
자의식 과잉 ······ 11, 143, 145, 147
　　149, 155
자크 알랭 밀러 ········ 101, 121, 122
자크 오베르 ············ 35, 52, 96
Jean-Michel Rabate ········ 103, 122
장자 ·········· 30, 60, 68, 86, 92, 130

장자의 나비 꿈 ······ 20, 29, 57, 58
　　133
장자의 미학 ···················· 90
장자의 예술관 ·················· 91
장자의 우화 ···················· 84
저자의 죽음 ··················· 194
전부가 아닌 이론 ·············· 101
전이 ········ 122, 126, 129, 137, 162
　　247
전쟁과 평화 ···················· 41
전희 ·························· 220
젊은 예술가의 초상 ········· 98, 107
　　110, 114
정신병 ················ 55, 74, 156
정신분석 ····················· 161
정신분석의 네 가지 기본 개념
　　······························· 122
정신의 현상학 ········· 19, 41, 166
제3의 고리 ··················· 242
제우시스 ······················ 59
제임스 조이스 ·················· 9
조 크리스마스 ················· 12
조율사 ············ 162, 168, 169, 175
조이스 ········· 36, 98, 101, 104, 105
　　106, 107, 108, 110, 115, 140
　　145, 146, 159
조이스의 에고 ···· 9, 25, 27, 28, 34
　　37, 52, 62

John N. Duvall ················ 197
John P. Anderson ················ 209
종생기 ······ 11, 140, 146, 147, 155
  157, 158, 178
주이상스 ·········· 19, 26, 38, 78, 96
  99, 208, 250, 252
주이상스 언어 ························ 51
주인담론 ········· 137, 163, 167, 175
  177, 179
주인담론과 분석담론 ············· 166
주체 ········ 154, 225, 237, 238, 239
주체와 타자 ······ 44, 144, 242, 249
죽은 아버지 ······················ 26, 53
죽은 자들 ························ 110, 112
죽음충동 ······ 6, 21, 29, 43, 72, 74
  82, 87, 122, 126, 127, 142, 166
  176, 186, 195, 207, 208, 233
  236, 241, 249
중세미학 ······························ 106
중용 ··································· 106
중층구조 ····························· 163
쥬디스 버틀러 ······················ 182
즐거운 조이스 ························ 34
증상 ······ 10, 34, 99, 100, 101, 102
  105, 110, 113, 140, 141, 142
  145, 146, 152, 154, 156, 158
  161, 162, 165, 166, 171, 174
  175, 176, 177, 179, 249, 251

증상으로서의 글쓰기 ············· 105
증상으로서의 조이스 ··· 34, 97, 139
증상을 즐기라 ······················ 146
지도의 암실 ·························· 156
지라르 ································· 152
지젝 ············ 48, 80, 83, 146, 165
지주회시 ····························· 156
지하생활자의 수기 ················ 149
진화 ······································· 6
진화론 ··································· 5
집단 심리와 에고 분석 ············· 73
짝패들 ································ 110

ㅊ

책 산업 ······························ 199
쳉(Francois Cheng) ················ 57
초국가적 ···························· 206
초월기표 ········ 26, 46, 54, 241, 244
  245, 247, 253
초현실주의 화가 달리 ············· 135
총체성 ································· 72
충동 ··································· 52

ㅋ

카라바치오의 박쿠스 ··············· 59
카리스마 ························ 189, 193
Karla F. C. Holloway ············· 244
카울리 ································ 204

칸트 ················ 60, 79, 87, 106
칸트의 미학 ·························· 89
코카콜라 II ························ 199
쾌락원칙 ············· 6, 125, 167, 207
쾌락원칙을 넘어서 ················ 164
크레온 ························· 78, 87
클라크(J. J. Clarke) ················ 84
키세이(Douglas Keesey) ········· 196

ㅌ

타나토스 ············· 23, 38, 73, 183
　　189, 204, 220
타자 ··········· 28, 30, 154, 225, 237
　　238, 245
타조의 정치학 ······················ 132
탄생의 트로마 ······················ 164
탈레스 ······························ 51
태양은 다시 떠오른다 ·············· 192
테러 ································ 75
테러리스트 ·· 12, 187, 194, 196, 199
테트락티스 ················· 45, 51, 63
토니 모리슨 ··················· 12, 229
토마스 아퀴나스적 글쓰기 ······· 104
토템 ·························· 26, 145
토템과 타부 ··················· 73, 142
톨스토이 ················ 41, 147, 156
통일교 ························ 192, 193
통일성 ······························ 107

ㅍ

파라노이아 ············· 73, 74, 75, 79
파라노이아적 열광 ············· 75, 76
파시즘 ········· 69, 75, 149, 168, 205
　　206, 218, 223, 226
파시즘적 순환 ······················· 93
파시즘적 주체 ······················· 10
팔월의 빛 ·········· 203, 205, 206, 209
　　210, 218, 224, 226
패러다임 ······················ 88, 159
패러시오스 ·························· 59
Patricia Hunt ················ 231, 252
폐제 ································ 75
포르트-다 게임 ········· 23, 31, 237
포스트 모더니즘 ··············· 84, 161
포스트모던 기법 ··················· 197
포스트모던 작가 ··················· 200
포우의 '도둑맞은 편지'에
　　대한 세미나 ······················ 101
푸코 ············ 69, 73, 182, 197, 232
푸코의 성의 역사 ···················· 49
푸코의 신역사주의 ··················· 49
프란츠 파농 ························ 243
프랑크푸르트 학파 ············· 70, 76
프로이트 ········· 5, 6, 7, 9, 19, 21
　　22, 26, 28, 32, 37, 41, 42, 43, 47
　　68, 70, 72, 76, 87, 88, 100, 111
　　123, 124, 127, 139, 141, 142, 146

153, 163, 164, 166, 167, 183, 189, 190, 206, 207, 208, 221, 228, 237, 247, 249, 250
프로이트의 「덧없음에 대하여」·· 55
프로이트의 「모래인간」············ 101
프로이트의 「세 상자의 주제」··· 58
프리데릭 제임슨 ····················· 197
플라톤 ·· 67
피네건의 경야 ········ 35, 37, 62, 97, 98, 104
피카소 ·· 128
피타고라스 ······················· 7, 45, 63
픽션의 수사학 ·························· 163

ㅎ

하나 아닌 것 ······················ 45, 52
하나가 아닌 이론 ······················· 93
하버마스 ············ 80, 83, 184, 197
하이데거 ······························· 8, 57
한나 아르헨트 ···························· 77

햄릿 ······················· 124, 125, 148
햄릿 분석 ································· 102
헤겔 ····· 19, 20, 42, 43, 45, 58, 68, 166, 252
헤라클레이토스 ········· 7, 51, 53, 56
헤밍웨이 ·································· 192
현상학 ······································ 161
현실원칙 ···················· 27, 104, 207
호메이니 ···················· 191, 193, 198
호명 ··· 212
홀바인의 그림 <대사들> ··········· 57
환시기 ······································ 157
환타지의 주체 ···················· 10, 220
회로 ································· 249, 250
후기 구조주의 ········· 140, 158, 159, 161
후기 산업사회 ···················· 11, 93
흔적 ································ 146, 152
흙, 공기, 불, 물의 네 요소 ········ 21
히틀러 ····································· 205